土地制度、结构转型与经济发展

黄忠华　杜雪君　著

上海交通大学出版社

内容提要

　　土地不仅是经济增长的重要投入要素,更是结构转型和经济高质量发展的重要制度工具。本书构建"土地制度—结构转型—经济发展"的整体性分析框架,系统研究土地制度、结构转型与经济发展的关系和机理,梳理土地制度改革、结构转型与经济发展的地方实践和改革探索,探寻促进结构转变与经济高质量发展的土地制度改革与政策建议。本书适合土地管理、城市研究、公共管理等领域学者阅读,也适合经济学、管理学等专业高年级本科生、研究生阅读。

图书在版编目(CIP)数据

　　土地制度、结构转型与经济发展/黄忠华,杜雪君
著.—上海:上海交通大学出版社,2021.11
　　ISBN 978 - 7 - 313 - 25578 - 5

　　Ⅰ.①土…　Ⅱ.①黄…②杜…　Ⅲ.①土地制度-研
究-中国　Ⅳ.①F321.1

　　中国版本图书馆 CIP 数据核字(2021)第 203738 号

土地制度、结构转型与经济发展

TUDI ZHIDU JIEGOU ZHUANXING YU JINGJI FAZHAN

著　　者:黄忠华　杜雪君
出版发行:上海交通大学出版社　　　　　　　　地　　址:上海市番禺路 951 号
邮政编码:200030　　　　　　　　　　　　　　电　　话:021 - 64071208
印　　制:常熟市文化印刷有限公司　　　　　　经　　销:全国新华书店
开　　本:710mm×1000mm　1/16　　　　　　印　　张:19
字　　数:331 千字
版　　次:2021 年 11 月第 1 版　　　　　　　　印　　次:2021 年 11 月第 1 次印刷
书　　号:ISBN 978 - 7 - 313 - 25578 - 5
定　　价:78.00 元

序

　　土地制度在中国经济高速增长、工业化和城市化快速推进的进程中扮演着十分重要的作用。土地制度不仅为中国经济增长提供动力,也深度影响结构转型和经济高质量发展。地方政府"以地谋发展"的土地配置模式,使土地在我国经济发展中的地位和作用越来越显著。如何科学认识土地制度、结构转型与国家发展的内在联系和作用机制成为各界关注的重要问题。

　　本书作者黄忠华、杜雪君是土地政策研究领域的中青年学者,也曾是我指导的博士生。作者基于微观大数据、实地调研和宏观统计数据,通过深入的理论分析与实证检验,系统研究中国土地制度对结构转型与国家发展的影响,揭示土地制度、结构转型和中国发展的内在逻辑和作用渠道,提出提升土地资源配置效率和促进转型发展的土地制度改革建议。本书在分析视野、理论和方法等方面都有显著特色。

　　(1) 构建土地制度—结构转型—经济发展的整体性分析框架,厘清土地制度的背景、演变历程与改革发展方向,分析其发展脉络与相关理论基础。

　　(2) 提出"以地谋发展"的理论假说,系统研究城市土地制度、结构转型与经济发展的关系和机理,实证分析地方政府土地出让的策略互动行为、政府土地出让干预与土地资源错配、刺激计划下的地方融资平台购地行为及其机制和影响效应。

　　(3) 以制度—结构—发展为主线和视角,研究农村土地制度、结构转型与经济发展的关系和机理,基于全国层面和浙江层面的农户调研数据实证分析非农化发展、利益唤醒因素对农户土地流转的影响。主要分析农村土地确权赋能对要素流动与农村发展的影响,集体建设用地入市对市场结构与城乡融合发展的影响,城镇化发展结构特征对耕地保护的影响。

（4）研究土地制度改革、结构转型与经济发展的地方实践和改革探索，分析当前产业用地制度改革的地方实践与改革探索。

（5）探讨促进结构转型和高质量发展的土地制度改革建议，主要探讨通过土地制度改革来推动中国转型、发展的政策建议，包括土地要素市场化配置改革、产业用地"标准化"出让制度改革、深化集体建设用地入市改革等。

本书具有较强的理论意义和实践价值，内容丰富，研究方法科学，数据翔实，论证清晰，体现作者扎实的功底、独到的见解和创新性，是一部优秀的学术著作。本书研究提出"以地谋发展"与结构转型的分析框架和理论假说，丰富了关于土地制度、结构转型和经济发展关系与影响的理论、实证研究，拓展了土地制度与经济发展的研究思路与范围，对政府制定科学有效的土地政策与转型发展战略具有较强的参考价值。希望黄忠华教授再接再厉，在土地制度与经济发展领域继续开拓创新，大胆探索，不断取得更多更好的成果。

浙江大学土地与国家发展研究院院长 吴次芳

2021 年 8 月

前　言

　　土地制度是国家经济发展、社会和谐和政治、生态文明的重要基础，土地制度对结构转型和国家发展的作用尤为重要，尤其是对发展中国家而言。改革开放 40 多年来，土地在我国工业化、城市化快速发展和经济高速增长的进程中发挥着重要作用，尽管理论界对中国"经济奇迹"之谜已有各种解释，但尚未充分认识土地对中国经济增长所起的功能、作用和机理。国外现有土地制度与产权理论不能充分解释自身的要素配置扭曲、政府和市场失灵、结构与转型发展受阻等问题，更不能充分解释我国土地制度对结构转型与经济发展所起的功能、作用及机理。不同于国外市场主导土地配置模式下土地分散化交易和配置所起的作用，我国政府主导的土地制度无疑是实现我国经济高速增长的秘密之一。土地对中国经济发展而言绝不仅仅是要素投入，更重要的是作为制度工具来推动中国结构转型和经济社会发展。地方政府通过以地引资、大量低价出让工业用地来招商引资，推动了工业化高速发展；通过高价出让商住用地，推动了土地财政和房地产市场的发展；并通过以地融资推动了城市基础设施和城市化的快速发展。土地对于乡土中国，也具有重要的功能和作用，农村土地制度安排影响土地流转、劳动力乡城转移和城乡发展结构与进程。

　　本书是作者近年来土地与经济发展相关研究的工作总结，内容主要分五个部分：第一部分是制度背景与分析框架。梳理土地制度的演变发展，构建土地制度—结构转型—经济发展的整体性分析框架，并分析相关理论基础和进展。第二部分是城市土地制度、结构转型与发展影响。主要实证分析地方政府土地出让的策略互动行为、政府土地出让干预与土地资源错配、刺激计划下的地方融资平台购地行为及其机制和影响等。第三部分是农村土地制度、结构转型与经济发展。基于全国层面的调研数据，主要分析农村土地确权赋能对要素流动与农村发展的影响,集体建设用地入市对市场结构与城乡融合发展的影响,城镇化发展结构特征对耕地保护的影响。第四部分是土地制度改革、结构转型与经济发展的地方实践和改革探索,主要分析当前产业用地制度改革的地方实践与改革探索。第五部分是制度政策建议。主要探讨通过土地制度改革来推动中国转型、发展的政策建议,包括土地要素市场化配置改革、产业用地"标准化"出让制度改革、深化集体建设用地入市改革等。本书的研究成果有助于科学认识土地制度、结构转型与经济发展的内在联系和作用渠道,为政府制定科学的土地政策提供有益参考。

本书部分研究工作是探索性的,限于作者水平,错误和纰漏在所难免,请专家读者批评指正。

本书得到多项研究基金的大力支持:国家自然科学基金面上项目"产业用地空间错配的形成机制及经济增长效应研究(72074079)"、国家自然科学基金面上项目"产业用地供给结构性失衡的形成机理及资源配置效应研究(71774143)"、国家社科基金项目"农村集体经营性建设用地入市改革的资源配置效应及共享发展机制研究(17BGL130)"、浙江省哲学社会科学规划课题一般项目"乡村振兴背景下农村土地制度改革的推进路径与政策研究:基于浙江的调研(20NDJC048YB)"、中央高校基本科研业务费项目华东师范大学引进人才启动费项目"高质量发展背景下的土地管理研究(2020ECNU - HLYT033)"、上海市人民政府决策咨询研究基地房地产与城市管理政策研究工作室等。本书也是东方房地产研究院精品专著系列之一。在此表示感谢!

目　录

第一篇
土地制度背景

第1章
绪 论

1.1 研究背景

长期以来,中国特色土地制度与政府主导的"以地谋发展"模式促进工业化和城市化快速发展,为经济高速增长提供强劲动力,但也导致土地要素投入过多、土地供给结构失衡、土地利用粗放和发展不可持续等问题,制约产业结构转型升级与经济发展方式转变(刘守英,2012;Brandt 等,2013;黄忠华和杜雪君,2014)。减少无效和低端土地要素供给,提升土地供给质量和效率是推进供给侧结构性改革的核心内容(杨遴杰,2016;王克强等,2016)。近年来国内外学者越来越意识到经济发展问题不仅仅是土地等要素和资源匮乏的问题,更重要的是如何使稀缺土地等要素资源得到有效供给和正确配置(Schelkle,2010;吴群和陈伟,2015;Restuccia 和 Santaeulalia-Llopis,2015)。资源的有效供给和正确配置历来是经济学的核心问题(Hsieh 和 Klenow,2009;Restuccia 和 Rogerson,2016),也始终是经济发展的前沿议题(Banerjee 和 Moll,2010;World Bank,2017;Jones,2011;罗德明等,2012)。资源配置与经济发展背后的基础问题正是制度问题,特别是土地制度问题。

土地制度作为经济社会发展和国家空间治理的基础制度,对经济结构和发展模式具有重要影响。土地是经济发展的重要生产要素和空间载体。在当前新型城镇化和经济转型发展背景下,改革完善土地制度、改进土地资源配置方式、提高土地利用与配置效率,对提升生产率和促进土地供给侧结构性改革尤为重要。

　　从全球来看,消除土地制度障碍,提升土地、资本和劳动等各种生产要素配置效率是发展中国家实现经济增长面临的重大挑战(Anderson,2013;Duranton 等,2015;Adamopoulos 等,2017),即使是欧美发达市场经济国家也面临由土地管制和市场失灵引起的土地供给失衡问题(Kula,1988;Louw 等,2012;Furman,2015)。如果国家没有实现土地有效供给和优化配置,如将土地等生产要素配置给低效率的企业、部门或地区,或高生产率企业不能得到足够的要素投入,那么这种土地供给或配置的结构性失衡将导致资源错配,并最终降低总体生产率、扭曲经济结构和阻碍发展(Hsieh 和 Klenow,2009;Jones,2011;李力行等,2016)。发展中国家和发达国家的收入和生产率差异很大程度上缘于土地等要素和资源错配(Syverson,2011)。尽管理论上实现要素最优配置不易,但经验表明纠正要素错配的潜在收益巨大。Hsieh 和 Klenow(2009)的研究表明,消除资源错配可使中国和印度的总体 TFP(total factor productivity,全要素生产率)分别提升 25%—40% 和 50%—60%。Brandt 等(2013)的研究表明,若消除我国要素市场扭曲,总体 TFP 可提高 20%。

　　当前我国土地低效供给严重,供给的结构性失衡问题突出,表现在土地供给的部门性、地区性和阶段性"供过于求"和"供不应求"并存。①从部门来看,低端和高耗能产业供地占比较大,新兴产业和高新技术行业供地占比较小。2008 年以来,我国六大高耗能产业累计供地 49.1 万公顷,占工业用地供给比重达36.6%,而高新技术和战略性新兴产业供地仅为 37 万公顷,占工业用地供给比重为 27.6%,低于高耗能产业供地比重(李蕾等,2016)。杨继东等(2016)的实证发现,地方政府供地偏好向国企低价过量供地,刺激计划的实施更加重地方政府向国企部门过多供地。②从空间来看,东部地区用地指标过紧,中西部地区用地指标过多。2003 年后,建设用地指标更多向中西部地区倾斜(陆铭等,2015;Han 和 Lu,2017),2011—2014 年,中西部地区建设用地供给占全国比重从"十五""十一五"期间的 41.6%、50.2%,增加到 62.7%(李蕾等,2015)。③从阶段来看,我国发展早期供地较为宽松,低效企业低价占有、低效持有、低频退出现象严重;发展后期用地指标趋紧,后发高效企业难以有效获得土地,影响企业发展(石忆邵等,2010;卢为民和马祖琦,2011;Duranton 等,2015)。

　　要使中国经济结构转型和高质量发展,必须进一步改革和完善土地制度,释放土地制度潜力和活力,通过土地供给、利用和配置效率提升为经济结构优化和转型发展提供新动力(陆铭,2011;Brandt 等,2013;World Bank,2017)。纠正土地制度扭曲和失衡,提升土地供给与配置效率,是土地制度改革完善、结构转型和可持续发展的重要途径(李鑫和欧名豪,2012;李力行等,2016;黄忠华和杜雪君,2016)。本书分析了土地制度、结构转型与经济发展的关系与影响,结合微观调研数据、微观大数据和宏观统计数据,通过深入的理论分析与实证检验,系统研究中国土地制度对结构转型与经济发展的影响,提出提升土地资源配置效率和促进结构转型与发展的土地制度改革建议。

1.2 研究目的与意义

土地制度是国家经济发展、社会和谐和政治、生态文明的重要基础,土地制度对发展中国家的发展尤为重要。改革开放 40 多年来,土地在我国工业化、城市化快速发展和经济高速增长的进程中发挥着重要作用,尽管理论界对中国"经济奇迹"之谜已有各种解释,但尚未充分认识土地对中国经济增长所起的功能、作用和机理。国外现有土地制度与产权理论不能充分解释自身的要素配置扭曲、政府和市场失灵、转型发展受阻等问题,更不能充分解释我国土地制度对经济发展所起的功能、作用及机理。不同于国外市场主导土地配置模式下土地分散化交易和配置所起的作用,我国政府主导的土地制度无疑是实现我国经济高速增长的秘密之一。土地对中国经济发展而言绝不仅仅是要素投入,更重要的是作为制度工具来推动中国结构转型和经济社会发展。土地对于城市中国具有重要意义,地方政府通过以地引资、大量低价出让工业用地,推动了工业化高速发展;通过低价征地、高价出让商住用地,形成土地财政;并通过以地融资推动了城市基础设施和城市化的快速发展。土地对于乡土中国,也具有重要的功能和作用,农村土地制度影响土地流转、劳动力乡城转移和城乡发展的结构与进程。

本研究具有重要的现实意义:"人多地少"是基本国情,土地资源本来就非常稀缺,低效利用和错配的存在更加剧了这一矛盾,阻碍中国转型和发展。设计科学的土地制度,减少制度扭曲和土地错配,对提升土地资源配置效率和实现高质量发展具有重要意义。对土地制度、结构转型和经济发展的关系和作用的系统考察,有助于寻找提升资源配置效率、促进经济结构调整和转型发展的新途径,为土地制度改革和促进高质量发展提供路径和方案。

本研究也具有重要的理论意义:①研究土地制度、结构转型和经济发展的内在联系和作用机制,有助于建构中国特色的土地制度理论(包括政府主导的土地资源配置理论、土地资源错配理论等),也为更好地从理论上解释中国发展提供土地制度视角,还为发展中国家土地制度改革提供理论指导。②中国特色的土地制度和改革实践,为检验地方政府行为理论与"以地谋发展"等理论提供了极佳的检验场景,有利于拓展现有土地制度与经济发展相关理论的研究,也为中国特色社会主义理论体系提供土地制度理论元素。

本研究还具有重要的政策意义:①为认识土地制度、土地政策的作用提供经验和证据。本研究系统揭示土地制度对结构转型和中国发展的影响机理,为科学认识土地制度与政策的传导机理提供经验证据。②为土地治理能力提升和治理体系现代化提供依据和参考。本研究剖析我国土地制度的问题与根源,探讨土地制度改革的方向和路径,为完善土地治理提供参考。③为经济结构调整和转型发展下的土地制度改革提供依据和参考。本研究系统评估土地制度改革对结构转型和经济发展的机理与影响,为经济转型升级与高质量发展背景下的土地制度改革提供依据和参考。

1.3　研究思路

本书按制度背景、分析框架、实证研究、改革实践与政策建议的逻辑主线展开研究。在制度背景与分析框架部分,本书阐述我国土地制度基本背景、发展演变,建构土地制度—结构转型—经济发展的分析框架,梳理相关理论基础和进展。

在实证研究部分,本书从城市和农村层面系统展开土地制度、结构转型和经济发展的关系和机理研究。其中,城市土地制度层面主要实证研究了地方政府土地出让的策略互动行为、政府土地出让干预与土地资源错配、刺激计划下的地方融资平台购地行为及其影响等内容;农村土地层面主要实证分析了农村土地确权赋能对要素流动与农村发展影响,集体建设用地入市对市场结构与城乡融合发展的影响,城镇化发展结构特征对耕地保护的影响。

在改革实践与政策建议部分,本书一方面主要调研分析当前产业用地制度改革的地方实践与改革探索;另一方面,探讨通过土地制度改革来推动中国结构转型与经济发展的政策建议,包括土地要素市场化配置改革、产业用地"标准化"出让制度改革、深化集体建设用地入市改革等。

1.4　本书逻辑框架与内容安排

本书内容主要分五个部分:**第一部分是制度背景与分析框架**,包括第 1～2

章,梳理土地制度、结构转型与经济发展的相关理论基础和进展,构建土地制度—结构转型—经济发展的整体性分析框架;**第二部分是城市土地制度、结构转型与发展影响**,包括第3~8章,主要分析制度结构与地方政府土地出让策略互动、政府土地出让干预与土地资源错配、环境新政下高耗能产业用地与绿色发展、环境质量对土地配置及其结构影响、刺激计划下地方融资平台购地行为及其结构影响、新交通技术对土地市场结构的影响。**第三部分是农村土地制度、结构转型与经济发展**,包括第9~11章,主要基于全国层面的农户调研数据,实证分析农村土地确权对要素流动与农村发展的影响,集体建设用地入市对市场结构与城乡融合发展的影响,城镇化发展结构特征对耕地保护的影响。**第四部分是土地制度改革、结构转型与发展的地方实践与改革探索**,包括第12~13章,主要分析当前产业用地制度改革地方实践与改革探索。**第五部分是制度政策建议**,包括第14~16章,主要探讨"以地谋转型发展"的制度改革与政策建议,包括产业用地"标准化"出让制度改革、深化集体建设用地入市并以其建设租赁住房改革、土地要素市场化配置改革等。

具体章节与内容安排为:

第1章 绪论。主要介绍土地制度、结构转型与经济发展相关研究背景、问题、研究目的与意义、研究的思路及内容安排。

第2章 文献回顾与分析框架。梳理我国土地制度背景、演变历程与改革发展,构建土地制度、结构转型和经济发展的分析框架,分析相关理论基础、进展,从资源错配和结构视角分析土地制度及其结构和经济发展影响。

第3章 制度结构、地方政府行为与供地策略互动。提出地方政府土地竞争理论假说,基于中国地级市空间面板数据模型,实证检验地方政府土地出让策略性互动(土地竞争)的特征及影响机制。

第4章 制度特征、政府干预与土地错配。理论建模分析地方政府土地供给行为机理,并基于2003—2012年中国地级市面板数据,实证检验政府干预对土地资源错配的影响效应和影响机制。

第5章 环境政策、高耗能产业供地与绿色转型发展。我们基于2007—2017年中国土地出让微观数据库,采用双重差分方法实证研究碳排放交易制度对高耗能产业用地配置和绿色转型发展的影响,为政府优化产业用地配置、促进产业结构调整和实现绿色发展提供依据和参考。

第6章 环境质量、土地配置及其结构影响。基于2014—2019年中国土地出让和空气污染等数据库,实证检验空气质量对土地交易价格及土地市场的结构影响,以分析环境质量对土地配置及其结构影响。

第 7 章　刺激计划、地方融资平台购地与市场机构影响。基于 2007—2016 年中国土地出让大型微观数据库,实证检验地方政府融资平台购地行为及其市场影响,揭示刺激计划下地方政府土地配置扭曲行为及其影响。

第 8 章　制度、技术与土地市场结构影响:高铁对土地市场影响研究。基于 2007—2018 年全国土地出让微观数据库和高铁线路数据库,采用双重差分方法实证研究高铁对土地市场和土地配置的时空影响效应和作用机制,为政府采取包容和整合的土地开发政策提供依据。

第 9 章　确权赋能、土地流转与农村发展转型。基于中国 5 省 11 县 2192 份农户问卷调查数据,实证分析农户农地赋权态度和意愿与土地流转和劳动力转移的作用和关系,实证分析农户土地赋权态度、意愿及其对农村经济发展的潜在影响。

第 10 章　集体建设用地入市制度改革、结构影响与城乡融合发展。基于 2013—2019 年浙江德清集体和国有工业用地微观土地交易数据,实证分析集体建设用地入市对城乡建设用地市场的影响效应和作用机制。

第 11 章　城镇化发展、结构特征与耕地保护。基于 1990—2013 年中国地级市面板数据和夜间灯光数据,实证分析城市化对耕地面积影响效应和作用机制,检验中国耕地总量动态平衡政策的影响。

第 12 章　经济转型发展视角下产业用地制度改革:理论与经验。分析产业用地制度改革背景及各地改革实践和经验。

第 13 章　产业用地制度改革与高质量发展:杭州"标准地"改革实践及成效。主要对杭州"标准地"改革实践动态及制度完善进行研究。

第 14 章　完善产业用地出让与供给侧结构性改革的建议。结合杭州等地的产业用地"标准化"制度改革实践,研究提出深化和完善产业用地"标准化"出让制度的改革方向与政策建议。

第 15 章　推进集体建设用地建设租赁住房的改革建议。结合新土地管理法、利用集体建设用地建设租赁住房改革试点,研究提出深化利用集体建设用地建设租赁住房的相关政策建议。

第 16 章　深入推进土地要素市场化配置制度改革的建议。以十九届五中全会提出要完善要素市场化配置和中央要求构建更加完善的要素市场化配置体制机制精神为指导,结合土地要素市场化配置现状与问题,提出从产权、制度、结构、行为等方面推进土地要素市场化配置,协同推进土地与其他要素市场化配置的制度与政策建议。

本章参考文献

Adamopoulos T, Brandt L, Leight J, Restuccia D. Misallocation, selection and productivity: A quantitative analysis with panel data from China [EB/OL]. https://www. economics. utoronto. ca/public/workingPapers/tecipa-574. pdf, 2017.

Anderson J E. Government Restrictions for Land and Permits: Firm-Level evidence on obstacles to economic development in transition countries [J]. SSRN Electronic Journal, 2013,18(1): 39 - 54.

Banerjee A V, Moll B. Why does misallocation persist? [J]. American Economic Journal: Macroeconomics, 2010,2(1): 189 - 206.

Brandt L, TombeT, Zhu X D. Factor market distortions across time, space and sectors in China [J]. Review of Economic Dynamics, 2013,16(1): 39 - 58.

Duranton G, Ghani S E, Goswami A G, Kerr W R. The misallocation of land and other factors of production in India [EB/OL]. https://openknowledge. worldbank. org/bitstream/ handle/10986/21660/WPS7221. pdf? sequence=1&isAllowed=y, 2015.

Furman J. Barriers to shared growth: The case of land use regulation and economic rents [EB/OL]. The Urban Institute Working Paper, https://obamawhitehouse. archives. gov/sites/ default/files/page/files/20151120_ barriers _ shared _ growth _ land _ use _ regulation _ and _ economic_rents. pdf, 2015.

Han L B, Lu M. Housing prices and investment: An Assessment of China's inland-favoring land supply policies [J]. Journal of the Asia Pacific Economy, 2017,22(1): 106 - 121.

Hsieh C T, Klenow P J. Misallocation and manufacturing TFP in China and India [J]. Quarterly Journal of Economics, 2009,124(4): 1403 - 1448.

Jones C. Misallocation, economic growth and input-output economics [EB/OL]. NBER Working Paper, http://www. nber. org/papers/w16742. pdf, 2011.

Kula E. The case of land misallocation in Northern Ireland [J]. Irish Journal of Agricultural Economics and Rural Sociology, 1988,13: 65 - 72.

Louw E, Van Der Krabben E, Van Amsterdam H. The spatial productivity of industrial land [J]. Regional Studies, January 2012,46(1): 137 - 148.

Restuccia D, Rogerson R. The causes and costs of misallocation [EB/OL]. https:// economics. utoronto. ca/diegor/research/JEP_RR_Aug2016. pdf, 2016.

Restuccia D, Santaeulalia-Llopis R. Land misallocation and productivity [EB/OL]. https:// economics. utoronto. ca/diegor/research/RS_paper. pdf, 2015.

Schelkle T. Factor misallocation in dual economies [EB/OL]. Working Paper, http://cmr. uni-koeln. de/fileadmin/wiso _ fak/cmr/pdf/Schelkle _ Publication _ List/dualeconomy _ 28Jan2010. pdf, 2010.

Syverson C. What determines productivity? [J]. Journal of Economic Literature, 2011,49(2): 326 - 365.

World Bank. World development report 2017：Governance and the law ［M］. Washington，DC：2 - 37.

黄忠华,杜雪君.城镇化效率的现实问题、成因机理与政策选择[J].中国房地产,2016,(11)：69 - 74.

黄忠华,杜雪君.土地资源错配研究综述[J].中国土地科学,2014,28(8)：80 - 87.

李蕾,郭文华,李树枝,张迪,符蓉,马也.近年来土地利用形势分析[J].国土资源情报,2015,(1)：44 - 47.

李蕾,张迪,郭瑞雪.供给侧结构性改革背景下的产业用地供应[J].中国土地,2016,(8)：8 - 11.

李力行,黄佩媛,马光荣.土地资源错配与中国工业企业生产率差异[J].管理世界,2016,(8)：86 - 96.

刘守英,周飞周,邵挺.土地制度改革与转变发展方式[M].北京：中国发展出版社,2012：11 - 25.

卢为民,马祖琦.土地政策与产业转型升级路径研究[J].浙江学刊,2011,(6)：171 - 175.

陆铭,张航,梁文泉.偏向中西部的土地供应如何提升了东部工资[J].中国社会科学,2015,(5)：59 - 83.

罗德明,李晔,史晋川.要素市场扭曲、资源错置与生产率[J].经济研究,2012,(3)：4 - 14,39.

石忆邵,范胤翡,范华,樊文平,蒲晟.产业用地的国际国内比较分析[M].北京：中国建筑工业出版社,2010：27 - 32.

王克强,郑旭,张冰松,刘红梅,冯广京,胡国俊.土地市场供给侧结构性改革研究——基于"如何推进土地市场领域的供给侧结构性改革研讨会"的思考[J].中国土地科学,2016,30(12)：3 - 9,34.

吴群,陈伟.中国城市工业用地利用效率研究[M].北京：科学出版社,2015：3 - 12.

杨遴杰.土地供给侧改革要形成多元土地供应格局[A].林毅夫等.供给侧结构性改革[M].北京：民主与建设出版社,2016：215 - 222.

第 2 章
文献回顾与分析框架

2.1 土地制度变革与经济发展

1978 年改革开放以来,我国土地制度改革主要围绕市场化改革展开。我国土地要素市场化配置改革可分为农村土地市场化改革、城市土地市场化改革和城乡融合发展背景下土地市场化改革三部分。

2.1.1 农村土地制度改革与转型发展

1. 农村土地制度改革启动阶段(1978—1991 年)

农村土地制度改革特征是不断强化农民对土地的产权,逐步放开土地流转。尽管我国土地市场化改革发轫于 1978 年试行的家庭联产承包制这一农村土地制度改革试验,但改革开放初期,农民并不享有土地流转和交易的权利(黄小虎,2019)。1984 年中央一号文件鼓励土地向种田能手集中,农户经村集体经济组织同意后,可自找对象协商转包。1988 年 4 月通过的宪法修正案在法律层面上明确了土地流转的合法地位。

2. 农村土地制度改革逐步推进阶段(1993—2007 年)

1993—2007 年期间,中央出台一系列相关政策,进一步明确了农地流转的原则和范围,农用地市场逐步发育和建立。1993 年,十四届三中全会提出,允许土地使用权以转包、入股等多种方式有偿出让。1998 年《中共中央关于农业和农村工作若干重大问题的决定》明确提出要发挥市场机制在农村土地资源配置中的基础作用。2003 年《农村土地承包法》出台,标志着农用地市场正式法制化

（罗玉辉,2020）。

3. 农村土地制度改革深化发展阶段（2008 年以来）

2008 年《中共中央关于推进农村改革发展若干重大问题的决定》提出要推进农村土地确权工作,允许以转包、出租、互换、转让和入股等形式流转土地承包经营权。2014 年出台的《关于引导农村土地经营权有序流转发展农业适度规模经营的意见》,提出将农村土地所有权、承包权和经营权进行三权分置,这是农村土地制度改革深化的重大标志（Wang 和 Zhang,2017;黄健雄和郭泽喆,2020）。2014 年中央一号文件提出要放活土地经营权,允许承包地土地经营权可抵押融资。2015 年,十二届全国人大常委会授权 33 个试点县市进行“三块地”改革,拉开新一轮农村土地试点改革的大幕。农村“三块地”改革经历了从启动、扩围到上升法律的发展历程（陈小君,2019）。截至 2018 年,33 个试点实施征地 1 275 宗,集体经营性建设用地入市约 1 千余宗,宅基地腾退 14 万户,办理农房抵押 5.8 万宗。2020 年 1 月新实施的《土地管理法》充分吸收“三块地”改革经验,破除农村土地入市的法律障碍,完善宅基地和征地制度,重建土地财产权利,进一步推动了农村土地市场化配置改革的进程（程雪阳,2019;耿慧志等,2020）。

总体而言,相比于农村承包地,宅基地和农村集体建设用地入市流转的范围与程度还不足,市场化改革进展也较慢,农村土地配置效率较低（高圣平和吴昭君,2019）,不能充分适应城乡结构转型和高质量发展。

2.1.2　城市土地制度改革与转型发展

1. 城市土地制度改革启动阶段（1978—1991 年）

城市土地制度改革滞后于农村土地制度改革,但其市场化配置程度和深度总体优于农村。改革开放初期外商投资需要使用土地,这冲击了原先无偿划拨的供地方式,催生了城市土地有偿使用制度改革。1986 年,国务院颁布《中华人民共和国土地管理法》,规定开始实行城市土地有偿使用制度,使城市土地按照商品属性进入市场。1987 年 9 月 9 日,深圳市率先以协议方式出让一宗 5 321.8 平方米,总价为 106.4 万元的土地,正式拉开了城市土地有偿使用实践的序幕。同年 12 月 1 日,深圳又率先以拍卖形式出让一宗 8 588 平方米的土地,并以 525 万元总价成交,开创了以市场化手段出让土地的先河。此后,国家不断修订宪法和土地管理法,允许国有土地使用权依法转让。

2. 城市土地制度改革纵深发展阶段(1992—1999 年)

1992 年,邓小平同志南巡讲话和十四大召开坚定了深化经济体制改革的方向,推动城市土地制度改革朝着市场化方向纵深发展。十四届三中全会提出将城市土地制度改革作为经济体制改革的重要内容,并明确提出要规范和完善土地市场。此后,土地有偿使用制度改革浪潮席卷全国各地。1998 年修订的《中华人民共和国土地管理法》通过对土地出让方式、程序、收益分配等方面进行规定来进一步完善和落实城市土地有偿使用制度。2004 年和 2009 年的再次修订分别对征地制度内涵和土地的物权属性进行规定,规范土地有偿使用制度。城市土地有偿使用制度改革开启了国家开放土地与房地产市场的大幕,地方政府迅速积累了大量城市建设资金,对城市化和经济增长产生了巨大推动作用(Lin 和 Ho,2005;Tao 等,2010;杜雪君和黄忠华,2015;夏柱智,2020)。

3. 城市土地制度改革深化发展阶段(2000 年以来)

2000 年以来,中央出台了一系列深化城市土地市场化配置的政策文件,如 2004 年,国土资源部颁布《关于继续开展经营性土地使用权招标拍卖挂牌出让情况执法监察工作的通知》,要求 2004 年 8 月 31 日后所有经营性用地必须采用招拍挂方式出让,并对招拍挂出让的原则、范围、程序等进行了明确规定,确立了市场化配置土地资源的基本制度,招拍挂市场化方式成为土地出让的主要方式。2007 年,国土资源部发布《关于落实工业用地招标拍卖挂牌出让制度有关问题的通知》,要求工业用地也要采用招拍挂方式出让。目前,城市土地要素已基本确立了招拍挂土地出让方式,各类市场主体可以公平参与竞拍,市场化配置机制已基本形成,然而受地方竞争和招商引资要求的影响,工业用地市场化出让还有待完善。

2008 年以后,地方政府为配合刺激计划实施,大规模开启以地融资为导向的土地财政模式,对土地市场和土地要素配置也产生了显著影响(Huang 和 Du,2018b;刘元春和陈金至,2020)。2019 年,国务院出台《关于完善建设用地使用权转让、出租、抵押二级市场的指导意见》,对建设用地二级市场建设提出了明确要求。2020 年,中央出台《关于构建更加完善的要素市场化配置体制机制的意见》,明确提出要推进和完善土地、劳动力、资本、技术和数据等要素市场化改革。这一期间城市土地要素市场化改革服务于国家经济社会发展需求,为稳增长、调结构、促转型提供重要支撑。

2.1.3　城乡统筹发展与土地制度改革

1. 统筹城乡发展的土地制度改革孕育(1990—2002 年)

城乡分割、政府主导的土地制度为 20 世纪 90 年代的高速工业化和快速城市化赢得了成本和时间,这是过去近 30 多年来"中国奇迹"中的重要元素(蒋省三等,2010)。然而,城乡二元土地制度结构中的产权不明晰、流转限制,农地非农化中的强制征地等问题造成土地市场扭曲(黄忠华等,2012;Huang 和 Du,2017b)、农地过度非农化和建设用地配置效率低下(李建强和曲福田,2012),限制农村劳动力转移,拉大城乡差距,并阻碍城镇化和乡村振兴(Chen,2017;韩家彬和刘淑云,2019;吴晓燕,2020)。我国亟需进行以城乡融合发展为导向的土地制度改革。

2. 统筹城乡发展的土地制度改革启动(2003—2007 年)

在城乡土地制度二元结构衍生的问题与改革需求胶着的过程中,城乡建设用地指标交易已悄然出现,统筹城乡发展的土地制度改革应时启动。2003 年来,成都市在统筹城乡发展的目标下,通过农地确权赋能、入市、城乡建设用地增减挂钩等措施进行城乡一体化的土地制度改革实践,并因此促进了农村和城市联动发展,扭转了城乡差距(北京大学国家发展研究院综合课题组,2010;卢为民和唐扬辉,2019)。成都土地制度改革受到广泛关注,掀起以统筹城乡发展为目的的新一轮土地制度改革。

3. 统筹城乡发展的土地制度改革浪潮(2008 年以来)

继成都实施"三个集中"的土地制度改革模式后,其余各地也在纷纷开展实践探索,如浙江嘉兴"两分两换"、重庆"地票交易"、天津"宅基地换房",还有其他以"新农村建设""新民居建设""城乡统筹"等名义进行的宅基地集中试验(陶然和汪晖,2010),掀起统筹城乡发展的土地制度改革浪潮。尽管这些地方试验的具体模式存在差异,但其共同点是通过城乡建设用地增减挂钩这一政策平台释放级差地租潜力,通过土地发展权的转移来实现城乡用地平衡,让农民和政府共享城市化带来的增值收益(北京大学国家发展研究院综合课题组,2010;Deininger 等,2020)。当前统筹城乡发展的土地制度改革还有待进一步完善,部分地区城乡建设用地增减挂钩政策在实施中被异化,成为获取城市建设用地指标的工具,而城乡共享发展不足,未来应进一步规范和完善,并积极推进跨区域建设用地指标流转和耕地占卜平衡指标调剂,促进城乡、区域统筹和共享发展。

2.2 土地制度、结构转型与经济发展相关研究

2.2.1 国内外土地制度与转型发展

土地制度障碍是世界各国经济发展面临的重要问题,在发展中国家尤为严重。过去几十年,发展中国家如印度、南非、越南和墨西哥等都进行了以确权为基础的土地制度改革,在培育土地市场和消除要素配置扭曲方面取得积极成效,但仍面临一些历史性和体制性障碍,阻碍土地配置效率提升与经济转型发展(De Janvry 等,2015;Duranton 等,2015)。即使是美国、英国等发达市场经济国家,也面临土地制度失灵和要素配置障碍等问题,阻碍生产率提升和发展的包容性、公平性(Kok 等,2014;Furman,2015;Restuccia 和 Rogerson,2017)。世界银行(World Bank)在《2017 年世界发展报告:治理与法律》中指出,消除制度障碍、实现发展的公平性和共享性是当前世界各国转型和发展面临的共同挑战。

近年来,我国政府一直致力于促进转型和高质量发展的土地制度改革。中共十八届三中全会提出要全面深化农村土地制度改革,破除制约城乡一体化发展的土地制度障碍。2015 年 2 月,国务院确定 33 个县市进行农村土地制度试点改革,2017 年 2 月,国土资源部进一步深化试点改革内容,为提高土地资源配置效率、实现共享发展奠定基础。2020 年 3 月,中央出台《关于构建更加完善的要素市场化配置体制机制的意见》,明确提出要推进土地、劳动力、资本、技术和数据要素的市场化改革,其中土地要素市场化改革被放在首要地位,表明我国土地要素市场化改革进入一个新的发展阶段。

国外相关研究主要从以下 3 个方面展开:

1. 国外土地制度改革

土地制度改革是发展中国家促进经济发展的重要政策工具,发达国家也将土地改革视为增进经济效率和实现公平的重要手段。前者注重土地确权、土地市场培育和土地要素流动,在推进土地市场化制度构建方面取得成效(Adamopoulos 和 Restuccia,2015;De Janvry 等,2015;Duranton 等,2015);后者注重土地管制调整和土地配置障碍消除,追求发展的效率和公平,但也存在管制过度和失灵的教训(Furman,2015;Chapelle 等,2019;Hsieh 和 Moretti,2019)。国外土地制度改革相关研究具体见表 2-1。

表 2-1 国外土地制度改革相关研究

研究视角	主要观点	代表性文献
①土地制度与资源配置	产权明晰、安全是资源高效配置的基础	Deininger 和 Jin,2009；Besley 和 Ghatak,2010；De Janvry 等,2015；Adamopoulos 和 Restuccia,2020
②土地市场制度与土地价值实现	允许土地交易与租赁制度改革释放土地利用潜力和价值	Otsuka,2007；Ho,2015；Huang 和 Du,2018a
③土地制度与要素流动	允许土地要素流动的制度提升资源配置效率、促进生产率提升和地区发展	Mullan 等,2011；Chernina 和 Dower,2014；Deininger 等,2020；Tan 等,2020
④土地制度与共享发展	高效与公平的土地制度能包容不同群体利益与发展,促进共享发展	Li,2012；World Bank 和 DRC,2014；Furman,2015；Hsieh 和 Moretti,2019
⑤国外土地制度改革比较	发展中国家聚焦土地确权、市场构建；发达国家关注土地管制调整与制度障碍消除	Duranton 等,2015；Chapelle,2019

2. 土地制度与经济发展

首先,土地制度通过影响资源配置和市场交易而影响经济发展。合理的土地制度安排是资源有效利用的前提和决定因素(Lin 和 Ho,2005；Besley 和 Ghatak,2009)。产权不清晰、地权不稳定和不安全会降低生产性投资激励,导致资源的闲置和低效利用(Deininger 和 Jin,2009),并使资源流动面临较高的交易成本,妨碍资源利用效率提升(Brandt 等,2013；Duranton 等,2015)。

其次,稳定、合理的土地制度是市场发展和资产价值实现的基础。土地市场发展扩展了土地交易的方式和范围,也使土地的价格信号得到释放,引导资源流向高效利用主体,带来土地价值的实现(Deininger 和 Feder,2002；Ho,2015)。通过市场竞争方式交易或租赁的土地,能使土地使用潜能得到进一步释放,具有更高的价格(Li,2012；Deininger 等,2020)。

3. 土地制度与经济结构、转型发展

首先,土地制度影响要素流动与配置,进而影响经济结构和发展。有效的土地制度下,土地将配置给更高效利用的主体或企业,带来生产性资源和要素投入的增加(Otsuka,2007；Duranton 等,2015),并促进劳动力转移(Mullan 等,2010；De Janvry 等,2015)。允许公平获得及抵押的土地制度将促进企业生产和投资,并给其他企业、行业和周边地区带来正向溢出效应(Otsuka,2007；Duranton 等,2015)。

其次,土地制度安排还关系到发展的公平性和共享性。不合理的土地管制制度会造成要素配置扭曲,阻碍要素流动、生产率提升和共享发展(Li,2012;Furman,2015;Hsieh 和 Moretti,2019)。促进土地公平获得和高效利用的土地制度,将使土地发展收益惠及更多群体,带来包容性增长和共享发展(Shared Development)(World Bank 和 DRC,2014;Duranton 等,2015;Deininger 等,2020)。

国内相关研究主要从以下 3 方面展开:

1. 国内土地制度改革

我国土地制度改革日益成为热点问题。土地要素市场化配置是当前和未来我国土地制度改革的核心方向(刘守英,2018)。土地制度改革的核心是实现经济结构转型、城乡融合和高质量发展(王世元,2011;王克强等,2013)。农村土地入市改革将打破现行城乡建设用地二元分割的结构,完善土地财产权利配置,实现土地同地同权,使农户公平共享土地发展和增值收益(吴次芳等,2010;黄忠华,2016;朱道林等,2020),也使城乡资源高效流动和有效配置,促进城乡统筹和协调发展(田光明和曲福田,2010;严金明和王晨,2011;黄忠华和杜雪君,2020)。国内土地制度改革相关研究见表 2-2。

表 2-2　国内土地制度改革相关研究

研究视角	主要观点	代表性文献
① 土地产权制度限制与低效利用	产权制度扭曲、非市场化配置引致闲置与低效困境	张曙光,2011;黄忠华等,2012;施建刚等,2016;黄贤金和汤爽爽,2016;刘守英,2018a;钱忠好和牟燕,2020
② 土地制度与要素流动效率	完善土地流转制度,显化价格信号、降低交易成本、提升配置效率	张梦琳和陈利根,2008;谭荣,2010;罗必良,2016;陈利根和龙开胜,2019;党国英,2020
③ 土地制度与农村发展	改变农户预算和要素配置,优化土地、劳动力要素配置,促进劳动力转移	黄忠华和杜雪君,2014a;周其仁,2014;文兰娇和张安录,2016;黄祖辉,2017;史常亮等,2020
④ 土地制度与产业发展	供地制度影响企业进入和产业发展,地权安全性增强提高企业用地需求和投入,土地融资促进企业生产投资	世界银行和国务院发展研究中心,2014;杜雪君和黄忠华,2015;吴群和陈伟,2015;卢为民,2016;北京大学国家发展研究院综合课题组,2010
⑤ 土地制度改革与城乡统筹发展	打破城乡二元结构,促进土地乡城流动和城乡统筹发展	田光明和曲福田,2010;蒋省三等,2007;严金明和王晨,2011;石晓平,2019;王世元,2018;吴次芳等,2010;

2. 土地制度结构与资源利用配置

合理的土地制度能促进资源配置和经济发展,其机制包括:①显化价格信号,引导资源合理配置(张梦琳,2011;黄忠华和杜雪君,2020);②降低交易成本,减少土地资源的闲置和浪费(陈会广等,2009;谭荣和曲福田,2010;罗必良,2016);③增强用地主体高效配置和利用的激励机制(龙开胜和陈利根,2011;黄忠华和杜雪君,2014a)。

城乡二元是我国土地制度的重要结构特征。一方面,我国城市土地实施有偿使用制度,促进了土地市场发展和资源配置效率提升,但也产生一系列扭曲效应,如土地财政、土地供给结构失衡等问题(杜雪君和黄忠华,2015;刘守英,2018)。另一方面,我国农村土地面临流转限制,其低效利用问题突出(张曙光,2011;黄忠华等,2012;施建刚等,2016)。非市场化配置导致农村土地被大量闲置和低效利用,流转限制和较高的交易成本妨碍其利用效率的提升(赵龙,2018)。受产权不明晰、土地用途管制和土地征收制度制约,农村集体建设用地现阶段难以实现市场化流转(严金明和王晨,2011;高欣和张安录,2018)。

3. 土地制度、相关主体行为与经济发展

土地制度影响企业生产投资。土地制度影响土地获得和要素配置,影响企业的生产经营决策(世界银行和国务院发展研究中心,2014;吴群和陈伟,2015;卢为民,2016)。土地入市改革释放土地权能,地权安全性增加提高企业用地需求(钱忠好等,2011;杜雪君和黄忠华,2015),土地抵押权实现助力企业的信贷获得,最终导致企业生产和投资增加(北京大学国家发展研究院综合课题组,2010;世界银行和国务院发展研究中心,2014)。

土地制度影响农户发展。农村土地入市改革将给农户带来财产性收入增加,放宽农户的预算约束,进而导致农户土地和劳动力要素的重新配置(周其仁,2014;文兰娇和张安录,2016)。农户可能调整土地经营方式和要素投入(田传浩和方丽,2013),进而促进劳动力乡城转移和市民化进入决策(黄忠华和杜雪君,2014a)。

2.2.2 中国土地制度问题与困境

十九大报告提出我国经济已由高速增长阶段转向高质量发展阶段,优化经济结构、转变增长方式和动力尤为重要。完善社会主义基本经济制度、实现高质量发展和新发展格局,必须完善土地制度改革、深化要素市场化改革。当前我国发展存在突出的不平衡、不充分问题,虽然一方面的原因是生产力发展水平不够高,但更重要的原因是要素市场及体制机制扭曲。表现为三大失衡的结构性矛盾(结构性供需失衡、金融和实体经济失衡、房地产和实体经济失衡),其根源在生产要素配置扭曲,必须通过深化要素市场化改革来解决。虽然我国要素市场从无到有、从小到大,经过不断发展取得重要进展,但仍面临一些重大问题和挑战,具体体现在:①要素市场化配置还不充分、不平衡,要素非市场配置类型和范围还比较大。虽然长期以来政府在主导土地要素配置上发挥重要作用,但其弊端也日益凸显,传统土地财政和"以地谋发展"模式难以为继(刘守英等,2020;中国人民大学"完善要素市场化配置实施路径和政策举措"课题组,2020);②城乡统一要素市场还未形成,城乡要素流动还存在阻碍和分割,突出表现在城乡土地市场二元分割(洪银兴,2020);③土地与其他要素市场化配置融合程度还不大,效率还不高,妨碍要素有效配置和组合,也阻碍要素市场整体效率发挥与结构转型(刘守英,2018b;周天勇,2020);④一些要素市场化配置的体制性障碍还未根本消除,如土地配置指标管理、户籍和资本市场管制、技术和数据等要素的部门分割等,制约生产率和结构性潜能的发挥(罗德明等,2012;王瑞民和邵挺,2020;徐朝阳等,2020)。

从土地类型结构看,我国土地制度与土地利用存在以下结构性问题。

1. 建设用地市场分割

长期以来,我国实行城乡二元分割的土地制度,导致城乡用地市场也存在二元分割,城乡土地要素流通不畅(黄贤金,2019;彭森,2020;Tan等,2020)。城乡土地产权地位不对等,同地不同权不同价。不同于城市住宅用地,农村宅基地不能抵押,也不能自由流转(只能在本集体经济组织内部流转),集体经营性建设用地虽已被允许入市,但其权能与城市国有土地不同。同地不同权不同价引发一系列问题,不仅造成土地要素配置扭曲和低效利用,也损害农民土地权益、抑制土地融资,进而制约乡村振兴和新型城镇化发展(蔡继明和程世勇,2010;贺雪峰,2018;Gao等,2020)。城乡二元分割土地制度下,地方政府通过"低价征地、高价出让"获得大部分增值收益,并引发土地财政及土地腐败行为(Cai等,2013;Chen和Kung,2016;Chen和Kung,2019;李江涛等,2020)。此外,建设用地指标还存在区域分割,土地空间配置与经济社会发展需要不协同(陆铭等,2015;马晓妍等,2017;欧名豪等,2020)

2. 产业用地配置扭曲

当前我国产业用地配置存在扭曲问题,突出表现在以下方面:①产业用地市场化程度总体比较低,工业用地总体表现为低价过量供给、存量占比较高、利用效率低,工业用地占比明显高于国外城市工业用地(田文佳等,2019;严金明等,2020)。②工业用地价格扭曲,工业用地定价缺乏真实的市场机制,地方政府招商引资模式使工业用地价格被过度压低(荣晨,2019;李江涛等,2020)。③工业用地配置存在供需时间错配。工业用地土地出让相对缺乏弹性和灵活性,出让年限为 50 年,难以和企业生命周期(通常 3~7 年)紧密匹配,导致供给和需求的时间错配,进而引发土地低效利用甚至闲置问题(Hsieh 和 Klenow,2014;卢为民,2016)。④工业用地配置存在供需主体错配,政府偏好将低价工业用地出让给大企业以拉动投资,而大量中小企业很难获得土地(严金明等,2020;中国人民大学"完善要素市场化配置实施路径和政策举措"课题组,2020)。因此,亟需通过市场化改革来消除产业用地配置扭曲,优化产业结构,激发微观主体和市场活力(张莉等,2019;董祚继,2020;Huang 和 Du,2020)。

3. 存量建设用地再配置障碍

当前大量存量建设用地产出效率较低,缺乏市场化盘活机制,尤其是存量工业用地存在低效利用的问题(Tian 等,2015;荣晨,2019)。建设用地二级市场发育相对滞后。城市土地二级市场中存量用地由于面临企业资产处置、产权复杂、规划管制等原因而难以入市交易(谭荣,2018)。存量建设用地交易范围也较小,市场化程度不高(刘红梅等,2017)。存量建设用地缺乏市场化盘活机制的原因主要包括:①退出机制不完善导致低效、闲置土地难以流转。低效工业用地目前认定较难,导致闲置土地难以处置和收回。②企业腾退土地意愿低。企业对未来土地转让收益存在较高预期,由于土地持有成本低而增值预期高,企业主动腾退土地积极性不高(卢为民,2016)。③地方政府用地扩张发展模式下盘活存量建设用地的动力不足,新增用地扩张成本较低,而存量用地再开发成本过高,导致我国存量工业用地再配置和开发面临障碍(杨遴杰和饶富杰,2012;严金明等,2020)。

4. 农村土地制度扭曲

目前我国农村土地市场平台和机制不足,制约农村土地要素市场化的有序推进,主要问题包括:①供求信息难以匹配。土地市场缺乏交易平台,供给方和需求方的信息难以流通和匹配,造成"有地无市"与"有市无地"并存的流转困境(黄忠华和杜雪君,2020;Zhou 等,2020)。②地价监测与估价机制不完善。农村土地流转价格缺乏实时监测,导致价格偏离和差异等问题(王曙光和王丹莉,2014)。③保障和监管机制不足。当前农村集体经济组织内部土地流转信息、地籍等资料不全,难以合法流转和有效监管(Chen 等,2015;严金明等,

2020）。④收益分配机制不完善。集体建设用地流转产生的增值收益缺乏合理的分配机制,导致农村土地资产显化不足(Liu 等,2014;谭荣,2018;严金明等,2020)。

2.2.3　经济社会转型发展下土地制度改革需求

1. 农村土地入市需求

长期以来,我国农村土地流转需求受抑制,农村土地自发组织和隐性流转市场一直存在(刘守英等,2012;唐鹏等,2018;严金明等,2018;钱文荣和郑淋议,2019)。当前农村土地市场化配置需求来自多方面。首先,当前城乡融合发展以及乡村振兴中忽视用地潜在需求,当前宅基地制度将流转范围限制在本集体经济组织内部成员,未来应进一步完善农村土地市场化配置(唐健和谭荣,2019;黄奇帆,2020;李江涛等,2020)。其次,农村土地抵押权能需求还未充分释放,虽然部分地区允许承包地经营权、宅基地使用权抵押,但如果其流转和处置限于集体经济组织内部流转,在现实中允许抵押仍难以推行(陈小君,2019)。最后,随着城市土地日益紧缺和乡村发展,农村集体建设用地入市需求将越来越大。我国农村"三块地"改革实践中,集体经营性建设用地入市相对最被期待,凸显其需求较大,后续深化市场化改革潜力较大(韩长赋,2019)。

2. 集体建设用地市场化改革需求

从农村集体建设用地入市试点实践探索来看,目前我国仍存在集体土地产权体系不完整、土地增值收益分配体系还未完善等问题(陈利根和龙开胜,2019)。农村集体土地大量闲置而国有建设用地后备供应不足,因此需要进一步推进农村集体建设用地市场化配置。集体经营建设用地入市主要需求源于:一是乡村经济活动日益多样化且要素组合不断升级;二是城乡形态由城市分割形态开始向城乡融合发展形态转变(刘守英,2018a)。

当前农村集体建设用地入市需求主要体现为:①农民土地财产性收入增收需求。集体建设用地入市将增加农户的土地财产性收入和其他收入,使农户分享工业化、城镇化进程中的土地增值收益(唐健和谭荣,2019)。②城市发展用地拓展需求。农村集体经营性建设用地入市将缓解城市发展用地紧缺矛盾,满足城市和产业发展用地需求,促进城市和产业高质量发展(巴曙松,2016)。③乡村振兴发展需求。农村集体建设用地入市有助于促进农村产业和业态多元发展,吸引城市人才和资本下乡,从而推动乡村振兴(刘振伟,2018;魏来和黄祥祥,2020;杨博野,2020)。

3. 产业用地市场化配置需求

GDP(Gross Domestic Product)导向的发展模式和低地价招商引资行为导致我国目前产业用地供给中政府干预程度较大(郑思齐等,2014)。虽然城市商住用地市场化水平已达较高水平(罗必良和李尚蒲,2016;徐升艳和陈杰,2018),但产业用地供给市场化程度的提升空间还很大。产业用地市场化配置需求主要体现在:①政府主导用地模式转型需求。城市建设用地规模、布局与时序都是由政府主导,而不是由市场决定,将降低土地利用灵活性和效益,影响城市发展效率(彭森,2020)。从出让方式来看,虽然法律原则上要求城市通过招拍挂等市场手段出让产业用地,但行政分配手段依然发挥着重要作用,通过协议出让或其他渠道获得土地的方式依然广泛存在,导致土地价格扭曲和低效利用(Huang和Du,2017a)。②供地效率提升需求。土地市场化改革促进土地要素流向生产效率更高、经济效益更好的主体或部门,提高土地利用效率(谭荣,2018)。③供地结构优化需求。地方政府以低价工业用地竞争和招商引资,使得工业用地供给过多,导致目前工业用地占城镇建设用地比例偏高。我国城镇用地结构失衡,2018年我国城镇建设用地中工业用地比例为18.1%,高于国际比例,亟需通过市场化改革来优化产业用地供给(李江涛等,2020)。

4. 存量建设用地市场化配置需求

我国城镇发展长期以外延扩张为主,形成规模较大的存量建设用地,土地粗放低效利用问题突出。存量建设用地市场化配置需求包括:①企业用地需求。我国工业用地占城镇建设用地比例高,产出和投入效率较低,亟需通过盘活存量建设用地潜力,释放新兴产业和企业的用地需求(董祚继,2020)。②建设用地释放和再配置需求。存量建设用地再配置,可以释放出更多的城市用地,从而缓解城市建设用地进展的困境(巴曙松,2016;冯长春,2020)。③新型城镇化发展和乡村振兴发展用地需求。新型城镇化和乡村振兴离不开土地要素保障,通过存量工业用地再利用,保障土地利用"提质增效"与空间布局优化(刘振伟,2018;严金明等,2020)。存量建设用地流转方面,农村存量建设用地释放需求也较大,各地积极探索城乡存量建设用地整治,并将地与人、业、财挂钩,进一步释放用地需求(陆铭,2020)。

2.2.4 土地要素市场化配置与转型发展

1. 土地要素市场化配置影响因素

现有研究探讨了影响土地要素市场化配置的多方面原因,主要包括:①法律制度不完善。长期以来,我国土地市场化配置的相关法律制度不完善,如对宅基地流转限制、农地非农化过程中的土地征收制度、集体建设用地入市与存量建设用地盘活等方面的法律制度还不完善,一定程度上阻碍土地要素市场化配置(刘守英,2012;严金明等,2020)。②产权制度缺陷。产权制度是土地要素市场化配置的前提和基础,我国土地产权制度存在多重分割特征,如所有权与使用权分割、城市与农村土地分割、集体与国有建设用地分割,导致同地不同权、不同价,影响土地要素市场化配置(蔡继明和程世勇,2010;唐健和谭荣,2019)。③市场扭曲。土地要素市场扭曲可导致市场化配置不畅,如对转让或租赁的流转限制会阻碍市场化配置(黄忠华和杜雪君,2014a;Huang 和 Du,2017a)。市场机制未能在我国土地要素配置中充分起决定性作用。初次配置方面,用地指标由政府主导,市场机制受抑制;再配置方面,市场不完善导致土地流动不畅;再配置方面存在低效用地市场化退出机制不足的问题(黄忠华和杜雪君,2014b;刘红梅等,2017)。④政府干预。政府对土地市场的过多干预是目前土地要素非市场配置的重要原因,我国政府主导的土地配置模式是导致配置扭曲、市场发展不足的重要原因(蔡继明和程世勇,2010;范剑勇等,2015;杨继东和杨其静,2016;谭荣,2018)。⑤财税与地方竞争体制。1994 年分税制改革和地方竞争背景下,地方政府不得不压低工业用地价格来招商引资,导致土地要素市场化配置扭曲,如一些地方政府竞相以低价甚至零地价出让工业用地来吸引投资,使工业用地出让陷入竞次竞争(race to the bottom)(罗必良和李尚蒲,2014;Huang 和 Du,2017b)。此外,现行分税制导致的土地财政行为也是阻碍土地要素市场化配置的重要原因(Tao 等,2010;李永乐等,2018;杨继东和罗路宝,2018)。

2. 土地要素市场化配置影响效应

现有关于土地市场化配置影响效应的研究,主要探讨其与经济增长(徐升艳等,2018;丰雷等,2019)、农地非农化(李永乐和吴群,2009)、土地利用(Du 等,2014;刘力豪等,2015;高燕语和钟太洋,2016;赵爱栋等,2016a)等的关系和影响。土地要素市场化配置影响效应的相关研究主要包括以下几方面:

(1)土地市场化与土地利用。

首先,土地市场化改革影响土地利用效率。土地市场化改革促进土地集约利用和效率提升(李建强和曲福田,2012;陈莹和王瑞芹,2015;Lu 等,2018)。实证研究发现,随着土地市场化水平提高,城市土地利用效率也将提高(罗能生等,2016)。市场化方式的土地出让使土地价格更能反映出工业用地的供需状况,并促进企业集约利用土地(屠帆等,2017)。其次,土地市场化改革影响用地规模与结构。土地市场发育可提高城市存量用地效率,减少城市用地外延扩张需求(李永乐和吴群,2009)。农村集体建设用地入市将优化城市存量建设用地结构,将使工业用地比重下降和商业用地比重上升,促进城市发展空间优化和转型(巴曙松,2016)。土地市场化配置程度提高也将抑制工业用地规模过度扩张(刘力豪等,2015)。最后,土地市场化改革影响土地收入分配。学者发现农村建设用地流转能增加农户从工业化和城市化中获得的土地财产性收入(Huang 和 Du,2018b)。农村建设用地市场化为农村部门带来了收益,促进城乡共享发展(Wang 和 Tan,2020)。

(2)土地配置制度与经济社会发展。

土地配置制度与经济增长:土地制度在影响土地资源配置的同时,也影响城市化进程和社会经济发展(Ding,2011;李明月等,2018;宋洋等,2020)。土地要素对我国经济快速增长发挥了重要的作用,土地作为空间政策工具、地方财政工具和产业政策工具对经济增长产生作用(闫昊生等,2019)。深化土地要素市场化配置有利于推动供给侧结构性改革,促进高质量发展(严金明等,2020)。土地要素市场化改革将进一步促进价格信号显化,调节供求关系和优化资源配置,充分激发市场主体活力,遏制经济增速下滑(中国人民大学"完善要素市场化配置实施路径和政策举措"课题组,2020)。

从长期来看,城市土地市场化配置将对地方经济增长有显著促进作用(丰雷等,2019)。土地出让市场化可通过融资和资源配置渠道促进经济增长(徐升艳等,2018;邓慧慧等,2019)。一方面,地方政府通过以地生财、以地融资的发展模式为城市基础设施建设融资,从而推动地方经济发展(蒋省三等,2007;Huang 和 Du,2017a);另一方面,土地市场化能够显化价格信号、优化资源配置和提升生产率(李力行等,2016;王媛和杨广亮,2016;梁涵,2019)。市场化程度与经济发展水平之间可能呈倒 U 型关系,但目前在我国大部分省份,土地要素推动经济增长还未达到拐点值,土地市场化改革将继续促进经济增长(徐元栋等,2017)。

土地市场化配置与产业结构升级:土地资源作为产业发展的要素和空间载体,在支撑产业结构演进和技术升级中发挥重要作用(黄金升等,2017;Zheng 和 Shi,2018;徐鹏杰等,2020)。首先,土地市场化改革带来要素价格显化和资源配置优化,并促进企业研发投入和全要素生产率的提升(赵爱栋等,2016b;姜旭等,2019;Lu 等,2020)。其次,土地市场化配置促进产业结构调整和升级。土地市场化配置减少资源错配和促进低效企业退出,从而推动土地利用效率提升和产业结构升级(黄志基和贺灿飞,2016;杨先明和李波,2018;赖敏,2019;曾龙等,2019)。2007年土地市场化改革以来,工业土地要素市场化价格升高对工业结构转型升级的倒逼作用已开始显现(藏波等,2015;张琳等,2018)。最后,土地市场化能增强产权和实现产权可交易,将提升土地市场价值和土地抵押价值,从而缓解企业融资约束,并增加企业融资可得性(龚广祥和朱月季,2020),并促进土地利用效率提高和技术创新(Ye等,2018;龚广祥等,2020)。

土地配置制度与城市发展:首先,完善土地制度改革,促进土地要素市场化配置,将通过促进劳动力乡城转移来推动城镇化发展(张琳等,2018)。其次,土地要素市场化改革,将抑制城市土地蔓延,促进城镇化集约高效发展(陶坤玉等,2010;Huang 和 Du,2019)。再次,土地要素市场化改革有利于激发微观主体活力,推动技术创新与进步,提高城市创新能力和全要素生产率(盖庆恩等,2015;董祚继,2020;谢冬水,2020)。最后,土地要素市场化改革将消除要素市场扭曲、促进土地公平获得、优化营商环境、减少土地腐败和促进城市高质量发展(李波,2020)。

土地市场化配置与地方财政:首先,土地市场化改革可能减少地方政府土地财政收入。农村集体经营性建设用地平等入市、同权同价,以及宅基地市场化流转都将影响现行地方政府土地财政模式,减少土地财政收入(钱忠好和牟燕,2017;黄忠华和杜雪君,2020)。其次,土地市场化改革影响地方政府债务。土地市场化改革通过土地出让和土地抵押对城投债发展产生显著影响(李尚蒲等,2017;侯惠杰和张程,2019)。最后,土地财政影响土地市场化水平。地方政府"土地财政"依赖是影响土地市场化水平的重要原因(李隆伟和郭沛,2015;卢新波和张经纬,2018;Fan 等,2020)。土地出让作为地方政府预算外收入重要来源,是城市和基础设施建设融资的重要途径(蒋省三等,2007;陶然等,2009;卢洪友等,2011;赵文哲和杨继东,2015)。为弥补财政缺口,地方政府实施土地财政和干预土地要素市场,相关研究发现土地财政依赖度与土地市场化水平呈倒 U型关系(牟燕和钱忠好,2018)。

(3)土地制度、资源配置与城乡融合发展。

土地要素市场化制度改革为城乡融合发展提供了要素保障,可以畅通其他要素的流动。当城乡间的土地、资本、劳动力等要素打通后,城乡才能实现均衡和融合发展(刘守英,2018a;陈坤秋和龙花楼,2019;董祚继,2020)。当前中国土地市场稳步发展,但城乡融合发展水平持续较低,土地等要素的市场管制是造成城乡发展失衡的主要原因。现有关于土地市场化影响城乡融合发展的研究主要

围绕城乡收入差距与劳动力流动两方面,具体如下:

土地制度改革与城乡收入差距:首先,土地市场化水平提高并不必然导致城乡收入差距扩大,反而可能有助于改善城乡收入差距。赋予农民完整的土地用益物权,将拓宽农民获得土地财产收益的渠道,缩小城乡居民的实际收入差距,并推动乡村振兴(Liu,2017;Liu,2018;姚树荣和龙婷玉,2020)。其次,土地市场化对城乡收入差距的影响存在区域异质性。东部地区土地市场化会减少城乡收入差距,而中西部地区却导致城乡收入差距扩大(高波,2019)。再次,土地市场化发展水平与城乡收入差距可能呈倒 U 型关系。当土地市场化水平足够高且超过临界值时,土地市场化将有助于减少城乡间的收入差距,同步推进土地市场化与新型城镇化会缩小城乡收入差距(钱忠好和牟燕,2012;高波等,2019;张建平和葛扬,2019)。最后,土地流转对城乡收入差距产生直接与间接影响。如以农地"三权分置"为核心的新一轮农村土地制度改革缩小了城乡要素市场差异,直接带来级差地租提升,并提升农业资本有机构成,间接导致城乡收入差异缩小(方达和郭研,2020;孙德超和周媛媛,2020)。

土地制度改革与城乡劳动力流动:首先,土地市场化改革有利于通过盘活和优化农村土地资产,从而推动劳动力流转和城镇化发展(黄奇帆,2020;Qiu 等,2020)。其次,土地市场化改革后土地增值收益分配也可能为农民带来财产性收入,推动转移人口市民化(巴曙松,2016)。再次,农村土地租赁市场发展将直接促进劳动分工和劳动力乡城转移(Feng 和 Heerink,2008;Chernina 和 Dower,2014;陈媛媛和傅伟,2017)。最后,农村集体建设用地入市也可通过提供多元就业机会、提供公共租赁住房为进城农民工提供住房保障,从而促进城乡融合发展(田莉和陶然,2019)。

2.2.5　已有研究的总体评价

总体而言,国外土地制度改革、结构转变与经济发展相关研究主要集中在发展中国家的土地确权、赋能与市场构建,而发达国家主要关注土地管制的扭曲效应及制度调整。国内学者对土地制度改革、结构转变与经济发展相关问题也做了大量研究,主要集中分析土地供给扭曲、土地财政、农地土地制度与城乡发展等。相关研究成果丰硕,但仍存在可进一步改进之处:①缺失整体和系统的研究,现有研究大多围绕土地制度某个局部问题或采用局部视角展开,较少从整体和系统的视角来审视中国土地制度与结构转型、发展问题;②缺乏系统深入的微观调研和实证研究,现有研究主要探讨土地制度改革的顶层设计和底层探索,相关微观调研和微观机制的研究仍较少;③土地制度的功能和作用研究有待深入,现有研究较多从宏观层面来探讨土地制度改革的路径和方向,关于土地制度及改革的功能、效应和机理的实证研究仍较少,特别是从结构视角来研究土地制度与经济发展的研究较为少见。

为此,本研究采用整体和系统的视角,结合微观大数据和微观调研,建构土地制度、结构转型和经济发展的理论分析框架,深入实证土地制度对结构转变和中国发展的影响效应和作用渠道,探明促进结构转型和高质量发展的土地制度改革方向、路径和对策,为深化土地制度改革和经济高质量转型发展提供依据和参考。

2.3　分析框架

在中国这样一个发展中大国,政府主导的土地资源配置体制对中国结构转型和发展具有重要影响。为理解与分析土地制度、结构转型与发展的关系,我们采用发展经济学和空间经济学框架,并将中国制度背景和政策因素嫁接到空间和发展经济学的分析框架中。本研究整体性分析框架见图 2-1 所示。

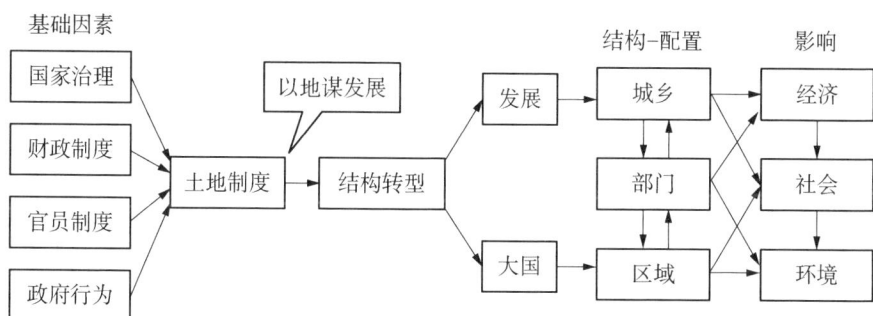

图 2-1　土地制度、结构转型与发展研究框架

本研究构建"土地制度—结构转型—经济发展"的逻辑主线与整体性理论分析框架,揭示土地制度、结构转型和经济发展的内在联系和相互作用,基于中国国情提炼出"以地谋发展"理论,分析其在中国结构转型和经济发展上的作用机理及政策含义。

首先,国家治理、财政制度、官员制度与政府行为等基础因素作用于土地制度。从治理结构看,央地关系、府际关系等影响土地制度形成及执行效果,进而影响土地配置。从治理体系看,国家的经济、政治、社会与生态等治理也影响土地制度与配置。财政制度、官员制度与政府行为也是影响地方土地制度改革与土地配置结构的重要因素。

其次,现行"以地谋发展"的土地配置制度影响结构转型。本研究的结构转型包括城乡、部门与区域等结构的转型。土地制度影响的经济结构包括城乡、部门与区域等多方面结构。

最后,土地制度通过影响结构转型,进而影响中国这样一个大国的多维度发展。土地制度对中国发展的影响表现在多个维度,包括经济、社会和环境等多维度。土地制度不仅对经济增长产生影响,如土地出让为经济增长提供要素保障、融资工具和财政收益。土地制度也对社会和环境方面产生显著影响,如土地制度改革影响劳动力转移、城乡结构变化、生态与环境质量。

本研究提出"以地谋发展"理论假说。不同于西方分散的土地配置模式,中国政府主导的土地配置模式对结构转型和经济发展具有重要影响。土地不仅是一种基本的生产要素,更重要的是作为一种制度工具在撬动结构转型与经济发展。地方政府以地引资、以地生财、以地融资、将土地视为经济发展的重要工具,但土地可作为结构转型的工具这点尚未被充分认识,本研究从城乡、部门与区域等多维结构层面来系统揭示土地制度、结构转型与经济发展的关系与作用,为深入认识土地制度的结构转型效应与对经济发展的影响提供依据和参考。

本章参考文献

Adamopoulos T, Restuccia D. Land reform and productivity: A quantitative analysis with micro data [J]. American Economic Journal: Macroeconomics, 2020,12(3): 1 - 39.

Besley T, Ghatak M. Property rights and economic development [A]. In: Rodrik D, Rosenzweig M R (Eds.). Handbook of Development Economics [M]. Amsterdam: Elsevier, 2010, Vol. 5: 4525 - 4595.

Cai H, Henderson J V, Zhang Q H. China's land market auctions: Evidence of corruption? [J] The RAND Journal of Economics, 2013,44(3): 488 - 521.

Chapelle G, Wasmer E, Bono P H. Spatial misallocation and rent controls [J]. AEA Papers and Proceedings, 2019,109: 389 - 392.

Chen C R. Untitled land, occupational choice, and agricultural productivity [J]. American Economic Journal: Macroeconomics, 2017,9(4): 91 - 121.

Chen T, Kung J K S. Do land revenue windfalls create a political resource curse? Evidence from China [J]. Journal of Development Economics, 2016,123: 86 - 106.

Chen Z G, Wang Q, Huang X J. Can land market development suppress illegal land use in China? [J]. Habitat International, 2015,49: 403 - 412.

Chernina E, Dower P C, Markevich A. Property rights, land liquidity, and internal migration

[J]. Joural of Development Economics, 2014,110: 191 - 215.

De Janvry A, Marco G N, Kyle E, Elisabeth S. Delinking land rights from land use: Certification and migration in Mexico [J]. American Economic Review, 2015, 105 (10): 3125 - 3149.

Deininger K W, Jin S Q, Liu S Y, Xia F. Property rights reform to support China's rural-urban integration: Household-Level evidence from the Chengdu Experiment [J]. Australian Journal of Agricultural and Resource Economics, 2020,64(1): 30 - 54.

Deininger K, Jin S. Securing property rights in transition: Lessons from implementation of China's Rural Land Contracting Law [J]. Journal of Economic Behavior & Organization, 2009,70(1): 22 - 38.

Ding C, Lichtenberg E. Land and urban economic growth in China [J]. Journal of Regional Science, 2011,51(2): 299 - 317.

Du J F, Peiser R B. Land supply, pricing and local governments' land hoarding in China [J]. Regional Science and Urban Economics, 2014,48: 180 - 189.

Du J, Thill J C, Peiser R B, Feng C. Urban land market and land-use changes in post-reform China: A case study of Beijing [J]. Landscape and Urban Planning, 2014,124: 118 - 128.

Fan X, Qiu S N, Sun Y K. Land finance dependence and urban land marketization in China: The perspective of strategic choice of local governments on land transfer [J]. Land Use Policy, 2020,99: 1 - 11.

Feng S, Heerink N. Are farm households' land renting and migration decisions inter-related in rural China? [J]. NJAS-Wageningen Journal of Life Sciences, 2008,55(4): 345 - 362.

Furman J. Barriers to Shared Growth: The case of land use regulation and economic rents [EB/OL]. The Urban Institute Working Paper, https://obamawhitehouse. archives. gov/sites/default/files/page/files/20151120_barriers_shared_growth_land_use_regulation_and_economic_rents. pdf, 2015.

Ho P. Myths of Tenure security and titling: Endogenous, institutional change of China's housing and land [J]. Land Use Policy, 2015,47: 352 - 364.

Hsieh C T, Klenow P J. The life cycle of plants in India and Mexico [J]. Quarterly Journal of Economics, 2014,129(3): 1035 - 1084.

Hsieh C T, Moretti E. Housing constraints and spatial misallocation [J]. American Economic Journal: Macroeconomics, 2019,11(2): 1 - 39.

Huang Z H, Du X J, Castillo C S Z. How does urbanization affect farmland protection? Evidence from China [J]. Resources, Conservation and Recycling, 2019,145: 139 - 147.

Huang Z H, Du X J. Farmers' Attitudes toward Land Titling and Its Potential Effects on Rural Development in China [J]. China Agricultural Economic Review, 2018b, 10(3): 425 - 442.

Huang Z H, Du X J. Government intervention and land misallocation: Evidence from China [J]. Cities, 2017a, 60: 323 - 332.

Huang Z H, Du X J. Holding the market under the stimulus plan: Local government financing vehicles' land purchasing behavior in China [J]. China Economic Review, 2018a, 50: 85 - 100.

Huang Z H, Du X J. Strategic interaction in local governments' industrial land supply: Evidence from China [J]. Urban Studies, 2017b, 54(6): 1328 – 1346.

Huang Z H, Du X J. Toward green development? Impact of the carbon emissions trading system on local governments' land supply in energy-intensive industries in China [J]. Science of the Total Environment, 2020,738: 1 – 9.

Kok N, Monkkonen P, Quigley J M. Land use regulations and the value of land and housing: An intra-metropolitan analysis [J]. Journal of Urban Economics, 2014,81: 136 – 148.

Li L X. Land Titling in China: Chengdu experiment and its consequences [J]. China Economic Journal. 2012,5(1): 47 – 64.

Lin G C S, Ho S P S. The state, land system, and land development processes in contemporary China [J]. Annals of the Association of American Geographers, 2005,95(2): 411 – 436.

Liu S. Characteristics, problems and reform of China's dual urban-rural land tenure [J]. International Economic Review, 2014,3: 9 – 25.

Liu Y S, Li Y H. Revitalize the world's countryside [J]. Nature, 2017,548: 275 – 277.

Liu Y. Strategic adjustment of land use policy under the economic transformation [J]. Land Use Policy, 2018,74: 5 – 14.

Lu N C, Wei H J, Fan W G, Xu Z H, Wang X C. Multiple influences of land transfer in the integration of Beijing-Tianjin-Hebei region in China [J]. Ecological Indicators, 2018, 90: 101 – 111.

Lu X H, Jiang X, Gong M Q. How land transfer marketization influence on green total factor productivity from the approach of industrial structure? Evidence from China [J]. Land Use Policy, 2020,95: 1 – 11.

Mullan K, Grosjean P, Kontoleon A. Land tenure arrangements and rural-urban migration in China [J]. World Development, 2011,39(1): 123 – 133.

Otsuka K. Efficiency and equity effects of land markets [A]. In: Evenson R, Pingali P (Eds.). Handbook of Agricultural Economics [M]. Amsterdam: Elsevier Science, 2007, Vol. 3: 2672 – 2703.

Qiu T, Luo B, Choy S T B, Li Y F, He Q Y. Do land renting-in and its marketization increase labor input in agriculture? Evidence from rural China [J]. Land Use Policy, 2020, 99: 1 – 11.

Restuccia D, Rogerson R. The causes and costs of misallocation [J]. Journal of Economic Perspectives, 2017,31(3): 151 – 174.

Tan R, Wang R, Heerink N. Liberalizing rural-to-urban construction land transfers in China: Distribution effects [J]. China Economic Review, 2020,60: 1 – 12.

Tao R, Su F B, Liu M X, Cao G Z. Land leasing and local public finance in China's regional development: Evidence from prefecture-level cities [J]. Urban Studies, 2010, 47 (10): 2217 – 2236.

Tian L. Land use dynamics driven by rural industrialization and land finance in the peri-urban areas of China: "The Examples of Jiangyin and Shunde" [J]. Land Use Policy, 2015,45:

117 - 127.

Wang Q X, Zhang X L. Three rights separation: China's proposed rural land rights reform and four types of local trials [J]. Land Use Policy, 2017,63: 111 - 121.

Wang R Y, Tan R. Patterns of rural collective action in contemporary China: An archetype analysis of rural construction land consolidation [J]. Journal of Rural Studies, 2020,79: 286 - 301.

World Bank. World development report 2017: Governance and the Law [J]. Washington, D C: 2 - 37.

Ye L, Huang X, Yang H, Chen Z G, Zhong T Y, Xie Z L. Effects of dual land ownerships and different land lease terms on industrial land use efficiency in Wuxi City, East China [J]. Habitat International, 2018,78: 21 - 28.

Zheng D, Shi M. Industrial land policy, firm heterogeneity and firm location choice: Evidence from China [J]. Land Use Policy, 2018,76: 58 - 67.

Zhou Y, Li X H, Liu Y S. Rural land system reforms in China: History, issues, measures and prospects [J]. Land Use Policy, 2020,91: 1 - 15.

巴曙松. 我国土地市场化有望产生新一轮改革红利[J]. 农村金融研究,2016,(4):79.

北京大学国家发展研究院综合课题组. 还权赋能:奠定长期发展的可靠基础——成都市统筹城乡综合改革实践的调查研究[M]. 北京:北京大学出版社,2010:48 - 52.

蔡继明,程世勇. 地价双向垄断与土地资源配置扭曲[J]. 经济学动态,2010,(11):75 - 80.

藏波,吕萍,赵松. 中国园区建设中的工业地价、产业升级及其地区差异:城市层面的产业发展雁行模型[J]. 中国土地科学,2015,29,(8):24 - 32.

陈会广,陈利根,马秀鹏,等. 农村集体建设用地流转模式的多元化创新——基于政府与市场关系的视角[J]. 经济体制改革,2009,(1):87 - 92.

陈坤秋,龙花楼. 中国土地市场对城乡融合发展的影响[J]. 自然资源学报,2019,34(2): 221 - 235.

陈利根,龙卂胜. 新中国 70 年城乡土地制度演进逻辑、经验及改革建议[J]. 南京农业大学学报(社会科学版),2019,19(4):1 - 10,156.

陈小君.《土地管理法》修法与新一轮土地改革[J]. 中国法律评论,2019,(5):55 - 64.

陈小君. 土地改革之"三权分置"入法及其实现障碍的解除——评《农村土地承包法修正案》[J]. 学术月刊,2019,51(1):87 - 95,104.

陈莹,王瑞芹. 城市土地市场化水平与土地集约利用程度的耦合关系——基于武汉市 2003—2008 年的实证分析[J]. 武汉理工大学学报(社会科学版),2015,28(3):421 - 427,469.

陈媛媛,傅伟. 土地承包经营权流转、劳动力流动与农业生产[J]. 管理世界,2017,(11): 79 - 93.

程雪阳. 重建财产权:我国土地制度改革的基本经验与方向[J]. 学术月刊,2020,52(4): 98 - 108.

党国英. 关于中国土地影子市场的一个研判与延伸分析[J]. 农村经济,2020,(11):1 - 10.

邓慧慧,赵晓坤,李慧榕. 土地资源优化配置如何影响经济效率?——来自浙江省"亩均论英雄"改革的经验证据[J]. 中国土地科学,2020,34(7):32 - 42.

董祚继. 土地要素的市场化配置及其全方位推进[J]. 中国土地,2020,(5):4 - 8.

杜雪君,黄忠华.以地谋发展:土地出让与经济增长的实证研究[J].中国土地科学,2015,29(7):40-47.

范剑勇,莫家伟,张吉鹏.居住模式与中国城镇化——基于土地供给视角的经验研究[J].中国社会科学,2015,(4):44-63.

方达,郭研.农村土地流转、资本有机构成与城乡收入差距——基于马克思政治经济学的经验与实证证据[J].经济学家,2020,(11):107-115.

丰雷,郑文博,张明辉.中国农地制度变迁70年:中央—地方—个体的互动与共演[J].管理世界,2019,35(9):30-48.

冯长春,李佳鸣.城乡存量建设用地优化策略[J].前线,2019,(9):82-83.

盖庆恩,朱喜,程名望,史清华.要素市场扭曲、垄断势力与全要素生产率[J].经济研究,2015,50(5):61-75.

高波,樊学瑞,王辉龙.土地市场化能改善城乡收入差距吗?——来自中国232个地级及以上城市的经验证据[J].华东师范大学学报(哲学社会科学版),2019,51(1):140-149.

高圣平,吴昭军.宅基地制度改革的试点总结与立法完善——以《土地管理法》修订为对象[J].山东社会科学,2019,(8):103-111.

高燕语,钟太洋.土地市场对城市建设用地扩张的影响——基于285个城市面板数据的分析[J].资源科学,2016,38(11):2024-2036.

耿慧志,刘子健,张天宇,卢逸伦,薛智婕,唐苇.双循环体系下土地要素市场化改革对城乡发展的影响[J].城市学刊,2020,41(6):45-52.

龚广祥,吴清华,高思涵.土地市场化对区域技术创新的影响及作用机制[J].城市问题,2020,(3):68-78.

龚广祥,朱月季.土地市场化可以缓解企业融资约束吗[J].江西财经大学学报,2020(3):3-13.

韩家彬,刘淑云.土地确权对农村劳动力转移就业的影响——来自CHARLS的证据[J].人口与经济,2019,(5):41-52.

韩长赋.中国农村土地制度改革[J].农业经济问题,2019,(1):4-16.

洪银兴.实现要素市场化配置的改革[J].经济学家,2020,(2):5-14.

侯惠杰,张程.农村土地市场化改革:现状与对策[J].公共财政研究,2019,(1):52-58,90.

黄健雄,郭泽喆."三权分置"改革回顾、研究综述及立法展望——以农村集体土地权利体系的分层解构为视角[J].农业经济问题,2020,(5):39-54.

黄金升,陈利根,张耀宇,赵爱栋.中国工业地价与产业结构变迁互动效应研究[J].资源科学,2017,39(4):585-596.

黄奇帆.要素市场化配置是全面深化改革新突破[J].瞭望,2020,16:8-10.

黄贤金,汤爽爽."三块地"改革与农村土地权益实现研究[M].南京:南京大学出版社,2016:249-256.

黄贤金.论构建城乡统一的建设用地市场体系——兼论"同地、同权、同价、同责"的理论圈层特征[J].中国土地科学,2019,33(8):1-7.

黄小虎.土地使用制度和管理制度改革历程回顾与前景展望[J].上海国土资源,2019,40(4):1-7.

黄志基,贺灿飞.微观尺度下政府企业关系对工业企业用地行为的影响研究[J].城市发展研究,2016,23(7):82-90.

黄忠华,杜雪君,虞晓芬.地权诉求、宅基地流转与农村劳动力转移[J].公共管理学报,2012,9(3):51-59.

黄忠华,杜雪君.集体建设用地入市是否影响城乡统一建设用地市场——基于浙江德清微观土地交易数据实证研究[J].中国土地科学,2020,34(2):18-26.

黄忠华,杜雪君.农村土地制度安排是否阻碍农民工市民化:托达罗模型拓展和义乌市实证分析[J].中国土地科学,2014a,28(7):31-38.

黄忠华,杜雪君.土地资源错配研究综述[J].中国土地科学,2014b,28(8):80-87.

黄忠华.土地制度、资源配置与经济发展[M].北京:经济科学出版社,2016:33-35.

黄祖辉."三权分置"与"长久不变"的政策协同逻辑与现实价值[J].改革,2017,(10):123-126.

姜旭,卢新海,龚梦琪.土地出让市场化、产业结构优化与城市绿色全要素生产率——基于湖北省的实证研究[J].中国土地科学,2019,33(5):50-59.

蒋省三,刘守英,李青.土地制度改革与国民经济成长[J].管理世界,2007,(9):1-9.

蒋省三,刘守英,李青.中国土地政策改革[M].上海:上海三联书店,2010:18-26.

赖敏.土地要素错配阻碍了中国产业结构升级吗?——基于中国230个地级市的经验证据[J].产业经济研究,2019,(2):39-49.

李波.土地出让市场化、所有制差异与企业进入[J].财经论丛,2020,(1):104-113.

李建强,曲福田.土地市场化改革对建设用地集约利用影响研究[J].中国土地科学,2012,26(5):70-75.

李江涛,熊柴,蔡继明.开启城乡土地产权同权化和资源配置市场化改革新里程[J].管理世界,2020,36(6):93-105,247.

李力行,黄佩媛,马光荣.土地资源错配与中国工业企业生产率差异[J].管理世界,2016,(8):86-96.

李隆伟,郭沛.中国土地市场化水平及其影响因素研究——基于2006—2011年全国31个省(市)面板数据的证据[J].北京理工大学学报(社会科学版),2015,17(4):73-79.

李明月,张志鸿,胡竹枝.土地要素对经济增长的贡献研究——基于土地资源与土地资产双重属性的视角[J].城市发展研究,2018,25(7):61-67.

李尚蒲,罗必良,何勤英.土地市场化是否推动城投债发行?[J].经济评论,2017(4):100 117.

李永乐,胡晓波,魏后凯."三维"政府竞争——以地方政府土地出让为例[J].政治学研究,2018,(1):47-58.

李永乐,吴群.土地市场发育与农地非农化——基于省际面板数据的估计与测算[J].中国土地科学,2009,23(11):45-49.

梁涵.基于空间一般均衡理论的土地要素对经济影响机制研究[J].统计与决策,2019,35(6):41-45.

刘红梅,刘超,孙彦伟,王克强,刘伟,龙腾.建设用地减量化过程中的土地指标市场化机制研究——以上海市为例[J].中国土地科学,2017,31(2):3-10.

刘力豪,陈志刚,陈逸.土地市场化改革对城市工业用地规模变化的影响——基于国内46个大中城市的实证研究[J].地理科学进展,2015,34(9):1179-1186.

刘守英,王志锋,张维凡,熊雪锋."以地谋发展"模式的衰竭——基于门槛回归模型的实证研究[J].管理世界,2020,36(6):80-92,119.

刘守英,周飞周,邵挺.土地制度改革与转变发展方式[M].北京:中国发展出版社,2012:11-25.

刘守英.土地制度变革与经济结构转型——对中国40年发展经验的一个经济解释[J].中国土地科学,2018a,32(1):1-10.

刘守英.土地制度与中国发展[M].北京:中国人民大学出版社,2018b:164-170.

刘元春,陈金至.土地制度、融资模式与中国特色工业化[J].中国工业经济,2020,(3):5-23.

刘振伟.乡村振兴中的农村土地制度改革[J].农业经济问题,2018,(9):4-9.

卢洪友,袁光平,陈思霞,卢盛峰.土地财政根源:"竞争冲动"还是"无奈之举"?——来自中国地市的经验证据[J].经济社会体制比较,2011,(1):88-98.

卢为民,唐扬辉.我国土地市场的发展变迁和展望[J].中国土地,2019,(1):45-48.

卢为民.推动供给侧结构性改革的土地制度创新路径[J].城市发展研究,2016,23(6):66-73.

卢新波,张经纬.土地财政阻滞市场化改革的进程了吗?——来自中国省级层面的经验证据[J].财经论丛,2018,(4):18-30.

陆铭,张航,梁文泉.偏向中西部的土地供应如何推升了东部的工资[J].中国社会科学,2015,(5):59-83.

陆铭.城乡融合应实现人、土地、资金三方面的市场化改革[J].国家治理,2020,(21):16-19.

罗必良,李尚蒲.地方政府间竞争:土地出让及其策略选择——来自中国省级面板数据(1993—2009年)的经验证据[J].学术研究,2014,(1):67-78.

罗必良.农地确权、交易含义与农业经营方式转型——科斯定理拓展与案例研究[J].中国农村经济,2016,(11):2-16.

罗德明,李晔,史晋川.要素市场扭曲、资源错置与生产率[J].经济研究,2012,(3):4-14,39.

罗能生,彭郁,罗富政.土地市场化对城市土地综合利用效率的影响[J].城市问题,2016,(11):21-28.

罗玉辉.新中国成立70年农村土地制度改革的历史经验与未来思考[J].经济学家,2020,(2):109-116.

马晓妍,叶剑平,郎文聚.建设用地指标跨区域市场化配置可行性分析[J].中国土地,2017,(10):17-19.

牟燕,钱忠好.地方政府土地财政依赖一定会推高城市一级土地市场化水平吗?——基于2003—2015年中国省级面板数据的检验[J].中国土地科学,2018,32(10):8-13,35.

欧名豪,丁冠乔,郭杰,刘琼.国土空间规划的多目标协同治理机制[J].中国土地科学,2020,34(5):8-17.

彭森.土地要素市场化配置是市场化改革再出发的重要任务[J].北方经济,2020,(8):4-5.

钱文荣,郑淋议.中国农村土地制度的合理性探微:一个组织的制度分析范式[J].浙江大学学报(人文社会科学版),2019,49(3):148-159.

钱忠好,牟燕.乡村振兴与农村土地制度改革[J].农业经济问题,2020,(4):28-36.

钱忠好,牟燕.中国土地市场化水平:测度及分析[J].管理世界,2012,(7):67-75,95.

荣晨.土地要素市场化改革:进展、障碍、建议[J].宏观经济管理,2019,(8):25-31,38.

施建刚,徐奇升,魏铭材.农村集体建设用地流转中的政府失灵:表现、原因及其矫正——以上海市为例[J].农村经济,2016,(2):29-33.

石晓平.我国土地出让制度改革及收益共享机制研究[M].北京:经济科学出版社,2019:1-20.

史常亮,占鹏,朱俊峰.土地流转、要素配置与农业生产效率改进[J].中国土地科学,2020,34(3):49-57.

世界银行,国务院发展研究中心.中国:推进高效、包容、可持续的城镇化[R].世界银行出版社,2014.

宋洋,朱道林,张立新,张晖.2000年以来黄河流域土地市场化时空格局演变及驱动因素[J].自然资源学报,2020,35(4):799-813.

孙德超,周媛媛.农村土地"三权"分置面临的现实困境、政策供给体系及其保障措施[J].经济问题,2020,(1):79-86,102.

谭荣.集体建设用地市场化进程:现实选择与理论思考[J].中国土地科学,2018,32(8):1-8.

谭荣.征收和出让土地中政府干预对土地配置效率影响的定量研究[J].中国土地科学,2010,24(8):21-26.

唐健,谭荣.农村集体建设用地入市路径——基于几个试点地区的观察[J].中国人民大学学报,2019,33(1):13-22.

陶坤玉,张敏,李力行.市场化改革与违法:来自中国土地违法案件的证据[J].南开经济研究,2010,(2):28-43.

陶然,陆曦,苏福兵,汪晖.地区竞争格局演变下的中国转轨:财政激励和发展模式反思[J].经济研究,2009,44(7):21-33.

陶然,汪晖.中国尚未完之转型中的土地制度改革——挑战与出路[J].国际经济评论,2010,(2):93-123.

田传浩,方丽.土地调整与农地租赁市场:基于数量和质量的双重视角[J].经济研究,2013,48(2):110-121.

田光明,曲福田.中国城乡一体土地市场制度变迁路径研究[J].中国土地科学,2010,(2):24-30.

田莉,陶然.土地改革、住房保障与城乡转型发展——集体土地建设租赁住房改革的机遇与挑战[J].城市规划,2019,43(9):53-60.

田文佳,余靖雯,龚六堂.晋升激励与工业用地出让价格——基于断点回归方法的研究[J].经济研究,2019,(10):89-105.

屠帆,葛家玮,刘道学,钟琴.土地出让市场化改革进程中工业地价影响因素研究[J].中国土地科学,2017,31(12):33-41,68.

王克强,熊振兴,高魏.工业用地使用权交易方式与开发区企业土地要素产出弹性研究[J].中国土地科学,2013,27(8):4-9.

王瑞民,邵挺."十四五"土地市场体系发展:挑战与建议[J].发展研究,2020,(1):20-24.

王曙光,王丹莉.农村土地改革、土地资本化与农村金融发展[J].新视野,2014,(4):42-45.

王媛,杨广亮.为经济增长而干预:地方政府的土地出让策略分析[J].管理世界,2016,(5):18-31.

魏来,黄祥祥.集体经营性建设用地入市改革的实践进程与前景展望——以土地发展权为肯綮

[J].华中师范大学学报(人文社会科学版),2020,59(4):34-42.

文兰娇,张安录.长三角地区与珠三角地区农村集体土地市场发育与运行比较研究——基于上海市松江区、金山区和广东省南海区、东莞市4地实证分析[J].中国土地科学,2016,30(10):64-71.

吴次芳,谭荣,靳相木.中国土地产权制度的性质和改革路径分析[J].浙江大学学报(人文社会科学版),2010,(6):22-29.

吴群,陈伟.中国城市工业用地利用效率研究[M].北京:科学出版社,2015:3-12.

吴晓燕.动能转换:农村土地产权制度改革与乡村振兴[J].社会科学研究,2020,(3):59-68.

夏柱智.国家治理视域中的土地制度改革[J].求索,2020,(2):143-150.

谢冬水.土地资源错配与城市创新能力——基于中国城市面板数据的经验研究[J].经济学报,2020,7(2):86-112.

徐朝阳,白艳,王韡.要素市场化改革与供需结构错配[J].经济研究,2020,55(2):20-35.

徐鹏杰,王宁,杨乐晴.要素市场化配置、政府治理现代化与产业转型升级[J].经济体制改革,2020,(5):86-92.

徐升艳,陈杰,赵刚.土地出让市场化如何促进经济增长[J].中国工业经济,2018,(3):44-61.

徐元栋,王考考,陆慧玲.土地市场化程度对经济增长的促进效应研究——基于我国省级面板数据的实证研究[J].管理现代化,2017,37(5):88-91.

闫昊生,孙久文,苏玺鉴.土地要素:一个中国特色的政策工具[J].经济学家,2019,(5):104-112.

严金明,陈昊,夏方舟.深化农村"三块地"改革:问题、要义和取向[J].改革,2018,(5):48-55.

严金明,李储,夏方舟.深化土地要素市场化改革的战略思考[J].改革,2020,(10):19-32.

严金明,王晨.基于城乡统筹发展的土地管理制度改革创新模式评析与政策选择——以成都统筹城乡综合配套改革试验区为例[J].中国软科学,2011,(7):1-8.

杨博野.土地要素市场化配置改革对浙江的若干影响[J].浙江经济,2020,(6):53-55.

杨继东,罗路宝.产业政策、地区竞争与资源空间配置扭曲[J].中国工业经济,2018,(12):7-24.

杨继东,杨其静.保增长压力、刺激计划与工业用地出让[J].经济研究,2016,(1):99-113.

杨遴杰,饶富杰.政府在工业用地配置中角色失效原因分析[J].中国土地科学,2012,26(8):36-41.

杨先明,李波.土地出让市场化能否影响企业退出和资源配置效率?[J].经济管理,2018,40(11):55-72.

姚树荣,龙婷玉.市场化土地整治助推了乡村振兴吗——基于成都1187户上楼农民的调查[J].中国土地科学,2020,34(1):70-78.

张建平,葛扬.土地市场化与城乡收入分配[J].山西财经大学学报,2020,42(11):1-15.

张莉,程可为,赵敬陶.土地资源配置和经济发展质量——工业用地成本与全要素生产率[J].财贸经济,2019,40(10):126-141.

张琳,黎小明,刘冰洁,钱金芳.土地要素市场化配置能否促进工业结构优化?——基于微观土地交易数据的分析[J].中国土地科学,2018,32(6):23-31.

张梦琳,陈利根.农村集体建设用地流转的资源配置效应及政策含义[J].中国土地科学,2008,(11):72-75.

张曙光.博弈:地权的细分、实施和保护[M].北京:社会科学文献出版社,2011:75-140.

赵爱栋,蓝菁,马贤磊,许实.土地价格市场化对中国工业部门要素投入与技术选择的影响[J].财经研究,2016b,42(8):85-96.

赵爱栋,马贤磊,曲福田.市场化改革能提高中国工业用地利用效率吗?[J].中国人口·资源与环境,2016a,26(3):118-126.

赵文哲,杨继东.地方政府财政缺口与土地出让方式——基于地方政府与国有企业互利行为的解释[J].管理世界,2015(4):11-24.

曾龙,李燕凌,刘远风.土地资源错配对城市集聚特征的影响研究——基于产业集聚与结构的视角[J].经济经纬,2019,36(5):104-111.

郑思齐,孙伟增,吴璟,武赟."以地生财,以财养地"——中国特色城市建设投融资模式研究[J].经济研究,2014,(8):14-27.

中国人民大学"完善要素市场化配置实施路径和政策举措"课题组.要素市场化配置的共性问题与改革总体思路[J].改革,2020,(7):5-16.

周其仁.土地制度改革有四方面值得关注[J].理论学习,2014,(10):36-37.

周天勇.深化土地体制改革与理顺经济运行[J].学术月刊,2020,52(2):30-43,57.

朱道林,甘藏春,程建.论土地制度的公私矛盾[J].中国土地科学,2020,34(10):1-7.

第二篇
城市土地制度、结构转型与经济发展

第 3 章
制度结构、地方政府行为与供地策略互动

3.1　问题提出：中国地方政府是否存在土地竞争行为

　　土地是我国地方政府招商引资和拉动经济增长的重要工具。一方面，土地是地方政府能控制和主导的主要生产要素，地方政府能竞相利用廉价土地来招商引资(Tao 等，2010；He 和 Huang，2014)。另一方面，地方政府积极通过土地出让来获得预算外收入(Yew，2011；Zhan，2012；Kung 和 Chen，2014)。此外，地方政府还能利用土地作为融资手段来为城市基础设施建设和城镇化发展融资(Cao 等，2008；Lin 和 Yi，2011)。因此，土地是中国发展的一个重要元素。过去 40 多年来，政府主导的土地供给模式推动了中国的工业发展、基础设施投资和城市扩张(Yew，2012)。

　　与西方国家利用税收工具不同，中国地方政府利用土地来实施地方竞争。中国地方政府没有征税立法权权，因此国外的地区间税收竞争在中国并不能直接应用。相应地，中国地方政府利用土地出让来进行地区竞争。中国地方政府对工业用地出让具有一定自由裁量权，能垄断一级土地市场供应，通过低成本征地将农地转化为国有建设用地，并选择一定价格将工业供地出让给潜在企业。1994 年分税制改革后，地方政府竞相利用低价土地出让来招商引资。地方政府间的工业用地出让政策会相互影响，即相邻地区的工业用地出让政策将影响本地区的工业用地出让政策。

　　地方政府间的策略互动是公共经济学和区域科学中受长期关注的重要问题。解释地方政府间的策略互动的理论假说主要有 3 个：①溢出效应。溢出效

应较早由 Brueckner(2003)提出,认为辖区间的政策执行相互影响,本地区的政策执行将正向或负向影响相邻地区的政策执行。②资源流动效应。资源流动效应较早由 Tiebout(1956)提出,并经 Brueckner(2003)发展,认为地方政府竞相竞争流动的资源。与溢出效应相比,辖区的决策变量是某一类特定资源,如流动的投资和税基。③标尺竞争。标尺竞争由 Besley 和 Case(1995)提出,认为投票者利用相邻地区的政策执行绩效作为衡量本地区官员相对绩效的标尺。虽然标尺竞争在西方国家情景中提出,但也适用于中国。中国中央政府也利用相对绩效作为标尺来评估地方官员绩效和以此作为地方官员晋升的依据,类似于西方国家投票者的角色和作用(Xu,2011;Su 等,2012;Kung 和 Chen,2014)。

3 种不同假说的差异在于地方政府的不同目标、选择及策略互动的本质。在资源流动效应假说中,地方政府为吸引流动的资源而展开策略互动和竞争,在我们的研究中地方政府利用廉价土地来竞相吸引投资。在溢出效应假说中,由于外部性和搭便车原因,地方政府行为受地理相邻地区政府行为影响。在标尺竞争假说中,地方政府根据投票者偏好展开策略互动,以获得连任和晋升。区分溢出效应和其余 2 个假说的关键在于地方政府是否想"搭便车"。在我们的研究中,由于地方政府利用廉价土地来竞相吸引投资和拉动经济增长,以便在绩效竞争中胜出,我们主要聚焦资源流动和标尺竞争假说①。

以上 3 种假说为分析地方政府的策略互动行为提供了丰富见解。事实上,除上述 3 种假说外,Manski(1993)认为,地方政府间的策略互动可能来源于"共同知识趋势(common intellectual trends)",导致地方政府向相同方向执行政策。然而,很多以往相关研究中,地方政府策略互动的来源是不清楚的,较少有研究分析地方政府策略互动的具体来源。

本章研究的目标主要有两个方面。首先,我们检验中国地方政府工业用地出让策略互动行为。其次,我们分析地方政府工业用地出让策略互动的具体来源和机制。

我们的研究为理解地方政府行为,特别是地方政府土地供给行为提供了新见解。我们也为中国地方政府工业用地出让策略互动行为提供了新证据,不同于相关研究主要基于西方国家的情景设定。此外,我们还识别了中国地方政府工业用地出让策略互动的具体来源和机制,弥补相关研究对来源和机制探讨较

---

① 一些学者认为地方政府官员的职业生涯动机在地方政府土地出让中扮演重要角色(Kung 和 Chen, 2014)。

少的不足。

3.2 中国工业用地供给制度背景与行为特征

3.2.1 中国土地制度背景分析

在我国现行城乡二元土地制度下,土地被分成国有和集体土地。计划经济时期,中国建立了社会主义土地供给体系,工业用地无偿划拨给国有企业使用。1988 年宪法修正案后,城市土地使用权被允许出让,这一改变开启了城市土地市场(Liu 等,1998;Ho 和 Lin,2003;Lin 和 Ho,2005)。地方政府垄断城市一级土地市场供应,将土地使用权出让给潜在开发商。城市国有土地在二级市场上可转让。然而,农村集体土地必须经过政府征地转为国有土地后才能被开发。地方政府能以较低的补偿从农民那里征地(Tao 等,2010;Ding 和 Lichtenberg,2011;Wang 等,2012)。然后,地方政府一手低价征地、一手高价卖地,其差价可高达土地补偿金的 20 倍以上(Wang 等,2012)。

城市土地与农村集体土地的巨额差价是地方政府预算外收入的重要来源(Tao 等,2010)[①]。它有助于地方政府减轻财政压力,并为城市基础设施建设融资。地方政府倾向于在郊区低价征地,并进行土地储备和高价出让城市经营性用地(Cai,2011)。

3.2.2 地方政府工业用地出让行为

城市国有土地可通过 4 种方式出让给潜在企业。首先是协议出让方式。地方政府通过协议和一对一谈判方式将土地出让给潜在企业。地方政府通常将工业用地以协议方式出让给潜在工业企业,具体价格通过谈判和讨价还价来定(Lin 和 Ho,2005)。其他 3 种是更透明和竞争性的市场方式,包括招标、拍卖和挂牌。竞争性土地出让方式能抬升土地价格和产生土地溢价。

融资和晋升激励塑造了地方政府的工业用地出让行为(Lichtenberg 和 Ding,2009;Kung 和 Chen,2014)。1990 年以来,地方政府被激励来招商引资和拉动辖区经济增长。首先,1994 年分税制改革改变了央地财政关系,导致地

---

① 根据《中国国土资源年鉴(2008—2020)》和《中国城市统计年鉴(2008—2020)》,土地出让收入占地方财政收入比重在 40% 左右。

方政府寻求预算外财政收入来平衡不断扩张的地方支出(Jin 等,2005;Tao 等,2010;Lin 和 Yi,2011)。地方政府很快发现土地出让的潜在价值。土地出让不仅能带来预算外收入,还能招商引资和促进地方经济增长。其次,投资和经济增长是衡量地方官员绩效的两个重要指标,影响上一层级政府对其晋升的评估(Su 等,2012)。在现行土地出让制度下,地方政府依然偏好出让更多工业用地来招商引资和推动地方经济增长(Tian, 2015)。

为推动地方工业发展和经济增长,地方政府竞相吸引来自国内和国外的投资。投资导向的地方竞争导致地方政府采取"竞争到底"的工业用地低价出让策略。面对相邻地区竞争,地方政府别无选择,只能压低工业用地价格来吸引投资。虽然国土资源部在 2007 年 4 月颁布《国土资源部监察部关于落实工业用地招标拍卖挂牌出让制度有关问题的通知(78 号文)》,要求地方政府必须通过招标、拍卖、挂牌等方式出让工业用地,开启工业用地市场化出让改革。然而,地方政府事实上更偏好协议方式来出让工业用地。

地方政府对两类投资者采取不同的土地出让策略。①工业企业,主要是制造业企业。②商住投资者,包括住宅、办公楼和零售开发商等。从财政收益角度,商住用地出让通过一锤子买卖能获得一次性出让收益,但工业企业一旦入驻和投产后能带来长期税收收入。进一步,制造业企业能对服务业带来较大的溢出效应,制造业工人需要一系列服务,包括餐饮、住房、零售等。

然而,制造业投资是非区位特定的,它们可流动且可在其他地区投资建厂。正由于投资的可流动性,地方政府只能竞相压低工业用地价格来招商引资。地方政府采用协议方式以低地价甚至零地价出让工业用地也较为常见。为弥补土地征收和整理带来的成本,地方政府通过抬高商住用地价格来弥补低价工业用地出让带来的损失[①]。

3.2.3　中国地方政府工业用地出让特征与事实

表 3-1 显示 2003—2012 年不同出让方式的中国土地出让面积、收入和价格情况。第 3 列和 6 列对比发现,协议出让方式(主要是工业用地出让)的价格比市场化方式出让土地的价格要低。2004 年,经营性用地实行市场化方式出让改革后,通过协议这种非市场化出让土地的比率逐渐减少。第 7 列进一步显示,工业用地与商住用地的价格比不到 50%,与以往相关研究一致(Yang 和 Wang,

---

① 由于服务业是区位特定和本地化的,地方政府可高价出让商住用地。

2008；Tao 等,2010)。这些证据初步表明,地方政府通过廉价工业供地出让来向制造业企业供地。

表 3 - 1   2003—2012 年中国土地出让情况

年份	非市场方式交易			市场方式交易			价格比
	(1) 收入 (10^8 元)	(2) 面积 (公顷)	(3) 价格 (元/m²)	(4) 收入 (10^8 元)	(5) 面积 (公顷)	(6) 价格 (元/m²)	(3)/(6)
2003	2 349.9	139 433.7	168.5	3 071.4	54 170.3	567.0	0.3
2004	2 862.9	129 083.1	221.8	3 549.3	52 427.3	677.0	0.3
2005	1 687.9	108 367.7	155.6	4 195.9	57 218.4	733.3	0.2
2006	2 282.7	161 871.4	141.0	5 794.9	71 146.5	814.5	0.2
2007	2 141.9	117 662.8	182.0	10 074.9	117 297.8	858.9	0.2
2008	731.1	26 634.4	274.5	9 528.7	139 225.3	684.4	0.4
2009	883.9	33 594.3	263.1	16 295.6	187 219.6	870.4	0.3
2010	1 101.1	34 206.9	321.9	26 363.4	259 510.9	1 015.9	0.3
2011	1 307.8	30 116.8	434.2	30 818.3	304 968.3	1 010.5	0.4
2012	1 388.9	30 802.8	450.9	26 653.4	301 629.5	883.6	0.5

数据来源:《中国国土资源年鉴(2004—2013)》。

地方政府低价出让工业用地来招商引资的做法在 2000 年以后更为常见,特别在东部沿海地区。根据我们对浙江省西部城市丽水市的调查,地方政府甚至通过免费供地来吸引制造业投资者,即使前期在征地和基础设施建设中花费大量成本(丽水山地较多,为建工业园区,需要将山"削"平,建设公路的成本也较高)。地方政府激烈竞争投资者的故事也屡见不鲜,据调研,为吸引外资企业东芝,杭州、苏州和东莞市政府纷纷报以较低的工业用地价格来吸引企业落户,最终因价格优势东芝企业选择落户杭州。

3.2.4   地方政府工业用地供给空间格局

从空间来看,工业用地出让价格在不同地区显著不同[①]。在绝大部分地区,工业用地价格要低于 500 元/平方米。基于 ARCGIS 软件的空间分析表明,工业用地出让价格存在空间相关性,特别在东部和中部地区。初步表明,地方政府

---

① 中国地级市商住用地平均价格、工业与商住用地出让价格比、工业与商住用地出让面积比空间分布图可见笔者论文: Huang Z H, Du X J. Strategic interaction in local governments' industrial land supply: Evidence from China [J]. Urban Studies, 2017, 54(6): 1328 - 1346.

工业用地出让在价格方面可能存在策略互动。

为吸引投资,地方政府竞相通过提供低价土地来实施触底竞争。在中国大部分地区,工业用地价格不到商住用地价格的一半。这些土地价格的空间特征也与以往研究一致(Yang 和 Wang,2008;Tao 等,2010)。

相比于服务业部门,地方政府出让给工业部门的土地更多。地方政府通过协议、低价、过量出让工业用地来向制造业企业供地。在中国东部和中部地区,工业用地出让面积要大于商住用地。

3.3 实证模型与数据

3.3.1 分析模型

若地区间存在策略互动,城市 i 的工业用地出让价格不仅取决于自身特征,也受相邻地区工业用地价格水平影响。城市 i 的工业用地出让价格反应函数可表示为:

$$P_i = R(P_{-i}, X_i) \qquad (3-1)$$

式(3-1)中,P_i 表示城市 i 的工业用地出让价格,P_{-i} 表示相邻城市的工业用地出让价格。X_i 是一系列特征变量,包括经济、人口和其他特征。上述模型表示的城市工业用地出让价格反应函数与税收竞争模型相似,因此也可称为土地竞争模型。地方政府工业用地出让价格间可能存在正向或负向相关,取决于相邻地区采取模仿或替代的互动策略:若采取模仿的策略,则存在正相关;若采取替代的策略,则存在负相关。

实证方面,为检验地方政府工业用地出让价格是否存在策略互动,我们采取空间计量模型,其基本的检验方程可表示为:

$$P_{it} = \rho \sum_{j \neq i} w_{ij} P_{jt} + X_{it}\beta + \mu_i + \varepsilon_{it} \qquad (3-2)$$

其中 P_{it} 是城市 i 在 t 年的工业用地出让价格。w_{ij} 是空间权重矩阵,用来捕捉城市间的空间互动特性。ρ 是反应函数的斜率,也是我们实证识别的重点。X_i 是一组城市特征的控制变量。μ_i 是空间固定效应,用来控制不可观测的城市特征因素。由于空间互动效应与时间固定效应不能很好区分(Devereux 等,2008;Elhorst,2010),因此我们采用时间趋势,而不是时间虚拟变量,来控制时间趋势效应。

式(3-2)的估计方程主要存在两个计量问题。①空间滞后因变量可能是内生的,由于本地区地方政府与相邻地区的地方政府工业用地出让价格存在策略互动。在此情况下,最小二乘估计是非一致的。最大似然估计和工具变量法是常见的估计方法(Brueckner,2003)。②若因变量存在动态持续性,可采用基于GMM(Generalized method of moments)模型的动态空间面板模型进行估计(Radoano,2007;Costa 等,2015)。我们采用最大似然估计作为基准估计,采用基于 GMM 模型的动态空间面板模型和工具变量法估计作为稳健分析。

3.3.2　空间权重矩阵设定

空间权重矩阵的设定选择与标准至今仍未达成共识,仍在不断讨论中(Costa 等,2015)。一种空间权重矩阵的设定隐含假定某种空间互动的特性(Caldeira,2012;Costa 等,2015)。我们考虑了多种形式的空间权重矩阵设定,包括地理距离、经济地理距离和地理—经济距离混合形式邻近矩阵。地理距离权重,在相关实证研究中最为常见,基于城市间的欧几里得距离(权重为 $w_{ij}^G = 1/d_{ij}$ for $j \neq i$, d_{ij} 表示为城市 i 和 j 的欧几里得距离)。类似地,经济邻近权重基于城市 i 和 j 的人均 GDP 距离 ($w_{ij}^E = 1/abs(PGDP_i - PGDP_j)$, for $j \neq i$)。最后,地理—经济混合权重可表示为 $w_{ij}^{GE} = w_{ij}^G \times w_{ij}^E$,即两者乘积形式。以上所有权重矩阵采取行标准化设置。

3.3.3　数据来源和变量描述

我们采用 2003—2012 年中国地级市空间面板数据。除土地数据来源于《中国国土资源年鉴(2004—2013)》,其他数据来源于《中国城市统计年鉴(2004—2013)》。表 3-2 显示主要变量的定义和描述性统计分析。

由于地方政府工业用地出让价格设定可能主要受相邻地区工业用地出让行为和本地区特征因素影响(Brueckner,2003;Revelli,2006),我们控制城市层面的控制变量。基于 Caldeira(2012),Ye 和 Wu(2014),我们选择多个城市经济和财政方面的变量,包括人均固定资产投资(PINV),人均外商直接投资(PFDI),人均土地出让收入(PLR),财政压力(财政支出与收入比重,FP),人均 GDP(PGDP),产业结构(第二产业占 GDP 比重,INDRAT),人口密度(POPDEN)。所有名义变量统一折算为 2003 年不变价格。更多关于主要变量的定义和描述性统计分析见表 3-2 所示。

表 3-2 主要变量定义和描述性统计分析

变量	定义	观测值	均值	标准差
P	工业用地价格(元/m²)	1 800	199.75	180.88
$PINV$	人均固定资产投资(元/人)	1 800	11 451.88	11 045.51
$PFDI$	人均 FDI(元/人)	1 800	540.08	1 017.83
PLR	人均土地出让收入(元/人)	1 800	836.25	1 371.35
FP	财政支出与收入比例(%)	1 800	2.52	1.29
$PGDP$	人均GDP(元/人)	1 800	20 079.01	17 511.78
$INDRAT$	第二产业比例(%)	1 800	48.69	10.75
$POPDEN$	人口密度(人/平方公里)	1 800	426.27	260.77

除财政压力和产业结构等比例形式的变量外,其余变量采用对数自然函数处理,以消除异方差。

3.4 地方政府工业用地供给策略互动行为实证结果

3.4.1 基准空间回归结果

表 3-3 给出地方政府工业用地供给策略互动行为的基准(baseline)回归结果。最重要的估计结果是空间滞后因变量($WLogP$),空间互动系数或工业用地价格反应函数的斜率。有趣的是,空间互动系数在不同空间权重矩阵设定下都显著为正。这个结果表明,中国地方政府在工业用地出让价格方面存在策略互动。向上倾斜的价格反应函数表明,面对相邻地区压低价格出让工业用地来吸引投资,城市 i 的最佳反应也是压低价格出让工业用地来引资。我们的结果表明,地方政府在工业用地出让价格上是策略互补,与 Brueckner 和 Saavedra (2001)等的税收竞争实证发现相似。

表 3-3 基准空间回归模型基准回归结果

变量	(1)	(2)	(3)
	W^G	W^E	W^{GE}
$WLogP$	0.51***	0.10***	0.11***
	(0.07)	(0.03)	(0.03)
$LogPINV$	−0.10	−0.14*	−0.14*
	(0.08)	(0.08)	(0.08)

（续表）

变量	(1) W^G	(2) W^E	(3) W^{GE}
$LogPFDI$	0.002	0.004	0.004
	(0.02)	(0.02)	(0.02)
$LogPLR$	0.23***	0.23***	0.23***
	(0.04)	(0.04)	(0.04)
FP	−0.06*	−0.07**	−0.07*
	(0.04)	(0.03)	(0.03)
$LogPGDP$	−0.01	−0.04	−0.03
	(0.26)	(0.25)	(0.25)
$INDRAT$	−0.01	−0.01	−0.01
	(0.01)	(0.01)	(0.01)
$LogPOPDEN$	1.32***	1.34***	1.34***
	(0.50)	(0.50)	(0.50)
时间趋势	0.02	0.07**	0.07**
	(0.04)	(0.04)	(0.04)
城市固定效应	Yes	Yes	Yes
样本	1 800	1 800	1 800
R 平方	0.213	0.215	0.214

注：括号内为地级市层面标准差。* $p<0.1$，** $p<0.05$，*** $p<0.01$。

不同空间权重矩阵设定下，空间滞后因变量估计系数值在 0.10 和 0.51 之间。相邻地区工业用地价格每压低 1 个百分点，本地区工业用地价格将压低 0.51 个百分点（在地理距离权重设定下），而在经济距离权重设定下，本地区工业用地价格将压低 0.1 个百分点。可见，地理距离空间权重设定下的空间互动系数较经济距离空间权重下大。空间互动系数与其他研究结果相似，如 Besley 和 Case（1995）发现税收竞争空间互动系数为 0.2，Elhorst 和 Freret（2009）发现福利支出空间互动系数为 0.28，Allers 和 Elhorst（2005）发现财产税空间互动系数为 0.35，Schaltegger 和 Kuttel（2002）发现非税收互动系数为 0.6，Caldeira（2012）发现地方支出空间互动系数为 0.8。

关于城市特征变量估计系数结果，基本符合预期，尽管一些变量系数估计结果不显著。人均固定资产投资（$LogPINV$）的估计结果显著为负，符合预期，表明投资规模较大的城市更倾向于低价出让工业用地。财政压力的影响显著为负，表明财政压力更大的城市更倾向于低价出让工业用地来吸引投资和平衡财政支出。人均土地出让收入（$LogPLR$）系数显著为正，表明工业用地需求越大（城市土地财政和土地经营越好，投资需求较大）的城市出让工业用地价格更高。人口密度的影响也显著为正，表明人口密度越大的城市其工业用地出让价格越高,其原因可能是集聚经济产生更高的土地租金的影响。

表 3-4 显示分地区估计结果。有意思的是,空间滞后因变量在东部和中部地区显著,而在西部地区不显著,表明工业用地出让价格策略互动主要发生在东部和中部地区。地理距离空间权重设定下,空间互动系数在中部比在东部更大,表明中部地区相比东部地区具有区位比较劣势,地方政府采取更激进的低价出让工业用地策略来招商引资。此外,在中央提出产业从东部向中西部地区转移的发展战略背景下,中部地区地方政府更倾向于采取激进的低地价引资策略[1]。然而,由于西部地区投资环境和区位条件差于中部地区,西部地区不容易吸引到外部投资。

表 3-4 分地区空间回归模型估计结果

变量	东部		中部		西部	
	(1)	(2)	(3)	(4)	(5)	(6)
	W^G	W^E	W^G	W^E	W^G	W^E
$WLogP$	0.21*	0.09***	0.39***	−0.01	0.02	0.04
	(0.11)	(0.03)	(0.08)	(0.04)	(0.14)	(0.08)
$LogPINV$	−0.31*	−0.33**	0.07	0.05	0.03	0.03
	(0.16)	(0.16)	(0.11)	(0.11)	(0.16)	(0.17)
$LogPFDI$	−0.00	0.00	−0.01	−0.01	0.03	0.03
	(0.04)	(0.04)	(0.03)	(0.03)	(0.04)	(0.04)
$LogPLR$	0.16***	0.16***	0.17***	0.17***	0.32***	0.32***
	(0.05)	(0.05)	(0.06)	(0.06)	(0.06)	(0.06)
FP	−0.07	−0.09	−0.08*	−0.09**	−0.03	−0.02
	(0.13)	(0.13)	(0.04)	(0.04)	(0.06)	(0.05)
$LogPGDP$	−0.36	−0.41	−0.80***	−0.87***	0.62	0.63
	(0.52)	(0.51)	(0.29)	(0.28)	(0.45)	(0.45)
$INDRAT$	0.01	0.01	0.01	0.01	−0.02	−0.02
	(0.01)	(0.01)	(0.01)	(0.01)	(0.01)	(0.01)
$LogPOPDEN$	0.71	0.74	0.90*	0.92*	2.54**	2.56**
	(1.69)	(1.68)	(0.50)	(0.49)	(1.09)	(1.07)
时间趋势	0.15**	0.18***	0.10**	0.16***	−0.08	−0.08
	(0.07)	(0.06)	(0.05)	(0.05)	(0.06)	(0.06)
城市固定效应	Yes	Yes	Yes	Yes	Yes	Yes
样本	640	640	750	750	410	410
R 平方	0.244	0.230	0.194	0.192	0.172	0.170

注:* $p<0.1$,** $p<0.05$,*** $p<0.01$。括号内数值为标准误差,在地级市层面聚类。

---

[1] 中央政府在"十一五"期间(2006—2010)设定由东部转向中西部地区劳动密集型产业转移目标,并实施产业转移。

为进一步检验工业用地市场化出让制度改革对地方政府工业用地出让行为的影响,我们设定市场化出让制度改革虚拟变量(Reform2007,2007 年后赋值为1),并将其与空间滞后因变量交叉相乘。表 3-5 给出具体估计结果。可见,空间互动系数显著为正,表明工业用地市场化制度改革导致更猛烈的低价出让工业用地行为。根据我们对地方政府的访谈,大部分工业用地在 2007 年后事实上依然采用协议方式在出让。面对地区间招商引资竞争,地方政府没有激励来抬高工业用地价格,因为一旦抬高土地价格将可能吸引不到外来投资。2007 年后,地方政府实际上面临更大的引资压力,尤其是 2008 年刺激计划后,他们更压低工业用地地价来招商引资。

表 3-5　工业用地出让制度改革影响的空间回归模型估计结果

变量	W^G	W^E	W^{GE}
	(1)	(2)	(3)
$WLogP \times Reform2007$	0.43***	0.65***	0.64***
	(0.14)	(0.13)	(0.13)
时间趋势	Yes	Yes	Yes
城市固定效应	Yes	Yes	Yes
样本	1 800	1 800	1 800
R 平方	0.223	0.226	0.226

注:* $p<0.1$,** $p<0.05$,*** $p<0.01$。括号内数值为标准误。所有回归模型包括一组相同控制变量。

3.4.2　稳健性分析

进一步进行稳健性分析(Robustness Analysis),为确保估计结果的稳健性,我们尝试再进一步的回归和分析。

首先,我们采用空间两阶段最小二乘法来解决可能的内生性问题。内生性可能来源于空间滞后因变量,如本地区压低工业用地出让价格可能导致相邻地区也压低工业用地出让价格。为处理这个内生性问题,我们采用 Kelejian 和 Prucha(1998,2010)提出的空间两阶段最小二乘法。第一步,我们先用空间滞后因变量($WLogP$)对 X、WX 和 W^2X 进行回归。第二步,将第一步估计得到的空间滞后因变量拟合值($\widehat{WLogP}$)作为工具变量进行估计($\widehat{WLogP}$ 与误差项渐进无关)。表 3-6 显示采用空间两阶段最小二乘法的估计结果。可见,空间滞后因变量依然显著为正,系数值比表 3-4 基准回归模型估计结果要大。此外,其他变量的估计结果与表 3-4 也相似。

表 3-6 空间两阶段最小二乘法估计结果

变量	(1) W^G	(2) W^E
$WLogP$	0.95***	0.41**
	(0.17)	(0.20)
$LogPINV$	−0.06	−0.10
	(0.08)	(0.08)
$LogPFDI$	−0.0001	0.01
	(0.02)	(0.02)
$LogPLR$	0.22***	0.23***
	(0.03)	(0.03)
FP	−0.05*	−0.06**
	(0.03)	(0.03)
$LogPGDP$	0.01	−0.05
	(0.15)	(0.16)
$INDRAT$	−0.01*	−0.01*
	(0.04)	(0.004)
$LogPOPDEN$	1.33***	1.56***
	(0.50)	(0.52)
常数项	−7.68**	−5.21
	(3.43)	(3.63)
时间趋势	−0.03	0.04
	(0.03)	(0.03)
城市固定效应	Yes	Yes
样本	1 800	1 800
R 平方	0.56	0.55

注：* $p<0.1$，** $p<0.05$，*** $p<0.01$。括号内数值为标准误。所有回归模型包括一组相同控制变量。

其次，我们进一步采用动态空间面板数据模型，其中利用滞后变量作为工具变量并采用 GMM 估计方法来解决可能的内生性问题和因变量的时间相关性。表 3-7 给出主要变量的系数估计结果。时间滞后变量（$LogP_{t-1}$）显著为正，表明采用动态空间面板数据模型是合理的，这也表明工业用地出让价格具有时间持续性或受历史因素。在不同空间权重矩阵设定下，空间互动系数均显著为正，其中地理距离空间权重矩阵设定下系数值为 0.7，要大于经济距离或地理—经济距离混合空间权重矩阵设定下的系数估计值，再次表明，地方政府工业用地出让策略互动在地理相邻地区更为显著。动态空间面板数据模型估计结果表明，中国存在地方政府工业用地出让策略互动。

表3-7　动态空间面板模型估计结果

变量	(1)	(2)	(3)
	W^G	W^E	W^{GE}
$LogP_{t-1}$	0.09***	0.11***	0.11***
	(0.03)	(0.03)	(0.03)
$WLogP$	0.70***	0.21***	0.20**
	(0.14)	(0.08)	(0.08)
时间趋势	Yes	Yes	Yes
城市固定效应	Yes	Yes	Yes
样本	1 800	1 800	1 800
R 平方	0.31	0.30	0.30

注：* $p<0.1$，** $p<0.05$，*** $p<0.01$。括号内数值为标准误。所有回归模型包括一组相同控制变量。

最后，根据 Lockwood 和 Migali(2009)与 Caldeira(2012)研究，我们考虑采用安慰剂形式的空间权重矩阵设定。我们随机设定空间权重，而不考虑地理或经济距离权重①。这个安慰剂形式的空间权重矩阵设定可用来比较实证发现的空间互动效应是否来源于随机因素或共同冲击影响。估计结果发现，在随机设定空间权重下，空间互动系数不再显著(具体估计结果可与作者联系)，表明我们的结果并非来源于随机因素或共同冲击。

总之，上述实证结果支持地方政府在工业用地出让价格上存在策略互动，考虑内生性等问题后估计结果依然稳健。

3.5　地方政府工业用地供给策略互动来源与机制

为检验地方政府工业用地出让价格策略互动的来源与机制，我们进一步采用一系列实证检验。首先，我们将空间滞后因变量与反映政治周期的一组虚拟变量交叉相乘。其次，我们基于产业结构相似性考虑不同的空间权重矩阵设定。

第一，根据标尺竞争假说，城市间工业用地出让价格策略互动在政治周期中

---

① 我们随机产生城市间距离(0 与 1 之间随机数)，若随机数大于 0.5，则设定城市间距离邻近矩阵相应元素为 1，否则为 0。

更为显著,由于城市领导人的政绩在这期间更容易被上级领导人所关注。为检验这一预测,我们设定二类政治周期虚拟变量①。首先,我们设立省级党代会当年($PCPC$)、省级党代会前一年($PCPCPre1$)和省级党代会后一年($PCPCPost1$)变量。其次,我们设定地方官员变更为政治周期变量,包括变更后第1年变量($Tenure1$)和第2年变量($Tenure2$)②。然后,我们将空间滞后因变量与反映政治周期的一组虚拟变量交叉相乘,表3-8给出具体估计结果。第1和第2列结果显示,地方政府在政治周期中开展工业用地出让价格策略互动更显著,特别是在省级党代会当年和后一年。表3-8中第3和第4列结果表明,本地区地方政府对相邻地区地方政府工业用地出让价格的反应在领导人上任后的第一年更为显著,其原因是城市领导人倾向于激进地利用低价工业用地出让竞争来招商引资和促进投资。

表3-8 标尺竞争效应估计结果

变量	(1) W^G	(2) W^E	(3) W^G	(4) W^E
$WLogP$	0.18	0.02	0.44***	0.09***
	(0.13)	(0.04)	(0.08)	(0.03)
$WlogP \times PCPCPre1$	0.15	0.20**		
	(0.11)	(0.10)		
$PCPCPre1$	−0.82	−1.11**		
	(0.53)	(0.49)		
$WlogP \times PCPC$	0.22**	0.28***		
	(0.11)	(0.09)		
$PCPC$	−1.22**	−1.57***		
	(0.54)	(0.45)		
$WLogP \times PCPCPost1$	0.23*	0.30**		
	(0.13)	(0.12)		
$PCPCPost1$	−1.27*	−1.60**		
	(0.68)	(0.62)		
$WLOGP \times Tenure1$			0.10	0.15*
			(0.09)	(0.09)
$Tenure1$			−0.53	−0.80*
			(0.46)	(0.45)

① 我国有两类事件可反映政治周期:①党代会,5年一次;②官员变更任命,由上级政府决定。

② 省级两会数据和地级市官员数据来源于人民网等官方网站。由于一般认为,书记比市长拥有更大决策权,我们主要采用书记数据来估计,估计结果对利用市长数据估计稳健。

（续表）

变量	(1)	(2)	(3)	(4)
	W^G	W^E	W^G	W^E
$WLogP \times Tenure2$			0.08	0.14
			(0.09)	(0.09)
$Tenure2$			−0.37	−0.68
			(0.47)	(0.47)
时间趋势	Yes	Yes	Yes	Yes
城市固定效应	Yes	Yes	Yes	Yes
样本	1 800	1 800	1 750	1 750
R 平方	0.220	0.221	0.211	0.211

注: * $p<0.1$，** $p<0.05$，*** $p<0.01$。括号内数值标准误，在地级市层面聚类。所有回归模型包括一组相同控制变量。

第二,根据资源流动效应假说(Brueckner,2003),地方政府为某一流动的资源展开竞争。地区越依赖某一资源,其地方政府越倾向于展开激烈的竞争。如越依赖投资和工业产出的城市,其越倾向于利用低价工业用地出让来招商引资和拉动工业发展。为检验这一预测,我们定义一组投资或工业产业依赖变量,包括固定资产投资依赖($INVRATD=1$,若固定占 GDP 比重超过 50%分位值)、外商直接投资依赖($FDIRATD=1$,若外商直接投资占 GDP 比重超过 50%分位值)和工业产业依赖($INDRATD=1$,若外工业产出占 GDP 比重超过 50%分位值),并将其与空间滞后因变量($WLogP$)交叉相乘。表 3-9 给出估计结果,显然,越依赖投资或工业值的地区,其越倾向于利用工业用地出让价格竞争来开展招商引资竞争。表 3-9 中第 3 列和第 4 列显示,越依赖 FDI(外商直接投资)的城市,其越激烈地开展工业用地低价出让竞争,对相邻地区工业用地出让价格的反应也越强烈。第 5 列和第 6 列显示,越依赖工业产出的城市,其开展工业用地低价出让竞争也越激烈,对相邻地区工业用地出让价格的反应也越显著。

表3-9 资源流动效应估计结果

变量	W^G	W^E	W^G	W^E	W^G	W^E
	(1)	(2)	(3)	(4)	(5)	(6)
$WLogP \times INVRATD$	0.18*	0.66***				
	(0.10)	(0.10)				

（续表）

变量	W^G (1)	W^E (2)	W^G (3)	W^E (4)	W^G (5)	W^E (6)
$WLogP \times FDIRATD$			0.33*** (0.10)	0.76*** (0.09)		
$WLogP \times INDRATD$					0.22** (0.09)	0.65*** (0.09)
城市固定效应	Yes	Yes	Yes	Yes	Yes	Yes
样本	1 800	1 800	1 800	1 800	1 800	1 800
R 平方	0.181	0.153	0.202	0.161	0.159	0.138

注：* $p<0.1$，** $p<0.05$，*** $p<0.01$。括号内数值标准误，在地级市层面聚类。所有回归模型包括投资依赖、工业产业依赖地区虚拟变量、空间滞后因变量。

最后，除考虑地理和经济距离定义的相邻地区外，我们进一步考虑不同的空间权重矩阵，我们考虑基于城市间产业结构相似性。产业结构相似的城市更容易在工业用地出让上相互模仿，即产业结构越相似，工业用地出让价格竞争也越激烈。其原因是工业企业拥有更大的自由度在产业结构相似的城市间进行选址，因此一些城市必须采用更低的工业用地出让价格来吸引投资。我们基于第二产业结构距离来定义产业结构相似性矩阵（权重设定为 $w_{ij}^{ISS} = 1/abs(INDRAT_i - INDRAT_j)$，for $j \neq i$），估计结果见表 3-10 所示。可见，产业结构相似的地区，地方政府在工业用地出让价格上存在显著的策略互动。

表 3-10 基于产业结构相似性权重的估计结果

变量	MLE (1)	IV (2)	GMM (3)
$WLogP$	0.11*** (0.04)	0.38*** (0.09)	0.14* (0.08)
时间趋势	Yes	Yes	Yes
城市固定效应	Yes	Yes	Yes
样本	1 800	1 800	1 800
R 平方	0.30	0.46	0.30

注：* $p<0.1$，** $p<0.05$，*** $p<0.01$。括号内数值为标准误，在地级市层面聚类。MLE、GMM、IV 分别表示最大似然估计，广义矩估计和工具变量估计。

总之，上述实证结果、证据支持标尺竞争和资源流动假说。为吸引流动的制造业投资,地方政府官员竞相采用低价工业用地出让来招商引资。政治周期影响地方政府工业用地出让的策略互动行为。地方政府在省级党代会后和书记上任第一年后的工业用地策略互动行为更为显著。此外,在产业结构相似的城市间,地方政府工业用地策略互动行为较为显著。

3.6　结论

本研究基于中国地级市面板数据(2003—2012)。证实了已有地方政府策略互动理论假说,并为地方政府工业用地策略互动行为提供了新证据,特别是针对无税收自主权的地方政府。

研究发现:地方政府工业用地出让存在显著的正向策略互动,相邻地区工业用地出让价格低,则本地区工业用地出让价格也低。我们进一步识别了地方政府工业用地出让策略互动的来源和机制,发现其来源和机制主要为标尺竞争和资源流动效应。地方政府工业用地出让策略互动的目的是招商引资和彰显政绩。在政治周期和地区竞争激励地区,地方政府工业用地出让策略模仿行为加剧。

我们研究的政策含义是,由于地方政府竞相利用廉价工业用地来招商引资,这将引起土地利用低效和资源错配。土地对地方政府来说是一项重要的投入要素和拉动经济增长的重要工具。当工业用地过低定价时,制造业投资将高于社会最优水平,引起投资过度、产能过剩和投资回报下降。低价工业用地出让也将导致工业用地过度投入和重复投资问题。此外,地方政府能利用低价工业用地出让来招商引资的原因是他们主导和控制土地供给,其通过低成本征地,竞相以低价向工业企业供地。这种"竞争到底"的工业用地供给行为虽然在短期能拉动经济增长,但其代价是损害经济效率、社会和谐和长期经济可持续增长。

为协调地方政府工业用地出让策略互动非理性行为导致的社会非理性后果,中央政府应改革和管制地方政府的土地出让行为。中央政府应调整央地财政关系和改革地方官员治理体系,给地方官员提供正确的激励,使得他们通过更有效地提供公共服务来吸引投资。这项改革不仅能提升快速工业化和城镇化过程中的土地利用效率和收益分配,也将促进当前经济增长和结构转型。

本章参考文献

Allers M A，Elhorst J P．Tax mimicking and yardstick competition among local governments in the Netherlands [J]．International Tax and Public Finance，2005，12(4)：493 – 513.

Besley T J，Case A．Incumbent behavior：Vote-seeking，tax-setting，and yardstick competition [J]．American Economic Review，1995，85(1)：25 – 45.

Brueckner J K，Saavedra L A．Do local governments engage in strategic tax competition? [J]．National Tax Journal，2001，54(2)：203 – 230.

Brueckner J K．Strategic Interaction among governments：An overview of empirical studies [J]．International Regional Science Review，2003，26(2)：175 – 188.

Cai M N．Local determinants of economic structure-evidence from land quota allocation in China [EB/OL]．Working Paper，https：//extranet. sioe. org/uploads/isnie2012/cai. pdf，2011.

Caldeira E．Yardstick competition in a federation：Theory and evidence from China [J]．China Economic Review，2012，23(4)：878 – 897.

Cao G Z，Feng C C，Tao R．Local "land finance" in China's urban expansion：Challenges and solutions [J]．China & World Economy，2008，16：19 – 30.

Costa H，Veiga L G，Portela M．Interactions in Local Governments' Spending Decisions：Evidence from Portugal [J]．Regional Studies，2015，49(9)：1441 – 1456.

Devereux M P，Lockwood B，Redoano M．Do countries compete over corporate tax rates? [J]．Journal of Public Economics，2008，92(5 – 6)：1210 – 1235.

Ding C，Lichtenberg E．Land and urban economic growth in China [J]．Journal of Regional Science，2011，51(2)：299 – 317.

Elhorst J P，Freret S．Evidence of political yardstick competition in France using a two-regime spatial durbin model with fixed effects [J]．Journal of Regional Science，2009，49(5)：931 – 951.

Elhorst J P．Spatial panel data models [A]．In：Fischer M，Getis A (Eds.)．Handbook of Applied Spatial Analysis [M]．Springer Berlin，2010：377 – 407.

He C F，Huang Z J．Land use change and economic growth in urban China：A structural equation analysis [J]．Urban Studies，2004，51(13)：2880 – 2898.

Ho S P S，Lin G C S．Emerging land markets in rural and urban China：Policy and practices [J]．The China Quarterly，2003，175：681 – 707.

Jin H，Qian Y，Weingast B．Regional decentralization and fiscal incentives：Federalism，Chinese style [J]．Journal of Public Economics，2005，89(10)：1719 – 1742.

Kelejian H，Prucha I．A generalized spatial two stage least squares procedure for estimating a spatial autoregressive model with autoregressive disturbances [J]．Journal of Real Estate Finance and Economics，1998，17(1)：99 – 121.

Kelejian H，Prucha I．Specification and estimation of spatial autoregressive models with autoregressive disturbances [J]．Journal of Econometrics，2010，157(1)：53 – 67.

Kung J K S，Chen T．Land revenue windfalls，signaling，and career incentives of China's local leaders [J]．Working Paper，https：//core. ac. uk/display/34052458，2014.

Lichtenberg E, Ding C. Local officials as land developers: Urban spatial expansion in China [J]. Journal of Urban Economics, 2009,66(1): 57 – 64.

Lin G C S, Ho S P S. The state, land system, and land development processes in contemporary China [J]. Annals of the Association of American Geographers, 2005,95(2): 411 – 436.

Lin G C S, Yi F X. Urbanization of capital or capitalization on urban land? Land development and local public finance in urbanizing China [J]. Urban Geography, 2011,32(1): 50 – 79.

Liu S Y, Carter M R, Yao Y. Dimensions and diversity of property rights in rural China: Dilemmas on the road to further reform [J]. World Development, 1998, 26 (10): 1789 – 1806.

Lockwood B, Migali G. Did the single market cause competition in excise taxes? Evidence from EU countries [J]. The Economic Journal, 2009,119(536): 406 – 429

Manski C F. Identification of endogenous social effects: The reflection problem [J]. Review of Economic Study, 1993,60(1): 531 – 542.

Radoano M. Fiscal interactions among European countries: Does the EU matter? [EB/OL]. CESIFO Working Paper, https://ssrn. com/abstract＝980667,2007.

Revelli F. Performance rating and yardstick competition in social service provision [J]. Journal of Public Economics, 2006,90(3): 459 – 475.

Schaltegger C, Kuttel D. Exit, voice, and mimicking behavior: Evidence from Swiss cantons. Public Choice, 2002,113: 1 – 23.

Su F, Tao R, Xi L, Li M. Local officials' incentives and China's economic growth: Tournament thesis reexamined and alternative explanatory framework [J]. China & World Economy, 2012,20(4): 1 – 18.

Tao R, Su F B, Liu M X, Cao, G Z. Land leasing and local public finance in China's regional development: Evidence from prefecture-level cities [J]. Urban Studies, 2010, 47 (10): 2217 – 2236.

Tian L. Land use dynamics driven by rural industrialization and land finance in the peri-urban areas of China: "The examples of Jiangyin and Shunde" [J]. Land Use Policy, 2015,45: 117 – 127.

Tiebout C M. A Pure theory of local expenditures [J]. The Journal of Political Economy, 1956,64(5): 416 – 424.

Wang H, Wang L L, Su F B, Tao R. Rural residential land use in China: Patterns, efficiency and prospects for reform [J]. Habitat International, 2012,36(2): 201 – 209.

Xu C G. The fundamental institutions of China's reforms and development [J]. Journal of Economic Literature, 2011,49(4): 1076 – 1151.

Yang D, Wang H. Dilemmas of local governance under the development zone fever in China: A case study of the Suzhou region [J]. Urban Studies, 2008,45(5/6): 1037 – 1054.

Ye L, Wu A M. Urbanization, Land Development and Land Financing: Evidence from Chinese Cities [J]. Journal of Urban Affairs, 2014,36,S1: 354 – 368.

Yew C P. Explaining land use change in a Guangdong county: The supply side of the story [J].

The China Quarterly，2011,207(1)：626-648.

Yew C P. Pseudo-urbanization? Competitive government behavior and urban sprawl in China [J]. Journal of Contemporary China，2012,21(74)：281-298.

Zhan J V. Strategy for fiscal survival? Analysis of local extra-budgetary finance in China [J]. Journal of Contemporary China，2012,22(81)：1-19.

第4章
制度特征、政府干预与土地错配

4.1 问题提出：政府干预是否影响土地错配

政府干预土地市场一直是土地经济学和公共管理等研究的重点。一些学者支持政府干预土地市场，以减少土地利用外部性和规范土地市场（Brueckner，2009）。然而，也有学者认为这会导致土地市场扭曲（Peng 和 Thibodeau，2008；Glaeser 和 Ward，2009；Jansen 和 Mills，2011）。虽然政府干预对土地市场很重要，但土地政策扭曲，无论其意图如何良好，都可能导致意料之外的资源错配和生产力减损的后果（Restuccia 和 Rogerson，2013；Restuccia 和 Santaeulalia-Llopis，2015）。

中国为研究政府干预和土地错配提供了理想的案例与环境。与其他国家相比，中国土地市场存在更多的政府干预。政府干预土地市场的机制不同于西方国家，后者通过土地分区或规制进行干预，包括土地开发许可、城市增长边界、密度限制和分区（Brueckner，2009）。然而，中国城市土地虽然为国家所有，却由地方政府实际控制（Ho 和 Lin，2003），地方政府主要通过垄断土地供应来干预土地市场（Deng，2003；Lin 和 Ho，2005）。地方政府干预土地市场，通过将不同用途的土地以不同价格出让给不同部门，导致土地价格扭曲（Lin 和 Yi，2011；Yang 等，2014）。

政府干预土地市场导致土地资源错配。与发达国家和其他新兴市场国家相比，中国城市土地利用结构中工业用地占比过大，商业和住宅用地（商住供地）占比相对较低（Cai，2011）。全国工业用地平均比例为 26%，一些城市甚至达到

40%,比欧美城市要大得多。[1] 越来越多的学者认识到,中国城市土地利用结构存在扭曲,这与地方政府的土地供给与出让行为有关(Tao 等,2010)。[2] 居住用地出让比例过低导致高房价、土地供给结构扭曲、土地错配加剧和城市生产率下降(Bertaud,2007)。

许多对中国土地市场的研究都集中在政府土地供给行为上。他们分析了中国地方政府土地供给模式(Tao 等,2010;Yang 等,2014),地方政府土地出让激励机制(Lichtenberg 和 Ding,2009;Cai 等,2013;Chen 和 Kung,2016)以及政府干预对土地市场和城市发展的影响(Ding,2004;Tian 和 Ma,2009;Ding 和 Lichtenberg,2011)。例如,Du(2016)发现政府限制土地协议出让提高了城市土地生产率。Yang 等(2014)针对北京的研究发现,地方政府土地出让政策对土地市场有显著影响,挂牌与招标出让存在显著价格差异。一些学者对中国地方政府土地融资行为进行研究,并分析地方政府的财政和政治激励(Wu 等,2015;Chen 和 Kung,2016)。然而,现有文献中关于中国政府土地出让干预原因和后果的研究还较少,特别是从资源错配角度进行分析。

本章研究旨在探究政府干预对土地错配的影响,并识别土地错配及地方政府干预的来源。我们研究发现,地方政府以地谋发展导向的土地供给行为导致土地供给结构扭曲,从而导致土地错配。

4.2　中国城市土地供给制度背景与行为特征

4.2.1　城市土地供给的制度背景分析

土地不仅是重要的生产要素,也是地方政府刺激经济增长的重要政策工具(He 等,2014)。中国现有二元土地制度和城乡分割的土地市场为政府干预土地市场提供较大空间。城市国有土地可在市场上公开交易,农村集体所有土地不允许交易,只允许在本集体经济组织内流转。地方政府垄断农村土地征用和城市建设用地供应(Zhu,2004;Zhu,2005)。农村土地只有通过地方政府征收转为国有土地后才能用于商业开发。自 1988 年启动城市土地市场以来,地方政府能有偿出让城市土地使用权。地方政府垄断土地供给,在一级土地市场上将土

---

① 根据中国城市统计年鉴(2004—2013)计算。
② 过度出让工业用地和过少出让居住用地问题日益受到中央和国土资源部重视。

地出让给开发商。在没有完善的个人土地产权保护背景下,地方政府容易通过干预土地出让获得大量土地出让收入,使其成为重要的预算外收入来源(Ding,2003;Wang 等,2012)。

1994 年分税制改革对地方财政收入产生重要影响。分税制改革后中央大幅削减地方政府预算收入,但没有相应减少支出(Xu,2011;Zhan,2013)。由于财政压力变大,地方政府通过获取土地出让收入获得新的收入来源(Cai,2011;Chen 和 Kung,2016)。这成为地方政府获得预算外收入,为基础设施和城市建设融资的重要工具(Cao 等,2008)。

自 1994 年分税制改革以来,地方政府在不断增加的财政压力下从干预企业转向干预土地(Zhan,2013)。分税制改革极大地激励了地方政府努力吸引投资,促进本地经济增长(Cai 和 Treisman,2005;Jin 等,2005)。土地是由地方政府控制的基础生产要素,地方政府通过低价供应工业用地来吸引投资者(Tao等,2010)。这种以土地为中心的发展模式是过去 30 年中国经济快速增长奇迹的重要秘诀(Xu,2011;Wu 等,2015)。

4.2.2 地方政府土地供给行为

地方政府通过四种方式将土地出让给开发商:其一是协议,这是一种非市场方式交易。其余的招标、拍卖和挂牌都是市场方式交易,通过更有竞争力和更透明的方式出让土地。市场和非市场出让土地的价格差距较大,竞争方式推高了土地出让价格(Tao 等,2010)。

地方政府普遍倾向于以协议方式出让工业用地,以公开市场交易方式出让商业和居住用地。他们通过协议方式以较低价格出让工业用地来吸引投资,促进产业发展(Huang 和 Du,2016)。地方政府通过市场方式高价出让居住和商业用地,以获得预算外收入为基础设施建设融资。尽管中国国土资源部已发布文件([2007]78),要求工业用地以透明的市场方式出让(包括招标、拍卖、挂牌),但地方政府偏好继续以协议方式低价出让工业用地。

考虑到不同土地的不同用途与功能,地方政府在工业和服务业之间分配土地配额和出让土地。地方政府供地受到用地指标的限制,中央政府旨在保护耕地,并限制地方政府每年可以出让的用地指标。然而,地方政府有一定的自主权在工业和服务业之间按自己的偏好来分配用地指标。

地方政府通过公开市场交易方式出让大部分土地,以获得更多的土地出让收入。同时,地方政府也通过非市场交易方式低价出让工业用地。为理解地方政府对不同土地的不同出让行为,我们需要分析地方政府对土地出让的多重激励。第一,土地出让可带来一次性的土地金,特别是高价的商业和居住用地出让。地方政府与中央政府分享这些收入,并获得75%的收益。由于这些土地收入是预算外的,地方政府有很强的动机来出让土地,从而获得土地出让金来平衡其财政缺口(Wu等,2015)。第二,低价出让工业用地可以吸引投资。工业投资对地方政府来说非常重要,它不仅可以产生持续的税收收入与正向溢出效应,而且它还是地方政府绩效考核的重要指标(Cai,2011;Su等,2012;Chen和Kung,2016)。

地方政府以不同的策略将土地出让给两类投资者:一是工业投资者,他们主要将土地用于制造业企业;二是开发商,主要将土地用于住宅和商业地产开发。工业投资往往没有特定的地理位置,因此地方政府必须以更低的价格出让,并与其他地区竞争来吸引投资者。居住和商业用地区位相对固定,因此地方政府可以较高的价格出让住宅和商业用地,以获取大量土地出让收入(Tao等,2010;Wu等,2015)。在短期内,住宅和商业用地出让主要为地方政府带来一次性土地出让金,而工业用地可带来未来税收收入。权衡工业用地和商住用地出让利弊,地方政府倾向于通过协议方式低价出让工业用地,而高价出让居住和商业用地来获得大量土地出让收入。然而,地方政府几乎没有考虑工业用地出让过多引起的过度供给问题。

4.2.3　工业与商住用地配置扭曲初步证据

在实证分析之前,我们分析工业与商住用地土地面积、价格的空间分布①。大多数城市工业用地价格比商住用地价格要低。在东部沿海城市和内陆工业城市,工业用地出让规模明显超过商业和住宅用地。

我们基于ARCGIS软件分析中国工业与商住用地价格空间分布,发现在中国大多数城市,商住用地的出让价格都远远高于工业用地出让价格。在东部沿海城市,土地价格扭曲更为严重,地方政府竞相低价出让工业用地来吸引投资,高价出让商住用地来获得大量土地出让收入来为城市基础设施建设融资。这表明,地方政府为吸引制造业投资,低价供应工业用地,导致商住和工业用地价格扭曲。这一模式与Tao等(2010)、Lin和Yi(2011)的研究结果基本一致。

---

① 中国工业和商住用地面积、价格空间分布图详请见笔者发表的论文:Huang Z H, Du X J. Government intervention and land misallocation: Evidence from China [J]. Cities, 2017,60,323-332.

图 4-1 显示中国不同地区工业和商住用地价格扭曲与土地配置比的关系。
总体而言,土地价格扭曲与工业—商住用地比例存在显著的正相关关系。这种
关系在东部最强,其次是中国的中、西部地区。这种模式可以用地方政府的税收
激励来解释。在东部地区,地方政府面临较大的支出压力,存在减少高价少量供
给商住用地来获取高额土地出让金的激励(Lin 和 Yi,2011;Pan 等,2016)。此
外,地方政府还补贴工业用地出让,以吸引投资和在地区竞争中获得优势。
图 4-1 还显示了一些可能影响拟合线的异常值,我们在回归分析前删除异
常值。

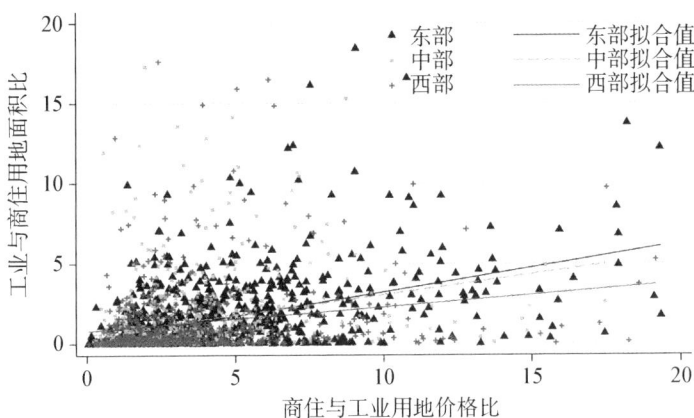

图 4-1　工业与商住用地面积比与价格扭曲(2003—2012)

4.3　实证模型与数据

4.3.1　地方政府土地供给行为模型

假设地方政府是一个收入最大化者。地方政府从土地出让(工业用地 l_1,居
住和商业用地 l_2)和企业征税(工业企业税率 t_1)中获得收入。工业用地出让价
格为 p_1,居住和商业用地出让价格为 p_2。居住和商业用地的出让价格高于工
业用地($p_2 > p_1$)。工业部门利用土地作为投入,生产函数是 $f_1(k_1) = A_1 l_1^a$。
考虑地方政府两个时期。第一阶段,地方政府出让工业和商住业用地,获得
土地出让收入。第二阶段,地方政府从工业部门征收税收($t_1 f(l_1)$)。假设地方
政府税收主要来自工业企业税收收入,因为地方政府出让居住和商业用地主要

是为了在短期内获得一次性土地出让收入。贴现率 d 代表当地政府对时间的偏好。

假设地方政府最大化自身收入,其目标函数包括:第一个时期的土地出让收入和第二个时期的未来产业税收收入。地方政府具体目标函数为:

$$\max \lambda(p_1 l_1 + p_2 l_2) + \frac{1}{1+d}(t_1 f(l_1)) \qquad (4-1)$$

$$s.t. \, l_1 + l_2 \leqslant L$$

其中 λ 表示地方政府对土地出让收入的相对偏好程度(相对于税收而言)。对式 $(4-1)$ 求解 l_1 和 l_2,得到地方政府最优土地出让策略如下:

$$l_1^* = \left(\frac{t_1 A_1 \alpha}{\lambda(1+d)(p_2-p_1)}\right)^{\frac{1}{1-\alpha}} \qquad (4-2)$$

$$l_2^* = L - \left(\frac{t_1 A_1 \alpha}{\lambda(1+d)(p_2-p_1)}\right)^{\frac{1}{1-\alpha}} \qquad (4-3)$$

考虑到商业和居住用地的出让价格高于工业用地,$((p_2-p_1)>0)$,我们得到 $\frac{\partial l_1^*}{\partial(p_2-p_1)} > 0$,$\frac{\partial l_2^*}{\partial(p_2-p_1)} < 0$,然后可推导出假说 1:

假说 1:随着工业和商住用地土地价格差距变大,地方政府出让更多工业用地,而出让较少的居住和商业用地。

根据 $\frac{\partial l_1^*}{\partial d} < 0$,$\frac{\partial l_2^*}{\partial d} > 0$,我们可推导出假说 2:

假说 2:具有较长任职期限的地方官员将出让更多的工业用地、较少的居住和商业用地。

根据 $\frac{\partial l_1^*}{\partial(\lambda)} < 0$,$\frac{\partial l_2^*}{\partial(\lambda)} > 0$,由此推导出一个假说 3:

假说 3:随着地方政府对土地出让收入重视程度提高,地方政府将出让较少的工业用地,更多出让居住和商业用地。

4.3.2 实证框架

为检验政府干预对土地错配的影响,我们采用以下面板数据计量检验模型:

$$Misallocation_{it} = a + \beta Intervention_{it} + \gamma X_{it} + u_i + v_t + \varepsilon_{it} \quad (4-4)$$

在式(4-4)中,$Misallocation_{it}$是因变量,衡量工业和商住用地比例。$Intervention_{it}$是感兴趣变量,衡量地方政府对土地市场的干预。X_{it}是一组控制变量,包括城市特征、社会经济因素和地方官员个人特征。u_i和v_t分别是城市固定效应和年份固定效应。

4.3.3　数据描述

因变量:我们采用工业与商住用地出让面积比来表示土地错配。与其他处于类似经济阶段的国家相比,中国工业用地占比过大,而商业和居住用地占比明显较小(Cai,2011)。在稳健性分析部分中,我们进一步采用土地错配的不同衡量变量,采用城市工业和商住用地面积比均衡值的偏差来衡量土地错配。由于尚没有地级市层面工业和商住用地出让面积统计数据,我们以非市场交易和市场交易土地出让面积比代替。其原因是,多数工业用地是通过非市场交易方式出让,而多数居住和商业用地是通过招标、拍卖、挂牌等市场交易方式出让。[①]

自变量:以商住用地与工业用地出让价格比来衡量地方政府对土地市场的干预。其原因是,地方政府扭曲工业和商住用地出让价格,商住用地与工业用地出让存在巨大的价格差异(Ta等,2010;Huang和Du,2016)。

控制变量选取城市社会经济变量,具体包括人均国内生产总值(GDP)、第二产业占比(第二产业产出占GDP比重)、人口密度、人均外商直接投资(FDI)、支出收入比(地方支出与收入比)和土地收入占地方财政收入比等。

为衡量政治因素影响,我们加入地方官员任期变量。[②] 任期可能影响地方官员土地供给,地方官员有动机在任期早期出让更多工业用地来吸引投资,以彰显其政绩从而增加晋升可能性。[③]

我们使用2003—2012年中国地级市面板数据。除土地出让数据来源于《中国国土资源年鉴(2004—2013)》外,其余数据均来源于《中国城市统计年鉴(2004—2013)》。表4-1给出主要变量的定义和描述性分析。除比值变量外所有变量在估计前都进行自然对数变换,以消除异方差影响。

---

① 在2006年,97%的工业用地通过协议方式出让,80%的商业和居住用地通过公开市场交易方式出让(Cai,2011)。

② 这一结果基于地级市书记估计,结果对市长也成立。一般来说,中国城市书记比市长拥有更多的决策权。

③ GDP、固定投资、税收收入等因素是评价地方政府政绩的主要指标。

表4-1　变量描述

变量	定义	观测值	均值	标准差
土地错配	工业与商住用地出让面积比	1918	1.48	2.60
价格扭曲	商住与工业用地出让价格比	1918	3.95	3.99
支出收入比率	支出与收入比	1918	2.34	1.21
土地财政依赖度	土地出让收入占财政收入比	1918	0.63	0.43
人均国内生产总值	人均国内生产总值(万元)	1918	23813	27975
人口密度	人口与土地面积比(每平方公里人)	1918	455.20	273.00
第二产业份额	第二产业产出占GDP比	1918	49.52	10.28
人均FDI	人均FDI(万元)	1918	739.00	1508.00
人均投资	固定资产投资(万元)	1918	12652.00	12068.00
任期	地方官员任期(年)	1918	2.88	1.74

4.4　政府干预与土地错配实证结果

4.4.1　基准估计结果

表4-2报告基准估计结果。最重要的结果是价格扭曲($Intervention_{it}$)变量的估计。在不同模型中,价格扭曲的系数都是正的,并且在统计上显著。这些结果表明,价格扭曲正向影响工业—商住用地面积比。土地价格扭曲越大,地方政府将更多土地被出让给工业部门。这些估计结果与假说1一致。从数量上看,价格扭曲每增加一个单位,工业与商住用地面积比将增加0.12。

表4-2　工业与服务业土地分配比率基准估计结果

变量	(1)	(2)	(3)	(4)
价格扭曲	0.13***	0.13***	0.13***	0.12***
	(0.02)	(0.02)	(0.02)	(0.02)
任期		−0.05**	−0.05**	−0.05**
		(0.03)	(0.03)	(0.03)
支出收入比率			−0.04	−0.04
			(0.14)	(0.13)
土地财政依赖度			−0.25	−0.20
			(0.15)	(0.16)
对数人均国内生产总值				0.96*
				(0.57)

（续表）

变量	(1)	(2)	(3)	(4)
对数人口密度				3.73**
				(1.47)
第二产业份额				0.03
				(0.02)
对数人均 FDI				−0.19
				(0.13)
常数项	3.06***	3.17***	3.39***	−27.62**
	(0.26)	(0.27)	(0.42)	(10.84)
年份固定效应	Yes	Yes	Yes	Yes
城市固定效应	Yes	Yes	Yes	Yes
N	1918	1918	1918	1918
R 平方	0.362	0.363	0.364	0.372

注：* $p<0.1$，** $p<0.05$，*** $p<0.01$。括号内数值为标准误，在地级市层面聚类。

表 4-2 第 2～4 列回归证实，地方官员任期与工业用地配置存在负相关关系，表明任期越长（任期前几年），地方官员出让更多的工业用地，这与假说 2 一致。这是因为，具有长远眼光的地方官员更关注工业用地出让后产生的长期税收收入，因此会出让更多的工业用地，以吸引投资并彰显其政绩。随着地方官员任期延长（接近任期结束），用于工业部门的土地将会减少。地方官员任期增加 10%，工业与商住用地出让面积比将减少 0.5。

社会经济变量影响方面，土地财政依赖度系数为负，表明地方政府土地财政依赖度越高，将更多出让商住用地，较少出让工业用地。这是因为，住宅和商业用地出让价格远高于工业用地。这个结果证实了假说 3。对数人均国内生产总值的正系数表明，经济较发达地区的城市出让较多工业用地，商住用地出让较少。对数人口密度系数在统计上显著且为正，表明人口密度较高的城市出让更多的工业用地。支出收入比、第二产业比、对数人均 FDI 系数不显著。

4.4.2 子样本估计结果

表 4-3 给出东部、中部和西部地区子样本估计结果。在不同地区，价格扭曲系数在统计上均显著为正。价格扭曲对土地错配的影响在东部最大，中部次之，西部最小，表明政府扭曲的土地出让价格政策对东部地区土地错配影响更大，其次是中部和西部。其原因是，东部地区比中西部地区有更好的投资环境和更多的市场优势，地方政府高价出让商住用地、低价出让工业用地的扭曲政策，导致东部工业和商住用地土地错配更为严重。

表 4-3　工业与服务业土地分配比例估算

变量	东部		中部		西部	
	(1)	(2)	(3)	(4)	(5)	(6)
价格扭曲	0.16***	0.14***	0.14*	0.11*	0.09***	0.11***
	(0.03)	(0.03)	(0.07)	(0.06)	(0.03)	(0.03)
任期	−0.05	−0.07**	−0.06	−0.10**	0.05	0.06
	(0.03)	(0.03)	(0.05)	(0.04)	(0.07)	(0.05)
支出收入比	−0.17	−0.07	−0.72*	−0.32	−0.16	0.39*
	(0.15)	(0.08)	(0.39)	(0.43)	(0.13)	(0.19)
土地收入份额	−0.20	−0.22	−0.04	−0.12	−0.26	−0.57
	(0.18)	(0.19)	(0.30)	(0.41)	(0.54)	(0.54)
Log 人均国内生产总值	−3.11***	−0.19	−3.10***	0.10	−1.65**	2.50***
	(0.22)	(0.98)	(0.54)	(1.22)	(0.76)	(0.88)
Log 人口密度	−1.82	1.09	6.67	8.72*	−3.92	3.26
	(1.66)	(1.61)	(4.30)	(4.61)	(5.93)	(4.76)
第二产业份额	0.05	0.04	0.06	0.04	−0.03	−0.00
	(0.03)	(0.03)	(0.05)	(0.06)	(0.05)	(0.04)
Log 人均 FDI	−0.10	−0.15	−0.35	−0.26	−0.30*	−0.20
	(0.14)	(0.14)	(0.30)	(0.31)	(0.16)	(0.13)
常数项	42.35***	−2.66	−7.53	−47.97*	41.30	−36.84
	(10.25)	(15.19)	(22.70)	(26.81)	(30.07)	(24.90)
年份固定效应	No	Yes	No	Yes	No	Yes
城市固定效应	Yes	Yes	Yes	Yes	Yes	Yes
样本	796	796	740	740	382	382
R 平方	0.444	0.517	0.290	0.322	0.215	0.294

注：$* p < 0.1$，$** p < 0.05$，$*** p < 0.01$。括号内数值为标准误，在地级市层面聚类。

4.5　政府干预与土地错配的来源机制与稳健性分析

4.5.1　进一步证据

土地价格扭曲可能是土地错配的内生原因。遗漏变量可能同时影响土地价格扭曲和土地错配。此外还存在反向因果关系，地方政府引起的工业与商住用地出让面积扭曲可能导致工业与商住用地出让价格扭曲。

为解决这一内生性问题，我们采用工具变量（IV）方法。首先，我们利用适合城市发展的土地面积变量作为工具变量来估计土地价格扭曲对土地错配的影响。假设一个城市拥有的可开发土地越少，地方政府扭曲土地价格的动机就越强。基于 Saiz(2009)的研究，我们构建一个类似的指数来衡量每个城市适合开发的土地比，该指数基于土地适宜性标准，统计坡度低于 15 度的可供城市开发的土地(这部分土地对城市开发相对安全)。我们首先从美国地理服务局获得中国 30 米分辨率的数字高程模型数据。我们在 Envi5.2 软件中计算每个网格的坡度，然后将坡度图与地级市行政边界图进行叠加。我们将坡度小于 15 度的网格赋值 1，否则赋值 0。由于水体被认为是不可开发的，我们从坡度低于 15 度的土地上减去水体面积。最后得出适宜城市发展的土地适宜性指数，即适宜城市发展的土地面积比(即适宜土地开发的栅格与总栅格比)。为增加工具的时间维度，我们进一步以 2005 年招拍挂出让政策为基准，①采用城市实施招拍挂出让经营性用地政策的时间(招拍挂政策后)。地方政府实施招拍挂政策时间越早，地方政府干预土地出让价格时面临更多约束。其次，我们使用工业和商住用地价格比滞后变量(价格扭曲滞后值)作为工具变量。

　　表 4-4 给出工具变量估计结果。第 1、3 和 5 列报告第一阶段的估计结果，表明工具变量与土地价格扭曲显著相关。第 2、4 和 6 列表明第二阶段估计的结果，土地价格扭曲对土地错配的影响仍然显著。第 2 列结果表明，该工具变量与土地价格扭曲变量显著相关，在横截面回归中也是如此。第 4、6 列土地财政依赖度在统计上显著且为负，表明地方政府对土地财政越依赖，越将出让更多的商住用地和较少的工业用地。

表 4-4　两阶段最小二乘回归结果

变量	第一阶段 价格比	第二阶段 面积比	第一阶段 价格比	第二阶段 面积比	第一阶段 价格比	第二阶段 面积比
	(1)	(2)	(3)	(4)	(5)	(6)
价格扭曲		0.19** (0.09)		0.98*** (0.17)		0.24*** (0.09)
土地适宜性	−3.72*** (1.32)					
土地适宜性 * 招拍挂后			−0.45*** (0.09)			

（续表）

变量	第一阶段	第二阶段	第一阶段	第二阶段	第一阶段	第二阶段
	价格比	面积比	价格比	面积比	价格比	面积比
	(1)	(2)	(3)	(4)	(5)	(6)
价格扭曲滞后					0.07**	
					(0.03)	
任期			−0.09*	0.02	−0.10	−0.02
			(0.05)	(0.06)	(0.06)	(0.03)
支出收入比			−0.20	0.01	−0.44***	−0.29**
			(0.14)	(0.16)	(0.14)	(0.13)
土地财政依赖度			0.90**	−1.24***	0.66	−0.78***
			(0.45)	(0.45)	(0.45)	(0.22)
Log 人均国内生产总值	3.15***		1.03*	−1.21***	0.15	−0.89***
	(0.85)		(0.54)	(0.29)	(0.51)	(0.25)
Log 人口密度	0.36	−0.15	0.23	0.12	−0.18	−0.02
	(0.37)	(0.17)	(0.30)	(0.24)	(0.24)	(0.12)
第二产业份额	−0.06*	0.01	−0.02	0.02	−0.02	0.00
	(0.03)	(0.01)	(0.02)	(0.02)	(0.02)	(0.01)
Log 人均 FDI	−0.59*	0.04	−0.07	0.14	0.01	0.09
	(0.33)	(0.06)	(0.13)	(0.14)	(0.14)	(0.07)
常数项	−19.95***	1.04	−5.18	7.41**	5.04	9.74***
	(7.11)	(1.28)	(5.73)	(3.34)	(5.08)	(2.76)
样本	193	193	1 918	1 918	1 728	1 728
R 平方	0.159		0.073		0.055	0.178

注： * $p<0.1$，** $p<0.05$，*** $p<0.01$。括号内数值为标准误，在地级市层面聚类。

考虑到潜在内生性问题和动态效应，我们进一步采用动态面板数据模型。表 4-5 显示了使用 GMM（广义矩）方法对该模型的估计结果。1～3 列滞后因变量显著为正，价格扭曲系数显著为正，系数值略小，但仍接近前述结果。这些结果进一步证实，政府干预地价对土地错配存在显著影响。

表 4-5　动态面板数据模型估计结果

变量	一阶 GMM	两步 GMM	系统 GMM
	(1)	(2)	(3)
价格扭曲	0.04**	0.06***	0.05**
	(0.02)	(0.02)	(0.02)

（续表）

变量	一阶 GMM	两步 GMM	系统 GMM
	(1)	(2)	(3)
土地错配滞后项	0.16***	0.13**	0.14***
	(0.05)	(0.05)	(0.05)
任期	−0.02	−0.01	0.01
	(0.03)	(0.04)	(0.03)
样本	1 535	1 728	1 728

注：* $p<0.1$，** $p<0.05$，*** $p<0.01$。括号内数值为标准误，在地级市层面聚类。所有回归包括相同的控制变量集。

4.5.2 政府干预和土地错配的根源

地方政府干预地价的动机有两种可能的解释。其一，土地财政假说。Cao 等（2008）和 Wu 等（2015）提出，地方政府高价出让商住用地以获得土地出让收入来追求预算外收入和为城市基础设施融资。其二，土地引资假说。Tao 等（2010）认为，地方政府存在低价出让工业用地来吸引投资，因为投资是地方政府绩效考核的重要指标。

为检验何种假说更合理，我们又进行以下回归分析。我们检验政府干预土地价格具体来源的计量检验方程设定如下：

$$Misallocation_{it} = \alpha_1 Intervention_{it} + u_i + v_t + \varepsilon_{it} \qquad (4-5)$$

$$Intervention_{it} = \beta_1 Landrev_{it} + \beta_2 Investment_{it} + \gamma X_{it} + u_i + v_t + \varepsilon_{it}$$

$$(4-6)$$

在式（4-5）和（4-6）中 $Misallocation_{it}$ 和 $Intervention_{it}$ 同前。$Landrev_{it}$ 是土地财政依赖度，$Investment_{it}$ 为人均投资。X_{it} 是一组控制变量。由于这里我们主要关注政府干预如何产生及政府干预与土地错配的关系，我们没有将全部控制变量包括在土地错配方程中。

表 4-6 给出式（4-5）和（4-6）的 SUR（看似不相关回归）和 3SLS（三阶段最小二乘）估计结果。首先，第 2 和 4 列结果表明，土地财政依赖度系数显著为正，表明地方政府对土地收入依赖度越高，对商住用地和工业用地出让相对价格干预越强，支持土地财政假说。其次，第 2 和 4 列对数人均投资系数显著为正，表明地方政府吸引投资意愿越强，越压低工业用地相对价格。这表明，土地引投

资假说得到证实。此外,第 1 和 3 列中价格扭曲系数显著为正,与前述估计结果一致。

表 4-6　土地错配机制测算结果

变量	SUR		3SLS	
	面积比	价格比	面积比	价格比
	(1)	(2)	(3)	(4)
价格比	0.13***		0.23**	
	(0.01)		(0.09)	
土地财政依赖度		0.98***		0.89***
		(0.27)		(0.26)
支出收入比		−0.04		−0.04
		(0.14)		(0.14)
对数人均 GDP		−0.79		−0.36
		(0.82)		(0.81)
对数人均密度		4.53**		5.45***
		(1.79)		(1.77)
对数人均 FDI		−0.33***		−0.37***
		(0.13)		(0.13)
对数人均投资		1.21***		1.12***
		(0.43)		(0.42)
任期		−0.13***		−0.14***
		(0.05)		(0.05)
常数项	3.03***	−27.13*	2.70***	−36.14**
	(0.62)	(15.12)	(0.69)	(14.91)
年份固定效应	Yes	Yes	Yes	Yes
城市固定效应	Yes	Yes	Yes	Yes
样本	1918	1918	1918	1918
R 平方	0.462	0.376	0.445	0.375

注:* $p<0.1$, ** $p<0.05$, *** $p<0.01$。括号内数值为标准误,在地级市层面聚类。

　　我们进一步研究政治周期对土地错配的影响。由于土地出让是地方官员促进地区经济增长和取得政绩的重要工具,地方政府以低价出让工业用地来吸引投资,并高价出让商住用地来获取大量土地收入和为城市基础设施建设融资。此外,政治周期内省级领导更加关注城市领导政绩,地方官员可能更积极干预土地出让价格。为检验这些预测,我们设立两类政治周期虚拟变量。第一类是中国省级党代会(CPCPC),包括一年前的 CPCPC(CPCPCPri1),当年 CPCPC

（CPCPC）和一年后的$CPCPC$（$CPCPCPost1$）。第二个是地方官员任期，包括任期的第一年（$T1$）、第二年（$T2$）和第三年（$T3$）。然后我们将这些变量与价格扭曲进行交互相乘。

表4-7显示估计结果。第1和2列结果表明，地方官员在省党代会期间及其任期初期更积极地干预土地出让。第4列结果表明，价格扭曲对土地错配的影响在地方官员任期第三年较大。这些结果表明，政治周期加剧工业和商住用地间的土地错配。

表4-7　政治周期和土地分配不当的估计结果

变量	(1)	(2)	(3)	(4)
价格扭曲	0.10***	0.12***	0.13***	0.10***
	(0.02)	(0.02)	(0.02)	(0.02)
$CPCPC$	−0.38**	−0.52**		
	(0.19)	(0.22)		
价格扭曲 * $CPCPC$	0.12**	0.10*		
	(0.05)	(0.05)		
$CPCPCPri1$		−0.29		
		(0.22)		
价格扭曲 * $CPCPCPri1$		−0.02		
		(0.04)		
$CPCPCPost1$		0.17		
		(0.14)		
价格扭曲 * $CPCPCPost1$		−0.08		
		(0.04)		
$T1$			0.20	0.13
			(0.18)	(0.26)
价格扭曲 * $T1$			−0.04	−0.01
			(0.03)	(0.03)
$T2$				−0.01
				(0.21)
价格扭曲 * $T2$				0.04
				(0.03)
$T3$				−0.45**
				(0.20)
价格扭曲 * $T3$				0.09**
				(0.04)
任期	−0.05	−0.05**	−0.05**	−0.03
	(0.02)	(0.02)	(0.03)	(0.04)

（续表）

变量	(1)	(2)	(3)	(4)
年份固定效应	Yes	Yes	Yes	Yes
城市固定效应	Yes	Yes	Yes	Yes
样本	1 918	1 918	1 918	1 918
R 平方	0.378	0.381	0.373	0.376

注：$^*p<0.1$，$^{**}p<0.05$，$^{***}p<0.01$。括号内数值为标准误，在县级层面聚集。所有回归都包括同一组控制变量。所有回归包括相同的控制变量集。

4.5.3　稳健性分析

为确保这些结果的稳健性，我们进行进一步回归分析。首先，我们采用另一种方法来测度土地错配。我们假设，城市工业与商住用地面积比均衡值（最优值）与城市自身特征有关，包括人均 GDP、人口密度、第二产业比重和人均 FDI（式(4-7)）。我们采用与城市工业与商业用地面积比均衡值的偏离来测度土地错配（式(4-8)）。

$$R_{it} = f(C_{it}) = a + \beta Citycharacteristics_{it} + \varepsilon_{it} \qquad (4-7)$$

$$Misallocation_{it} = (Allocation_{it} - \widehat{R}_{it}) = a + \beta Intervention_{it} + \gamma X_{it} + \varepsilon_{it}$$
$$\qquad (4-8)$$

表4-8给出式(4-7)和(4-8)的估计结果。第1列显示工业和商住用地最优土地配置影响因素的估计结果。第二产业比、对数人口密度、对数人均投资系数均显著为正，而对数人均国内生产总值系数不显著。这表明人口密度、产业结构（第二产业比重）、FDI 等城市特征对工业与商住用地最优土地配置有显著影响。

表4-8　土地错配的稳健性分析

变量	价格扭曲	土地错配	土地错配	土地错配
	(1)	(2)	(3)	(4)
对数人均国内生产总值	0.80			1.04
	(0.63)			(0.64)
对数人口密度	4.15***			4.02***
	(1.51)			(1.49)

（续表）

变量	价格扭曲	土地错配	土地错配	土地错配
	(1)	(2)	(3)	(4)
第二产业份额	0.04*			0.02
	(0.02)			(0.03)
对数人均 FDI	−0.22*			−0.20
	(0.13)			(0.13)
价格扭曲		0.12***	0.12***	0.12***
		(0.02)	(0.02)	(0.02)
任期			−0.05**	−0.06**
			(0.02)	(0.02)
工业城市				0.16
				(0.26)
服务业城市				−0.90
				(0.56)
年份固定效应	Yes	Yes	Yes	Yes
城市固定效应	Yes	Yes	Yes	Yes
样本	1 918	1 918	1 918	1 908
R 平方	0.345	0.042	0.043	0.374

注：$* p < 0.1$，$** p < 0.05$，$*** p < 0.01$。括号内数值为标准误，在县级市层面聚类。回归 2～3 包括同一组控制变量。

第 2～3 列显示式(8)的估计结果。价格扭曲变量在不同回归模型中均显著为正，表明地方政府扭曲土地出让价格将导致土地错配。这与前述结果一致。任期系数显著为负，表明地方官员倾向于在任期初期出让更多工业用地，以吸引投资和显示其政绩。

其次，考虑到不同产业结构城市的土地利用需求存在差异，以工业（服务）为导向的城市一般拥有较多的工业（商住）用地，因此我们加入城市产业结构虚拟变量。我们设立两个虚拟变量，一是工业城市（第二产业份额超过 50％），另一个是服务业城市（第三产业份额超过 50％）。表 4-8 第 4 列结果表明，回归结果基本不变。当我们控制第二产业占比后，工业城市和服务业城市的虚拟变量不显著。

4.6　结论

土地是地方政府吸引投资、获得预算外收入和刺激地方经济增长的重要工具。地方政府以地谋发展模式的初衷良好,但可能导致意料之外的土地错配后果。税收和政治激励诱使地方政府扭曲土地市场,出让更多工业用地与较少商住用地。基于中国地级市 2003—2012 年的面板数据,我们检验了地方政府地价干预对工业和商住用地土地错配的影响,并识别了土地错配的来源。我们的研究为政府干预对土地错配影响及中国土地错配来源提供新证据。

研究发现,政府本意良好的土地出让价格干预政策会产生土地错配的意外后果。地方政府土地财政和政治动机影响工业与商住用地错配。当地方政府更多依赖投资和更少依赖土地财政时,当地方官员在任期初有更强政绩表现动机时,地方政府将出让更多的工业用地。地方政府偏向性土地出让政策,即低价出让工业,高价出让商住用地,导致工业用地过量,商住用地过少。这种扭曲的土地出让政策是地方政府土地引资和土地财政激励的结果,即通过扭曲工业用地价格来吸引投资,高价出让商住用地来获得大量土地出让收入。此外,政治周期加剧价格扭曲对土地错配的影响。

我们的研究表明,中国土地错配与地方政府土地出让行为有关,尤其是财政和政治激励。为缓解土地错配,需要进一步改革土地出让制度,重塑地方政府的土地出让激励机制。此外,应减少政府对土地供给和市场的直接干预。不同行业之间或不同用途的土地配置应根据市场价格信号来引导和调整。还应进一步消除不同部门间的土地出让价格扭曲。

本章参考文献

Bertaud A. Urbanization in China:land use efficiency issues [EB/OL]. Working paper, http://alain-bertaud.com/AB_Files/AB_China_land_use_report_6.pdf,2007.

Brueckner J K. Government land-use interventions:An economic analysis [A]. In:Lall S V, Freire M,Yuen B,Rajack R,Helluin J J(Eds.). Urban land Markets:Improving land management for successful urbanization [M]. Berlin:Springer,2009.

Cai H B,Treisman D. Does competition for capital discipline governments? Decentralization, globalization,and public policy [J]. American Economic Review,2005,95(3):817 - 830.

Cai H,Henderson J V,Zhang Q H. China's land market auctions:Evidence of corruption? [J]. The RAND Journal of Economics,2013,44(3):488 - 521.

Cai M N. Local determinants of economic structure:Evidence from land quota allocation in China [EB/OL]. Conference paper of 16th Annual Conference of the International Society for New Institutional Economics, http://extranet.sioe.org/uploads/isnie2012/cai. pdf,2011.

Cao G Z,Feng C C,Tao R. Local "Land Finance" in China's urban expansion:Challenges and solutions [J]. China & World Economy, 2008,16(2): 19 - 30.

Deng F F. China's urban land reform, urban productivity, and local government behavior [J]. Eurasian Geography and Economics, 2003,44(3): 210 - 227.

Ding C R, Lichtenberg E. Land and urban economic growth in China [J]. Journal of Regional Science, 2011,51(2): 299 - 317.

Ding C R. Land policy reform in China: Assessment and prospects [J]. Land Use Policy, 2003,20(2): 109 - 120.

Ding C R. Urban spatial development in the land policy reform era: Evidence from Beijing [J]. Urban Studies, 2004,41(10): 1889 - 1907.

Du J F, Thill J C, Peiser R B. Land pricing and its impact on land use efficiency in post-land-reform China: A case study of Beijing [J]. Cities, 2016,50,68 - 74.

Glaeser E L, Ward B A. The causes and consequences of land use regulation: evidence from greater Boston [J]. Journal of Urban Economics, 2009,65(3): 265 - 278.

He C F, Huang Z J, Wang R. Land use change and economic growth in urban China: A structural equation analysis [J]. Urban Studies, 2014,51(13): 2880 - 2898.

Ho S P S, Lin G C S. Emerging land markets in rural and urban China: Policies and practices [J]. The China Quarterly, 2003,175: 681 - 707.

Huang Z H, Du X J. Strategic interaction in local governments' industrial land supply: Evidence from China [J]. Urban Studies, 2016,54(6): 1328 - 1346.

Jansen B N, Mills E S. Distortions resulting from residential land use controls in metropolitan areas [J]. The Journal of Real Estate Finance and Economics, 2011,46: 193 - 202.

JinH H, QianY Y, Weingast B R. Regional decentralization and fiscal incentives: Federalism, Chinese style [J]. Journal of Public Economics, 2005,89(9 - 10): 1719 - 1742.

Kung J K S, Chen T. Do land revenue windfalls create a political resource curse? Evidence from China [J]. Journal of Development Economics, 2016,123: 86 - 106.

Lichtenberg E, Ding C. Local officials as land developers: Urban spatial expansion in China [J]. Journal of Urban Economics, 2009,66(1): 57 - 64.

Lin G C S, Ho S P S. The state, land system, and land development processes in contemporary China [J]. Annals of the Association of American Geographers, 2005,95(2): 411 - 436.

Lin G C S, Yi F X. Urbanization of capital or capitalization on urban land? Land development and local public finance in urbanizing China [J]. Urban Geography, 2011,32(1): 50 - 79.

Pan F H, Zhang F M, Zhu S J, Wójcik D. Developing by borrowing? Inter-jurisdictional competition, land finance and local debt accumulation in China [J]. Urban Studies, 2016,54 (4): 897 - 916.

Peng L, Thibodeau T G. Government interference and the efficiency of the land market in China [J]. Journal of Real Estate Finance and Economics, 2012,45(4): 919 - 938.

Restuccia D, Rogerson R. Misallocation and productivity [J]. Review of Economic Dynamics, 2013,16(1): 1 - 10.

Restuccia D, Santaeulalia-Llopis R. Land misallocation and productivity [EB/OL]. Working paper of University of Toronto, https://economics. utoronto. ca/diegor/research/RS_paper. pdf, 2015.

Saiz A. The geographic determinants of housing supply [J]. The Quarterly Journal of Economics, 2010,125(3): 1253 - 1296.

Su F, Tao R, Xi L, Li M. Local officials' incentives and China's economic growth: Tournament thesis reexamined and alternative explanatory framework [J]. China & World Economy, 2012,20(4): 1 - 18.

Tao R, Su F B, Liu M X, Cao G Z. Land leasing and local public finance in China's regional development: Evidence from prefecture-level cities [J]. Urban Studies, 2010, 47 (10): 2217 - 2236.

Tian L, Ma W J. Government intervention in city development of China: A tool of land supply [J]. Land Use Policy, 2009,26(3): 599 - 609.

Wang H, Wang L L, Su F B, Tao R. Rural residential properties in China: Land use patterns, efficiency and prospects for reform [J]. Habitat International, 2012,36(2): 201 - 209.

Wu Q, Li Y L, Yan S Q. The incentives of China's urban land finance [J]. Land Use Policy, 2015,42: 432 - 442.

Xu C G. The fundamental institutions of China's reforms and development [J]. Journal of Economic Literature, 2011,49(4): 1076 - 1151.

Yang Z, Ren R R, Liu H Y, Zhang H. Land leasing and local government behaviour in China: Evidence from Beijing [J]. Urban Studies, 2014,52(5): 841 - 856.

Zhan J V. Strategy for fiscal survival? Analysis of local extra-budgetary finance in China [J]. Journal of Contemporary China, 2013,22(80): 185 - 203.

Zhu J M. A transitional institutions for the emerging land market in China [J]. Urban Studies, 2005,42(8): 1369 - 1390.

Zhu J M. From land use right to land development right: Institutional change in China's urban development [J]. Urban Studies, 2004,41(7): 1249 - 1267.

第5章
环境政策、高耗能产业供地与绿色转型发展

5.1 问题提出：环境、排放是否与产业用地供给有关

在快速工业化和城市化进程中，中国是世界上较大的碳排放国家，并引起一系列环境和健康问题（Chen 等，2013；Wang 等，2015a；Du 和 Huang，2017）。空气污染的负面影响也引起国际上对中国的舆论压力（Zhen 等，2014；Jia 和 Ku，2019）。为承担大国减排责任和应对气候变化问题，中国政府在哥本哈根气候会议上承诺 2020 年单位 GDP 碳排放比 2005 年减排 40%～50%（Zhang 和 Da，2015；Goulder 等，2017）。2020 年 9 月，习近平主席在第七十五届联合国大会提出中国要将二氧化碳排放于 2030 年前达到峰值，2060 年前实现碳中和。

为实现控制温室气体排放的目标，中国国家发展和改革委员会于 2013 年启动区域碳排放交易试点项目。5 个城市和 2 个省份被选为碳排放交易制度试点地区。自碳排放交易制度引入以来，地方实践和执行已成为减碳的重要力量（Zhang，2015；Goulder 等，2017）。

碳排放交易制度对减排和产业发展具有重要影响。欧盟排放交易制度出台后，碳定价方案越来越受关注，2017 年欧盟碳排放量约占全球碳排放量的 15%（World Bank 等，2017）。碳排放交易系统使碳成本透明化，并为减少排放提供经济激励（Schmalensee 和 Stavins，2017）。一方面，地方政府选择是否以及如何实施碳排放交易制度。地方政府还可选择碳排放交易项目中包括哪些企业和产业，以及政策执行的严格性。地方碳排放政策执行对土地要素配置和产业发

展具有重要影响。另一方面,企业预期碳排放成本上升,从而调整其要素投入和生产选择,以减少碳排放。

随着碳排放权交易制度的试点实施,该制度是否生效以及如何生效等问题自然而生。此外,碳排放交易制度是否会影响产业发展,尤其是从要素配置角度分析,现有研究尚不清楚。厘清这些问题,对完善碳排放交易制度、实现碳减排和绿色发展具有重要意义。

自碳排放权交易制度推出以来,学者们对其相关概念、实践、进展和效果进行了大量探讨(Weitzman,2007)。关于中国减排和碳排放交易项目的研究,以往研究从经济转型(Zhang 等,2013)、产业发展(Kahrl 等,2011;Tang 等,2018)、技术进步(Dong 等,2014)和城市管理(Chen,2015)等视角进行了探讨和研究。Khanna 等(2014)和 Li 等(2017)分析了地方政府实施低碳计划的情况。学者们还探讨地方(Jiang 等,2015)或国家(Hübler 等,2014;Zhang 等,2014;Munnings 等,2016)水平。然而,碳排放权交易的效果和绩效尚不清楚,需进一步研究。

我们以高耗能产业的土地供给为视角和窗口,考察碳排放交易制度对产业发展及其绿色结构转型的影响。研究发现,碳排放交易项目实施对高耗能产业供地产生了显著负向影响。我们还探讨了碳排放交易试点实施效果的影响渠道,研究发现,实施碳排放交易后,政治周期、区域竞争、产业结构和财政状况对高耗能产业供地有显著影响。

我们的研究与四类文献联系起来。首先,它与碳排放交易项目和环境规制政策的影响研究相联系(Burtraw 等,2014;De Perthuis 和 Trotignon,2014)。与以往研究不同,我们研究了碳排放交易项目的实施对产业用地供应的影响,土地是企业的一个基本生产要素,这使我们能够从土地供给这一视角(前端)来考察碳排放交易项目的影响。

第二,我们尝试从产业角度对能源消费和碳减排研究文献进行补充。大多数相关研究集中在区域层面的能源和碳排放,而行业层面的分析相对缺乏(Wang 等,2015b)。本研究从产业发展角度和行业层面考察了碳排放交易制度对产业用地配置的影响。

第三,我们的研究与碳减排和环境保护的政治经济学文献联系起来(Tao 和 Mah,2009;Zheng 等,2014)。政治经济因素影响环境政策的执行,特别是在发展中国家。地方政府作为碳排放交易项目的主要实施者,须在经济增长与环境保护之间取得平衡,地方政府的激励与行为影响环境法规的实施。我们的研究表明,地方官员的激励和政治周期显著影响高耗能产业用地供给和环境法规的实施。

最后,本章研究与地方政府土地供给行为的研究文献联系起来。以往研究从财政或政治激励的角度来解释地方政府的土地供给行为(Huang 和 Du,2017a;Huang 和 Du,2018a;Chen 和 Kung,2019)。高耗能产业是一类特殊行业,对碳减排和环境保护具有重要意义,本研究为地方政府高耗能产业供地行为提供了新的证据。

5.2　中国碳排放交易体系与高耗能产业用地供给背景分析

5.2.1　中国碳排放交易体系

2013 年以来,中国在北京、上海、天津、重庆、深圳五个城市和两省(广东、湖北)启动区域碳排放交易试点。这些试点城市和省份的发展阶段和产业结构不同。他们有足够的空间来开展实施碳排放交易项目,包括行业部门的覆盖范围、额度分配和定价机制(Zhang,2015)。第二阶段,福建和四川也于 2016 年和2017 年分别加入碳排放交易试点。2017 年 12 月,中国开始实施全国层面的排放交易制度。我们重点分析 2013 年下半年加入试点的深圳、北京、上海、天津、广东五个省市,及 2014 年上半年后加入试点的湖北省、重庆市,以上述地区作为研究样本。

中国政府之所以选择实施碳排放交易制度,而不是碳税,其原因与财政部和国家发改委(NDRC)在气候政策上的作用和影响有关(Goulder 等,2017)。国家发改委在气候政策和其他经济政策及体制改革方面发挥着较大的主导作用,而财政部则与征收碳税相关。事实上,财政部在 2013 年向国务院提交了一份碳税提案。然而,由于碳税会损害企业的竞争力,企业会寻求避税,可能导致碳税的碳排放抑制效果大打折扣。最后,在国家发改委的支持下,一个负责碳排放交易的机构设立了,其负责管理碳排放交易。2017 年 12 月,全国碳排放交易体系正式启动。2021 年 7 月,全国碳排放权交易市场正式在上海环境能源交易所开市。

中国试点碳排放交易制度对中国和世界其他地区来说是重要的一步,因为中国的减排努力对全球碳排放减少具有重要影响(Pizer 和 Zhang,2017)。Stavins 将美国的二氧化硫贸易计划称为大政策实验,而欧盟的排放交易制度被称为新的大政策实验(Stavins, 1998; Kruger 和 Pizer, 2004)。考虑到其规模和范围,中国碳交易项目可以被称为新的伟大政策试验。我国开展碳排放权交易试点的成效和经验具有重要意义。

碳排放交易试点项目将影响企业和地方政府行为。首先,试点方案的实施依赖于地方政府,地方政府选择将哪些产业纳入和排除碳排放交易试点范围。他们还确定碳排放交易制度实施的严格程度,并选择是否及遵守中央政府碳排放减少和环境保护的要求。地方政府的选择和行为对减少碳排放的成本、数量及产业发展具有重要影响。其次,碳排放交易制度还通过市场化的碳排放价格机制为企业减少碳排放提供经济激励。因此,企业在预期使用化石燃料的成本上升的情况下,会寻求减少投资高耗能产业。

5.2.2 地方政府角色与激励

土地不仅是一个基本的生产要素,也是中国发展的制度工具(Huang 和 Du, 2017b)。中国实行城乡二元的土地制度,包括国有土地(大部分城市土地)和集体土地(大部分农村土地)。地方政府是城市土地的实际所有者,垄断了城市一级土地市场(Tao 等, 2010)。自 1994 年分税制改革以来,地方政府财政负担日益严重,主要原因是税收收入大部分被中央政府接管,而支出却没有减少。为了平衡赤字和促进地方经济增长,地方政府通过土地出让来增加收入,这也被称为土地财政(Huang 和 Du, 2017b; Huang 和 Du, 2018a)。

地方政府的土地配置和供给行为对经济和环境活动具有显著影响(Cheung 和 Coase, 2008; Huang 和 Du, 2018b)。地方政府有权自主决定土地的部门间分配,以促进产业发展。与商业和住宅用地相比,地方政府出售工业用地的方式有所不同。在区域竞争下,地方政府低价出售工业用地以吸引投资(Huang 和 Du, 2017a)。工业用地出让可以带来一次性大额固定投资和长期税收收入(Tao 等, 2010; Cai, 2017)。相比之下,商业和住宅用地市场是地方性的,地方政府高价出售商业和住宅用地是为了获得土地出让收入,弥补工业用地出让的亏空(Huang 和 Du, 2017b)。

地方政府官员竞相提供更多的工业用地,以促进投资和地方经济增长,这将对环境产生意料之外的后果。地方政府官员的绩效和晋升是通过一系列的指标来考核评估的,包括经济、环境和社会保障等方面,这些都会影响他们的职业生涯动机(career concern)。投资、税收、就业和国内生产总值(GDP)等与经济相关的指标对地方政府官员的晋升具有主导性作用(Cai, 2017)。因此,

他们更愿意提供更廉价的工业用地来吸引外来投资。环境指标近期才开始采
用。在此背景下,地方官员开始在工业用地供应中寻求经济增长与环境保护
之间的平衡。

5.2.3 高耗能产业用地供给

地方政府对高耗能产业用地供给反映了他们对经济增长和环境保护的偏
好。高耗能产业是资本密集型产业,在企业拿地后开始投产时,可带来大额一次
性固定资产投资,并产生长期税收,有助于地方官员提升经济绩效(Zhu 等,
2014;Huang 和 Du,2017b)。然而,高耗能产业也将带来显著的碳排放,约占
能源消耗的 52%(Wang 等,2015b;Li 和 Tao,2017)。地方政府必须面对高耗
能产业用地供给的这种成本—收益权衡。此外,地方官员的职业生涯动机可能
会影响高耗能产业用地供应。晋升潜力较大的地方官员,更倾向于加大投入,而
不是为实现碳减排和绿色发展而减少高耗能产业用地供应(Cai,2017)。这是
因为虽然环境绩效指标已开始引入地方官员绩效评价体系中,但经济绩效指标
对地方官员晋升的作用要大于环境绩效指标(Tang 等,2018)。

土地供给作为企业生产投入的前端,为评估碳排放交易制度对产业发展、能
源消耗和环境保护的影响提供了一个很好的视角。与传统的能源和环境统计指
标相比,研究高耗能产业用地供给可评估碳排放交易制度在产业生产初始阶段
的影响,而传统的能源和环境统计指标因数据操纵嫌疑而受到质疑(Wu 等,
2017)。

5.3 实证模型与数据

5.3.1 计量经济设定

本研究采用双重差分方法(Difference-in-difference,DID)检验碳排放交易
制度对高耗能产业用地配置的影响,基础 DID 方程设置如下:

$$Land_{it} = \alpha + \phi Treat_i + \tau Post_t + \beta Treat_i \times Post_t + \lambda X_{it} + \delta_i + \gamma_t + \varepsilon_{it}$$

$$(5-1)$$

式(5-1)中,$Land_{it}$ 是 i 市第 t 年高耗能产业用地供给面积。$Treat_i$ 是处
理组的虚拟值,如果该城市属于碳排放交易制度的试点城市(控制组为其他城

市),则赋值为 1,否则为 0。$Post_t$ 也是一个虚拟值,2013 年后等于 1(碳排放权交易试点实施后)。X_{it} 是影响高耗能产业用地供给的一系列控制变量,包括城市、经济、社会因素和地方官员特征等(Cai,2017;Tang 等,2018)。

5.3.2　数据描述

数据主要包括 2007—2017 年中国一级土地市场中地块层面的土地交易数据,来源于土地市场网(http://www.landchina.com/),它根据四位工业分类代码提供有关每一宗交易土地的详细信息。所有详细信息包括地块面积、成交价格、地址、区位等级、用途、成交方式、日期、买方名称等。我们将微观高耗能产业用地出让地块在地级市层面进行加总。

我们第二个数据来源为《中国城市统计年鉴(2008—2017)》,包括城市的社会经济特征,如 GDP、产业结构(第二产业产值占 GDP 的比重)、投资和财政状况。

关于城市领导数据,我们通过搜索人民网(http://leaders.people.com.cn/)与百度(https://www.baidu.com/)手动收集这些数据。城市领导数据我们主要采用地级市市委书记,由于书记被认为是中国城市的"一把手"(Huang和 Du,2017a)。

在我们的研究中,因变量是 $Land_{it}$,表示城市 i 第 t 年高耗能产业用地供给面积。为缓解异方差问题,我们采用因变量 $Land_{it}$ 的自然对数形式进行回归。我们选择六个行业作为高耗能行业,具体包括:化工原料和产品;非金属矿产品;黑色金属冶炼和轧制;有色金属冶炼与轧制;石油加工、炼焦和核燃料加工;电力、热力生产和供应业。一些学者提出,纺织和制浆造纸制造业在中国也是高耗能产业(Huang 等,2017;Man 等,2017;Tang 等,2018),我们在稳健性分析部分中将这两个行业也添加进来作为高耗能产业。

表 5-1 显示主要变量的定义和描述性分析。

表 5-1　变量定义与描述性分析

变量	定义	观测值	样本	均值
Land	高耗能产业用地供给面积(公顷)	2 464	49.30	81.91
Per capita GDP	人均 GDP(万元)	2 840	43 046.96	44 882.27
Population	总人口(万人)	2 844	440	310

（续表）

变量	定义	观测值	样本	均值
Share of secondary industry	第二产业占比(%)	2 839	49.55	10.54
Investment	固定资产投资(万元)	2 800	451 161	1 090 027
FDI	人均FDI(万元)	2 842	1 200	1 420
Regional competition	省内城市GDP增长率的方差	2 490	4.41	2.45
Fiscal pressure	地方支出收入比	2 840	2.77	1.90
Inland area	内陆城市(内陆城市=1,否则为0)	3 135	0.65	0.48
Tenure	地方官员任期(年)	1 869	2.68	1.73
Age	地方官员年龄(年)	2 787	53.18	3.43

在DID估计之前,我们先进行平行趋势假设检验。图5-1显示处理组(碳排放交易制度试点城市)和控制组(其他城市)在高耗能产业用地供给上的趋势。可见,2013年前,碳排放交易制度试点与非试点城市在高耗能产业用地供给上的趋势基本相同,而2013年后趋向差异化,表明满足DID方法的平行趋势假设要求。

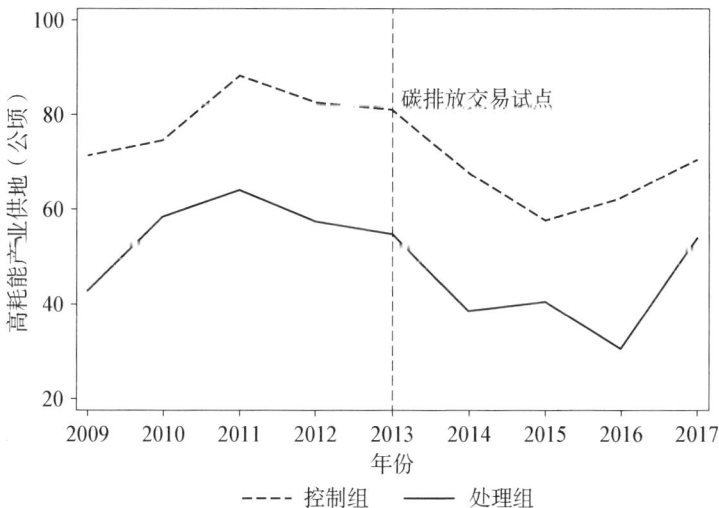

图5-1 处理组和控制组高耗能产业供地趋势

5.4 碳排放交易制度对高耗能产业供地影响实证结果

5.4.1 基准回归结果

表 5-2 报告了碳排放交易制度对高耗能产业供地影响的基准回归结果。在第 1 列中,高耗能产业用地供给对交互项(Treated×Post)、区域、城市与年份固定效应进行回归,不放其他控制变量。碳排放权交易制度对高耗能产业供地产生负面影响。然而,由于高耗能产业供地可能与其他相关因素(如当地社会经济因素和地方官员特征)相关,因此该系数需进一步检验。在第 2~4 列中,我们引入一组列控制变量,包括 log 人均 GDP、log 人口、第二产业占比、log 固定资产投资和 logFDI。在第 2~4 列,Treated×Post 系数从−0.37 下降到−0.25,并在统计学上显著为负。从数量上看,实施碳排放交易制度后,试点城市高耗能产业用地供给面积减少了 25%。这些结果表明,碳排放交易制度显著抑制了高耗能产业用地供给。究其原因,可能是试点城市引入碳排放交易制度后,高耗能行业企业预期碳排放成本上升,对产业用地需求减少。

表 5-2 碳排放交易制度与高耗能产业供地

变量	(1)	(2)	(3)	(4)
Treated×Post	−0.372***	−0.314***	−0.318***	−0.250***
	(0.000)	(0.031)	(0.024)	(0.047)
Tenure		−0.019		−0.018
		(0.016)		(0.016)
Age		0.013		0.014*
		(0.009)		(0.008)
Inland area	−0.763***	−0.800***	−0.144	−3.030**
	(0.000)	(0.022)	(1.159)	(1.258)
控制变量	No	No	Yes	Yes
城市固定效应	Yes	Yes	Yes	Yes
年份固定效应	Yes	Yes	Yes	Yes
省−年份固定效应	Yes	Yes	Yes	Yes
样本	1 709	1 696	1 626	1 613
R 平方	0.632	0.633	0.643	0.644

注:* p<0.1,** p<0.05,*** p<0.01。括号内数值为标准误,在省层面聚类。因变量为 log 高耗能产业用地供给。控制变量包括:log 人均 GDP、log 人口、第二产业占比、log 固定资产投资和 log 外商直接投资。

关于地方官员影响因素方面,Age(年龄)变量的系数显著为正,表明与年轻的书记相比,年长的书记将倾向供给更多的高耗能产业用地。

Inland area(内陆地区)变量的系数对内陆地区影响显著为负,表明与沿海地区相比,中国内陆地区城市减少了高耗能产业用地供给。

5.4.2 稳健性分析

对于稳健性分析,我们进一步进行更多回归分析,包括重新定义变量、样本重新选择和调整估计模型。

(1) 利用高耗能产业供地比例作为因变量。

我们采用高耗能产业用地供给占产业用地供给总面积的比值来分析碳排放交易制度导致的产业用地供给面积的相对变化。表 5 - 3 显示回归结果。在第 1~3 列中,Treated×Post 系数为负,且统计学上显著。第 4 列显示,实行碳排放交易制度后,高耗能产业用地供给比重下降 7%。这一结果证实了碳排放权交易制度对高耗能产业用地供给具有负向影响。

表 5 - 3 碳排放交易制度与高耗能产业供地:基于高耗能产业用地供地比

变量	(1)	(2)	(3)	(4)
Treated×Post	-0.088^{***}	-0.078^{***}	-0.079^{***}	-0.067^{***}
	(0.000)	(0.006)	(0.005)	(0.009)
Tenure		-0.002		-0.002
		(0.002)		(0.002)
Age		0.002		0.003
		(0.002)		(0.002)
Inland area	-0.009^{***}	-0.014^{***}	0.363^{*}	0.219
	(0.000)	(0.004)	(0.199)	(0.160)
控制变量	No	No	Yes	Yes
城市固定效应	Yes	Yes	Yes	Yes
年份固定效应	Yes	Yes	Yes	Yes
省-年份固定效应	Yes	Yes	Yes	Yes
样本	1 709	1 696	1 626	1 613
R 平方	0.663	0.664	0.655	0.657

注:* $p<0.1$,** $p<0.05$,*** $p<0.01$。括号内数值为标准误,在省层面聚类。因变量为 log 高耗能产业用地供给。控制变量包括:log 人均 GDP、log 人口、第二产业占比、log 固定资产投资和 log 外商直接投资。

(2) 不同高耗能产业定义。

我们进一步采用高耗能产业的不同定义,以分析结果稳健性。我们选择八个行业作为高耗能行业,包括化工原料和产品;非金属矿产品;黑色金属冶炼和轧制;有色金属冶炼与轧制;石油加工、炼焦和核燃料加工;电力、热力生产和供应;纸和纸制品;纺织业(增加纸和纸制品、纺织业)。一些学者将纸和纸制品行业以及纺织行业也视为高耗能产业(Huang 等,2017;Man 等,2017;Tang 等,2018)。表 5-4 给出了估计结果,再次证实了碳排放交易试点对高耗能产业用地供给产生显著负向影响。

表 5-4 碳排放交易制度影响与高耗能产业供地:基于高耗能产业不同定义

变量	(1)	(2)	(3)	(4)
Treated×Post	-0.662^{***}	-0.634^{***}	-0.674^{***}	-0.641^{***}
	(0.000)	(0.023)	(0.033)	(0.050)
Tenure		-0.012		-0.012
		(0.014)		(0.015)
Age		0.008		0.009
		(0.007)		(0.007)
Inland area	-0.742^{***}	-0.764^{***}	1.405	-1.794^{*}
	(0.000)	(0.018)	(0.884)	(1.021)
控制变量	No	No	Yes	Yes
城市固定效应	Yes	Yes	Yes	Yes
年份固定效应	Yes	Yes	Yes	Yes
省-年份固定效应	Yes	Yes	Yes	Yes
样本	1874	1859	1788	1773
R 平方	0.647	0.648	0.660	0.661

注:$^{*}\ p{<}0.1$,$^{**}\ p{<}0.05$,$^{***}\ p{<}0.01$。括号内数值为标准误,在省层面聚类。因变量为 log 高耗能产业用地供给。控制变量包括:log 人均 GDP、log 人口、第二产业占比、log 固定资产投资和 log 外商直接投资。

(3) 利用得分倾向回归与双重差分方法。

接下来我们采用倾向得分加权的 DID 方法来分析结果的稳健性。采用 DID 方法的关键假设是处理组和控制组之间存在平行趋势。然而,考虑到碳排放交易制度试点城市选取可能存在选择偏差,平行趋势假设可能被违背。因此,我们采用基于核密度的倾向得分来选择合适的匹配样本,然后采用 DID 方法进行估计。

国家发改委主要依据行业禀赋、示范效应和代表性来选择碳排放交易试点省、市。因此,我们在 logit 模型中选择 log 人均 GDP、log 人口、第二产业占比、log 固定资产投资和 logFDI 作为可观察的特征变量特征,以估计被选为试点城市的倾向得分(所有这些变量在估计的 logit 模型中都是显著的)。平衡性测试结果证实,在匹配的处理组和控制组之间,观察到的特征变量不存在显著差异。

在匹配样本的基础上,我们采用倾向得分匹配—双重差分方法(PSM - DID, Propensity Score Matching-Difference in Difference)对碳排放交易制度的效果进行了评估。估算结果如表 5 - 5 所示。Treated×Post 系数显著,其值与表 5 - 2 非常接近。这一结果再次验证,引入碳排放交易制度后,高耗能产业用地供给将显著减少。

表 5 - 5　碳排放交易制度影响与高耗能产业供地:基于 PSM - DID 方法

变量	(1)	(2)	(3)	(4)
Treated×Post	-0.372^{***}	-0.309^{***}	-0.317^{***}	-0.247^{***}
	(0.000)	(0.031)	(0.026)	(0.048)
Tenure		-0.019		-0.017
		(0.016)		(0.017)
Age		0.015		0.015^{*}
		(0.009)		(0.009)
Inland area	-1.181^{***}	-1.206^{***}	-2.948^{**}	-0.288
	(0.000)	(0.015)	(1.279)	(1.219)
控制变量	No	No	Yes	Yes
城市固定效应	Yes	Yes	Yes	Yes
年份固定效应	Yes	Yes	Yes	Yes
省-年份固定效应	Yes	Yes	Yes	Yes
样本	1 644	1 632	1 592	1 580
R 平方	0.637	0.639	0.640	0.642

注: $^{*}p<0.1$, $^{**}p<0.05$, $^{***}p<0.01$。括号内数值为标准误,在省层面聚类。因变量为 log 高耗能产业用地供给。控制变量包括: log 人均 GDP、log 人口、第二产业占比、log 固定资产投资和 log 外商直接投资。

5.5　碳排放交易制度对高耗能产业用地供给的影响机制

本研究实证发现,碳排放交易制度显著抑制高耗能产业用地供给。在接下来这一部分中,我们将讨论碳排放交易制度影响高耗能产业用地供给的几种潜在渠道或机制。

5.5.1　地区竞争与碳排放交易制度影响

第一个渠道是地区竞争。根据资源流动假说,如果在地区竞争较强的区域,地方政府将供应更多的高耗能产业用地来促进投资和地方经济增长(Huang 和

Du，2017b）。其原因是，在激烈的地区竞争中，地方政府只能提供更多廉价的产业用地来招商引资，以获得比周边地区更多投资和更好绩效。我们采用省内城市 GDP 增长率的方差来衡量区域竞争。GDP 增长率方差越小，地区间经济差异越小，表明地区竞争越激烈。然后，我们设立一个三重差分项，Treated×Post×Regional competition，来检验地区竞争对碳排放交易制度的影响效果。

表 5-6 显示估计结果。Treated×Post×Regional competition 项系数显著为负，表示碳排放交易制度实施后，地区竞争越大的城市，越倾向于减少供给高耗能产业用地。这一结果表明，地区竞争将正向调节碳排放交易制度对高耗能产业用地供给的影响。

表 5-6　地区竞争与碳排放交易制度影响

变量	(1)	(2)	(3)
Treated×Post×Regional competition	−0.598***	−0.688***	−0.602***
	(0.114)	(0.023)	(0.112)
Tenure	−0.004		−0.003
	(0.007)		(0.006)
Age	−0.003**		−0.003***
	(0.001)		(0.001)
Inland area	−1.620***		−2.839**
	(0.009)		(1.254)
控制变量	No	Yes	Yes
城市固定效应	Yes	Yes	Yes
年份固定效应	Yes	Yes	Yes
省-年份固定效应	Yes	Yes	Yes
样本	1 553	1 504	1 493
R 平方	0.656	0.643	0.658

注：* $p<0.1$，** $p<0.05$，*** $p<0.01$。括号内数值为标准误，在省层面聚类。因变量为 log 高耗能产业用地供给。控制变量包括：log 人均 GDP、log 人口、第二产业占比、log 固定资产投资和 log 外商直接投资。

5.5.2　财政压力与碳排放交易制度影响

第二个渠道是财政压力。由于土地出让是地方政府的重要预算外收入来源，财政压力较大的城市将出让更多高耗能产业用地，以期获得更多土地出让收入和相关税收来弥补财政缺口（Tao 等，2010；Cai，2017）。因此，财政压力会削弱碳排放交易制度对高耗能产业用地供给的影响。

为验证这一预测，我们将财政压力（地方预算支出与财政收入的比率）与

Treated×Post 项相乘,并设立三次项 Treated×Post×Fiscal pressure。表 5-7
提供估计结果。可见,Treated×Post×Fiscal pressure 系数显著为正,表明碳排
放交易制度试点后,财政压力较高的城市将增加高耗能产业用地供给。这一结
果表明,财政压力将削弱碳排放交易制度对高耗能产业用地供给的影响。

表 5-7　财政压力与碳排放交易制度影响

变量	(1)	(2)	(3)
Treated×Post×Fiscal pressure	0.299***	0.279***	0.266***
	(0.075)	(0.099)	(0.095)
Treated×Post	−1.157***	−1.119***	−1.021***
	(0.238)	(0.306)	(0.295)
Tenure	−0.017		−0.017
	(0.016)		(0.016)
Age	0.014		0.014*
	(0.009)		(0.009)
Inland area	−0.772***		−2.860***
	(0.105)		(1.105)
控制变量	No	Yes	Yes
城市固定效应	Yes	Yes	Yes
年份固定效应	Yes	Yes	Yes
省-年份固定效应	Yes	Yes	Yes
样本	1 678	1 626	1 613
R 平方	0.631	0.644	0.646

注: $^*p<0.1$, $^{**}p<0.05$, $^{***}p<0.01$。括号内数值为标准误,在省层面聚类。因变量为 log 高耗能产
业用地供给。控制变量包括: log 人均 GDP、log 人口、第二产业占比、log 固定资产投资和 log 外商直接
投资。

5.5.3　产业结构与碳排放交易制度影响

产业结构是另一个潜在影响渠道,因为城市高耗能产业用地供给依赖于自
身的产业禀赋和基础条件。我们预期,工业产出依赖程度高或第二产业比重较
高的城市,其高耗能产业用地供给较多,从而影响碳排放交易制度对产业用地
供应的影响。为了检验这一预测,我们设立三次项 Treated×Post×Industry
structure,来检验产业结构对碳排放交易制度的影响。表 5-8 显示具体估计结
果。三次项的系数为负,并在统计学上高度显著,表明碳排放交易制度的影响
在高度依赖工业产出的城市更大。这是由于,第二产业占比较高的城市预期碳
排放交易制度实施后碳排放成本将上升,因此减少高耗能产业用地供给。这一

结果表明,产业结构正向调节碳排放权交易制度对高耗能产业用地供给的影响。

表 5-8 产业结构与碳排放交易制度影响

变量	(1)	(2)	(3)
Treated×Post×Industry structure	−0.057***	−0.060***	−0.060***
	(0.010)	(0.012)	(0.012)
Treated * Post			
Tenure	−0.019		−0.018
	(0.016)		(0.016)
Age	0.014		0.014*
	(0.009)		(0.009)
Inland area	−1.517***		−2.941**
	(0.401)		(1.177)
控制变量	No	Yes	Yes
城市固定效应	Yes	Yes	Yes
年份固定效应	Yes	Yes	Yes
省-年份固定效应	Yes	Yes	Yes
样本	1 677	1 626	1 613
R 平方	0.631	0.647	0.648

注：* $p<0.1$，** $p<0.05$，*** $p<0.01$。括号内标准误在省层面聚类。因变量为 log 高耗能产业用地供给。控制变量包括：log 人均 GDP、log 人口、第二产业占比、log 固定资产投资和 log 外商直接投资。

5.5.4 政治周期与碳排放交易制度影响

政治周期也可能影响碳排放交易制度对高耗能产业用地供给的影响。高耗能产业一般都是资本密集型产业,土地供给后将带来较大的投资。在政治周期中,地方官员将供给更多高耗能产业用地,以促进地方投资,以赢得更好政绩和更大晋升概率(Cai,2017)。

为检验这个预测,我们设置一系列关于政治周期的虚拟变量。中国省级党代会(PCPC)是地方政府的主要政治周期节点,每五年举行一次,任免一批地方官员。它为研究政治周期对地方政府行为影响提供了一个自然的实验环境。由于高耗能产业投资项目在土地出让后需一至两年的时间才能完成,由此我们设置虚拟变量,包括 PCPC 前一年和前两年(PCPCPre1,PCPCPre2)的虚拟变量。

表 5-9 显示具体估计结果。表 5-9 中第 2~3 列显示,三次项 Treated×Post×PCPCPre1 和 Treated×Post×PCPCPre2 的系数在统计上显著且为正,

表明政治周期影响碳排放交易制度的实施效果。碳排放交易制度实施后,地方政府官员将供给更多的高耗能产业用地,以促进投资,以期在政治周期中彰显其政绩。这一结果表明,政治周期会削弱碳排放交易计划的效果。

表 5-9　政治周期与碳排放交易制度影响

变量	(1)	(2)	(3)
Treated×Post×PCPCPre1	0.053	0.197**	0.273***
	(0.054)	(0.096)	(0.104)
Treated×Post×PCPCPre2	0.170***	0.213*	0.270**
	(0.047)	(0.118)	(0.123)
Tenure	−0.019		−0.017
	(0.016)		(0.016)
Age	0.014		0.014*
	(0.009)		(0.008)
Inland area	−0.800***		−0.163
	(0.022)		(1.148)
控制变量	No	Yes	Yes
城市固定效应	Yes	Yes	Yes
年份固定效应	Yes	Yes	Yes
省-年份固定效应	Yes	Yes	Yes
样本	1 696	1 626	1 613
R 平方	0.634	0.644	0.645

注:* $p<0.1$,** $p<0.05$,*** $p<0.01$。括号内数值为标准误,在省层面聚类。因变量为 log 高耗能产业用地供给。控制变量包括:log 人均 GDP、log 人口、第二产业占比、log 固定资产投资和 log 外商直接投资。

5.6　结论

我们基于中国一级土地市场交易大数据,采用 DID 计量方法,从高耗能产业用地供给的角度,研究碳排放交易制度对产业发展的影响。研究发现,碳排放权交易试点对高耗能产业用地供给有显著的负向效应。碳排放交易制度的实施使高耗能产业用地供给减少 25%。地方政府官员行为也影响高耗能产业用地供给。我们进一步探讨了影响机制,发现地区竞争和产业结构强化了碳排放交易对高耗能工业用地供给的影响,而财政压力和政治周期则削弱了碳排放交易对高耗能工业用地供给的影响。研究结果表明,从产业用地供给的角度来看,实施碳排放交易制度有利于促进产业结构转型和绿色发展。

　　我们研究的政策含义体现在以下两方面。首先,由于土地是高耗能产业的重要投入要素,因此可将高耗能产业用地供给作为评价碳排放交易制度实施效果的窗口或指标。其次,要完善地方政府实施碳排放交易制度与减少碳排放的激励。高耗能产业用地供给的政治经济学研究将扭曲碳排放交易制度的有效性。研究表明地方政府有动机提供更多高耗能产业用地,以促进投资和地方经济增长,但其代价是碳排放增加和环境退化,因此需纠正地方政府供地扭曲,将能耗和环保纳入地方政府官员绩效和晋升考核指标。

　　未来的研究可进一步分析地方政府在实施碳排放交易制度及绩效考核方面的策略互动。此外,在系统评估碳排放交易制度效果时,还需考虑政务透明度和问责制等其他因素。

本章参考文献

Burtraw D, Josh L, Palmer K, Paul A. The Costs and consequences of Clean Air Act Regulation of CO2 from power plants [J]. American Economic Review, 2014,104(5): 557 – 562.

Cai M N. Revenue, time horizon, and land allocation in China [J]. Land Use Policy, 2017,62: 101 – 112.

Chen T, Kung J. Busting the 'Princelings': The Campaign against Corruption in China's Primary Land Market [J]. The Quarterly Journal of Economics, 2019,134(1): 185 – 226.

Chen W Y. The role of urban green infrastructure in offsetting carbon emissions in 35 major Chinese cities: A nationwide estimate [J]. Cities, 2015,44: 112 – 120.

Chen Y Y, Ebenstein A, Greenstone M, Li H B. Evidence on the impact of sustained exposure to air pollution on life expectancy from China's Huai River policy [J]. Proceedings of the National Academy of Sciences, 2013,110(32): 12936 – 12941.

Cheung S NS, Coase R H. The economic system of China [M]. Hong Kong: Arcadia Press, 2008.

De Perthuis C, Trotignon R. Governance of CO2 markets: Lessons from the EU ETS [J]. Energy Policy, 2014,75: 100 – 106.

Dong L, Gu F, Fujita T, Hayashi Y, Gao J. Uncovering opportunity of lowcarbon city promotion with industrial system innovation: case study on industrial symbiosis projects in China [J]. Energy Policy, 2014,65: 388 – 397.

Du X J, Huang Z H. Ecological and environmental effects of land use change in rapid urbanization: the case of Hangzhou, China [J]. Ecological Indicators, 2017,81: 243 – 251.

Goulder L H, Morgenstern R D, Munnings C, Schreifels J. China's national carbon dioxide emission trading system: An introduction [J]. Economics of Energy & Environmental Policy, 2017,6(2): 1 – 18.

Huang B, Zhao J, Geng Y, Tian Y, Jiang P. Energy-related GHG emissions of the textile industry in China [J]. Resource, Conservation and Recycling, 2017,119: 69 - 77.

Huang Z H, Du X J. Government intervention and land misallocation: Evidence from China [J]. Cities, 2017a, 60: 323 - 332.

Huang Z H, Du X J. Holding the market under the stimulus plan: Local government financing vehicles' land purchasing behavior in China [J]. China Economic Review, 2018a, 50, 85 - 100.

Huang Z H, Du X J. Strategic interaction and the determinants of industrial land supply in China [J]. Urban studies, 2017b, 54(6): 1328 - 1346.

Huang Z H, Du X J. Urban land expansion and air pollution: Evidence from China [J]. Journal of Urban Planning and Development, 2018b, 144(4): 1 - 10.

Hübler M, Voigt S, Löschel A. Designing an emissions trading scheme for China—An up-to-date climate policy assessment [J]. Energy Policy, 2014,75: 57 - 72.

Jia R, Ku H. Is China's pollution the culprit for the choking of South Korea? Evidence from the Asian Dust [J]. Economic Journal, 2019,129(624): 3154 - 3188.

Jiang J J, Ye B, Ma X M. The construction of Shenzhen's carbon emission trading scheme [J]. Energy Policy, 2014,75: 17 - 21.

Kahrl F, Williams J, Ding J, Hu J. Challenges to China's transition to a low carbon electricity system [J]. Energy Policy, 2011,39: 4032 - 4041.

Khanna N, Fridley D, Hong L. China's pilot low-carbon city initiative: A comparative assessment of national goals and local plans [J]. Sustainable Cities and Society, 2014,12: 110 - 121.

Kruger J A, Pizer W A. Greenhouse gas trading in Europe: The new grand policy experiment [J]. Environment: Science and Policy for Sustainable Development, 2004,46(8): 8 - 23.

Li M J, Tao W Q. Review of methodologies and polices for evaluation of energy efficiency in high energy-consuming industry [J]. Applied Energy, 2017,187: 203 - 215.

Li Z, Ouyang X, Du K, Zhao Y. Does government transparency contribute to improved eco-efficiency performance? An empirical study of 262 cities in China [J]. Energy Policy, 2017, 110: 79 - 89.

Man Y, Hong M, Li J, Yang S, Qian Y, Liu H. Paper mills integrated gasification combined cycle process with high energy efficiency for cleaner production [J]. Journal of Cleaner Production, 2017,156: 244 - 252.

Munnings C, Morgenstern R D, Wang Z M, Liu X. Assessing the design of three carbon trading pilot programs in China [J]. Energy Policy, 2016,96: 688 - 699.

Pizer W A, Zhang X L. China's new national carbon market. Conference Paper for 2018 [EB/OL]. The American Economic Association Meeting, https://www. aeaweb. org/conference/2018/preliminary/paper/Tbf4SdTS, 2017.

Schmalensee R, Stavins R N. Lessons learned from three decades of experience with cap and trade [J]. Review of Environmental Economics and Policy, 2017,11(1): 59 - 79.

Stavins R N. What can we learn from the Grand Policy Experiment? Lessons from SO2 allowance trading [J]. The Journal of Economic Perspectives, 1998,12(3): 69 - 88.

Tang P C, Yang S W, Shen J, Fu S K. Does China's low-carbon pilot programme really take off? Evidence from land transfer of energy-intensive industry [J]. Energy Policy, 2018,114: 482 - 491.

Tao J, Mah D N Y. Between market and state: Dilemmas of environmental governance in China's Sulphur dioxide emission trading system [J]. Environment and Planning C: Government and Policy, 2009,27(1): 175 - 188.

Tao R, Su F B, Liu M X, Cao G Z. Land leasing and local public finance in China's regional development: Evidence from prefecture-level cities [J]. Urban Studies, 2010, 47 (10): 2217 - 2236.

Wang P, Dai H C, Ren S Y, Zhao D Q, Masui T. Achieving Copenhagen target through carbon emission trading: Economic impacts assessment in Guangdong Province of China [J]. Energy, 2015a, 79: 212 - 227.

Wang Z, Wang C, Yin J. Strategies for addressing climate change on the industrial level: affecting factors to CO2 emissions of energy-intensive industries in China [J]. Natural Hazards, 2015b, 75: 303 - 317.

Weitzman M L. A review of "The stern review on the economics of climate change" [J]. Journal of Economic Literature, 2007,45,703 - 724.

World Bank, Ecofys, Vivid Economics, 2017. State and trends of carbon pricing 2017 [EB/OL]. Washington, DC: World Bank, http://documents. worldbank. org/curated/en/468881509601753549/State-and-trends-of-carbon-pricing-2017,2017.

Wu J, Zuidema C, Gugerell K, Roo G D. Mind the gap! Barriers and implementation deficiencies of energy policies at the local scale in urban China [J]. Energy Policy, 2017,106: 201 - 211.

Zhang B, Zhang H, Bi J. Policy interactions and underperforming emission trading markets in China [J]. Environmental Science & Technology, 2013,47(13): 7077 - 7084.

Zhang D, Karplus V J, Cassisa C, Zhang X. Emissions trading in China: progress and prospects [J]. Energy Policy, 2014,75: 9 - 16.

Zhang Y J, Da Y B. The decomposition of energy-related carbon emission and its decoupling with economic growth in China [J]. Renewable and Sustainable Energy Reviews, 2015,41: 1255 - 1266.

Zhang Z X. Carbon emissions trading in China: The evolution from pilots to a nationwide scheme [J]. Climate Policy, 2015,15, S105 - S126.

Zheng S, Kahn M E, Sun W, Luo D. Incentives for China's urban mayors to mitigate pollution externalities: The role of the central government and public environmentalism [J]. Regional Science and Urban Economics, 2014,47: 61 - 71.

Zhu S, Pickles J, He C. Going green or going away: environmental regulation, economic geography and firms' strategies in China's pollution-intensive industries [J]. Geoforum, 2014,55: 53 - 65.

第 6 章
环境质量、土地配置及其结构影响

6.1 问题提出：环境质量如何影响土地配置

越来越多的文献研究了空气污染对个人行为、资产市场和经济结果的影响（Chay 和 Greenstone，2005；Zivin 和 Neidell，2012；Heyes 等，2016）。空气污染是全球关注的一个主要问题，尤其是对中国等发展中大国而言（He 等，2012；He 等，2019）。空气污染与人类的健康和各种行为有关，如认知和情绪变化（Mayer 和 Pagel，2017；Qin 等，2019；Huang 等，2020）。然而，空气污染对投资者认知、土地配置及其结构的影响还没有被深入研究。这种因果关系识别检验对土地配置与微观市场结构管理具有重要意义，对环境治理和土地资产市场也具有重要意义。

土地市场是研究空气污染对投资者认知和资产价值影响的绝佳案例。首先，土地是最大的资产市场之一，空气污染可能对其产生巨大而深远的影响。第二，投资者购买土地和投标决策涉及认知、风险感知和主观评估。因此，通过影响投资者的认知和估值，空气污染可能引起非效率价格信号，从而使影响溢出到更广泛的经济领域（Huang 和 Du，2017a；Huang 和 Du，2017b）。

本章研究从三个方面对相关文献做出补充。首先，最近关于空气污染对员工绩效影响的研究主要集中在户外或低技能职业（Zivin 和 Neidell，2012；Chang 等，2016；Chang 等，2019）。相比之下，我们的研究集中在一个高技能、认知要求高的室内职业。第二，我们研究空气污染对土地价格的影响，虽然相关研究较少,但空气污染对土地市场和经济有重要影响。第三,我们从行为视角探讨了空气污染影响估值的机制。

本章研究与 Pan 等(2019)的研究最为相关。然而,本研究在三个方面有所不同。首先,我们检验了空气污染是否以及如何影响投资者认知及土地估值,并使用住宅用地微观数据,而 Pan 等(2019)使用商业和住宅地块检验了凸显(salience)偏差和学习行为。此外,潜在的机制和实证策略也有所不同。我们采用断点回归方法,重点研究预测偏差(projection bias)、情绪和风险规避的渠道,以识别空气污染的负面影响,而 Pan 等(2019)则采用双重差分方法来检验凸显和学习的影响机制。

6.2 空气污染与土地价格关系相关文献评述

空气污染对人类身体和心理健康均有重要影响,从而影响投资者行为(West 等,2016)。暴露在污染空气中会增加投资者的焦虑、紧张和愤怒情绪,从而导致其行为和态度改变(Lu 等,2018)。实证研究表明,暴露于污染空气中会影响认知功能,包括降低学生考试分数(Lavy 等,2014)、棒球裁判员裁判准确性(Archsmith 等,2018)以及在策略和信息使用方面的认知得分(Allen 等,2016)。

空气污染会以各种不同方式影响投资者行为。暴露于污染空气中会影响情绪,从而影响投资者决策(Lucey 和 Dowling,2005)。积极情绪的投资者倾向于做出乐观的决定,而消极情绪的投资者倾向于增加风险厌恶(Levy 和 Yagil,2011)。此外,空气污染也会影响对未来状态的风险感知,从而影响投资者选择、比较和决策(Dohmen 等,2010;Pennings 和 Garcia,2009)。

空气污染与行为决策和资产市场有关。空气污染可改变情绪、风险偏好和决策(Kamstra 等,2012)。近期行为金融学文献表明,空气污染可改变投资者情绪和在资产市场的决策(Heyes,2016;Li 等,2019)。在积极情绪和低风险厌恶时期,投资者倾向于高估资产价格并购买资产(Levy 和 Yagil,2011;Qin 等,2019)。空气污染也会改变投资者对风险资产的风险态度,从而影响资产价格(Da 等,2014;Lepori,2016)。在严重污染时期,投资者可能会规避风险更高的资产(Heyes 等,2016)。

6.3 实证模型与数据

6.3.1 计量检验设定

本研究采用特征价格模型实证检验空气污染对土地价格的影响。我们建立土地交易价格的特征价格模型,加入土地特征变量,并控制天气因素、年、月、周和周固定效应,其计量检验方程如下:

$$Price_{ijt} = \alpha + \beta AQI_{jt} + \lambda X_{ijt} + D_{jt} + \varepsilon_{ijt} \qquad (6-1)$$

$Price_{ijt}$ 表示城市 j 时期 t 地块 i 的交易价格。AQI_{jt} 表示城市 j 近两天内小时最高空气质量指数,这一设定参考 Chang 等(2018)。这一定义允许前一天和当天的空气污染影响土地购买决策。这是合理的,因为昨天空气污染暴露会影响投资者今天的看法和决策。在现有数据中,交易日期 t 是土地交易合同的签订日期。考虑到土地交易过程可能会持续一段时间(拍卖一天,挂牌需几周),我们还使用了空气污染暴露的不同时间范围,并发现主要结果不变。土地属性的控制变量包括土地面积、土地质量、土地利用和交易方式的虚拟变量。此外,还增加了天气控制变量,以考虑天气变量(如气温、气压、风速、降水量和湿度)所起的混淆作用。X_{ijt} 表示一系列控制变量。D_{jt} 表示城市特定的年、月、周、星期(星期几)的固定效应。

我们也采用 AQI 的分类变量,以考虑可能的非线性效应。根据中国环境保护部 2012 年发布的技术法规,$PM_{2.5}$ 的分类断点分别为 35、75、115、150、250、350。

$$Price_{ijt} = \alpha + \sum_{n=2}^{i} \beta_n AQI_{njt} + \lambda X_{ijt} + D_{jt} + \varepsilon_{ijt} \qquad (6-2)$$

AQI_{njt} 表示 $PM_{2.5}$ 的分类区间虚拟变量。其余变量与式(6-1)相同。

6.3.2 数据描述

(1) 因变量:土地价格。

微观地块层面的土地交易数据来自中国土地市场网(http://www.landchina.com)。样本为 2014—2019 年以市场方式(招标、挂牌或拍卖)成交的住宅地块,主要以挂牌方式(72.6%)和拍卖方式(26.9%)成交为主。

（2）自变量。

自变量主要为 AQI，数据来自中国环境保护部。我国从 2000 年开始对大气污染进行日监测，2014 年以后覆盖了大部分地级市，本研究采用 PM$_{2.5}$ 来衡量空气质量或污染程度。尽管 PM$_{2.5}$ 的日变化差异很大，但 PM$_{2.5}$ 总体呈现季节性特征：冬季取暖温度较高，夏季取暖温度较低（图 6-1）。

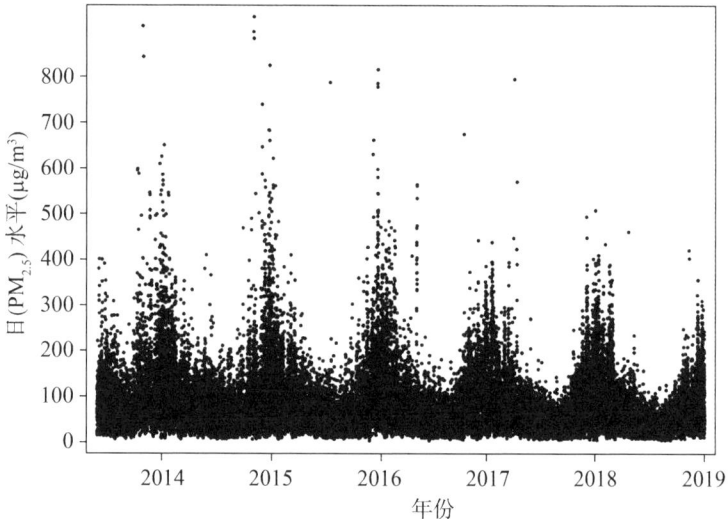

图 6-1　日层面 PM$_{2.5}$ 态势

空气质量指数（AQI）是空气污染的另一种衡量方法，数值范围为 0～500。空气质量指数 0～100 被定义为"良好（健康）"，101～500 被视为不健康。考虑到 AQI 可能存在数据操纵疑虑，本研究以 PM$_{2.5}$ 为空气污染变量。

气象数据来自中国气象局（http://data.cma.cn/order/carView.html）。气象数据具体包括每日观测的气温、气压、风速、降水量和湿度等。这些数据来源于全国各地气象监测站。

表 6-1 给出主要变量的定义与描述性统计分析。

表 6-1　主要变量定义与描述性统计

变量	定义	观测值	均值	标准差
Land price	地块土地单价（元/平方米）	106 878	3 899.23	6 207.96
AQI$_{PM_{2.5}}$	PM$_{2.5}$ 指数	106 878	91.68	69.68

（续表）

变量	定义	观测值	均值	标准差
地块属性				
Area	地块面积(公顷)	106 878	3.31	3.51
Floor area ratio	规划容积率	106 878	2.49	0.91
Location grade	土地等级(等级1区位最好),	99 154	5.51	4.49
土地交易方式				
Tender	1＝招标出让,否则为0	106 878	0.005	0.07
Auction	1＝拍卖出让,否则为0	106 878	0.269	0.44
Listing	1＝挂牌出让,否则为0	106 878	0.726	0.45

表 6－2 进一步显示按空气质量等级划分的地块属性统计比较分析。有趣的是,土地交易价格在空气质量不健康日比良好日低 950.23 元/平方米(约1.4%),并在统计上和经济上均显著。此外,这种价格差异不能用土地区位(较高的土地等级代表较低的土地质量和距离市中心较远)和使用年限来解释,在空气质量良好的日期购买的土地,其区位反而更差些,其使用年限也较短。这表明空气污染将降低土地价格。

表 6－2　日层面土地价格与 AQI 分类描述性统计

变量	良好(AQI<100)	不健康(AQI≥100)	Diff.
Land price	6 618.82	5 123.94	950.93***
Location grade	5.61	5.30	0.31***
Year limit	68.85	69.23	−0.38***
Area	3.28	3.38	−0.10***
Floor area ratio	2.52	2.45	0.07***

注: *** p<0.01。Diff 表示在空气质量非健康与良好日的成交地块属性差异。

我们比较中国地级市平均 AQI 和地价的空间分布,发现总体而言,高污染地区的地价低于低污染地区。而且,这一格局在淮河南北两侧非常显著。相比之下,淮河北侧城市因冬季取暖燃煤造成的空气污染更高(Chen 等,2018),因此地价低于南部城市。

6.4　空气污染对土地价格影响实证结果

6.4.1　基准估计结果

表 6－3 给出空气污染对土地价格影响的基准回归结果。第1～5列回归均

控制了城市特定年和月固定效应以及天气因素。第 2、3 和 5 列进一步控制了年中的周和周中的日(星期几)固定效应。第 1～2 列中 $AQI_{PM2.5}/100$ 的系数显著为负。具体而言,第 2 列显示,$PM_{2.5}$ 增加 100 个单位,土地交易价格将下降 1.6%。根据典型年份的土地平均成交价和成交量,估算空气污染引起的中国土地价格年总损失为 640 亿元($64=4\,000\times0.016$,根据作者的计算,每年的土地交易量约为 4 000 亿元),这是一个具有重要经济显著性的金额。

表 6-3　空气污染对土地价格影响的基准回归结果

变量	(1)	(2)	(3)	(4)
$AQI_{PM_{2.5}}/100$	-0.016^{**}	-0.016^{**}		
	(0.008)	(0.008)		
$AQI_{PM_{2.5}}35\sim75$			-0.005	-0.004
			(0.014)	(0.014)
$AQI_{PM_{2.5}}75\sim115$			-0.028^{*}	-0.026
			(0.016)	(0.016)
$AQI_{PM_{2.5}}115\sim150$			-0.042^{**}	-0.040^{**}
			(0.019)	(0.019)
$AQI_{PM_{2.5}}150\sim250$			-0.025	-0.025
			(0.021)	(0.021)
$AQI_{PM_{2.5}}250\sim350$			-0.050	-0.049
			(0.034)	(0.034)
$AQI_{PM_{2.5}}>350$			-0.073^{*}	-0.074^{*}
			(0.041)	(0.042)
气候因素	Yes	Yes	Yes	Yes
土地属性变量	Yes	Yes	Yes	Yes
城市×年固定效应	Yes	Yes	Yes	Yes
城市×月固定效应	Yes	Yes	Yes	Yes
周固定效应	No	Yes	No	Yes
星期固定效应	No	Yes	No	Yes
样本	92 602	92 602	92 602	92 602
R 平方	0.556	0.556	0.556	0.557

注:* $p<0.1$,** $p<0.05$,*** $p<0.01$。括号内标准误在城市-日水平上聚类。土地属性变量包括面积、区位等级、使用年限、交易方式、用途、土地来源等变量。气候因素包括城市-日层面的温度、气压、湿度、降水、风速。

第 3～4 列采用 $PM_{2.5}$ 的分类虚拟变量。$AQI_{PM2.5}115-150$ 和 $AQI_{PM2.5}>350$ 的相关系数均为负且显著,表明污染日土地成交价格较低。

总体而言,空气污染对地价的影响在第 1～5 列中是稳健的,表明空气污染对地价有显著的负向影响。

6.4.2　空气污染对土地价格的异质性影响效应

6.4.2.1　空气污染对高价和低价地价格影响

接下来,我们将分低价和高价地样本来研究空气污染对地价的异质性影响。高单价地是指高于该城市平均单价的土地。表 6-4 提供了估计结果。第 1~2 列显示,空气污染对低单价土地没有显著影响,但对高单价土地有显著的负向影响。原因是高单价地风险较高,空气污染较严重的时候投资者对其需求较低。有趣的是,第 3~4 列的结果显示,空气污染对土地价格的影响在总价格高的土地上较弱,但在总价格低的土地上更强。究其原因,可能是高总价的土地是由经验丰富的大型房地产开发商购买的,他们的土地购买行为受空气污染的影响较小。

表 6-4　空气污染对土地价格影响：高价与地价地样本

变量	低单价地	高单价地	低总价地	高总价地
	(1)	(2)	(3)	(4)
$AQI_{PM_{2.5}}/100$	−0.012	−0.017***	−0.023***	−0.006
	(0.007)	(0.006)	(0.009)	(0.007)
气候因素	Yes	Yes	Yes	Yes
土地属性变量	Yes	Yes	Yes	Yes
城市×年固定效应	Yes	Yes	Yes	Yes
城市×月固定效应	Yes	Yes	Yes	Yes
周固定效应	Yes	Yes	Yes	Yes
星期固定效应	Yes	Yes	Yes	Yes
样本	58 010	34 114	62 784	29 346
R 平方	0.666	0.878	0.616	0.830

注：* $p<0.1$，** $p<0.05$，*** $p<0.01$。括号内标准误在城市-日水平上聚类。土地属性变量包括面积、区位等级、交易方式、用途、土地来源等变量。气候因素包括城市-日层面的温度、气压、湿度、降水、风速。

6.4.2.2　空气污染对国企和非国企购地价格影响

本研究进一步分购买者类型来检验空气污染对国企(SOE，State-Owned Enterprises)和非国企购地价格的异质性影响。开发商购买土地来开发房地产需要巨额资金。来自国有企业的房地产开发商可以以较低的成本获得资本,并且比私人(非国有企业)房地产开发商受到的融资约束更小(Wang 和 Yang，2021；Huang 和 Du，2018；Ambrose 等,2016)。非国有房地产开发企业在中国房地产行业占有主要份额,并在一级土地市场购买了大部分土地。因此,对于非国有房地产开发企业而言,空气污染对其竞价的影响较大,因为他们的融资约束较高,对潜在风险也比较敏感。表6-5显示了空气污染对国企与非国企购地价格的影响。有趣的是,空气污染对国有房地产企业(投资者)的地价影响不大,但对非国有房地产投资者的地价影响显著为负。这一结果表明,房地产开发企业的所有制是空气污染对地价影响的一个影响因素。非国有房地产投资者受空气污染的影响更大,一旦遭受空气污染暴露,他们出价更低。究其原因,可能是这些投资者对情绪和风险态度的变化更为敏感,从而在经历空气污染后调整了自己的土地竞价行为。

表6-5 空气污染对土地价格影响:国企与非国企房地产投资者

变量	私人投资者		SOE 投资者	
	(1)	(2)	(3)	(4)
$AQI_{PM_{2.5}}/100$	−0.018**		0.006	
	(0.008)		(0.065)	
$AQI_{PM_{2.5}}35\sim75$		−0.006		0.013
		(0.014)		(0.114)
$AQI_{PM_{2.5}}75\sim115$		−0.027*		−0.127
		(0.017)		(0.137)
$AQI_{PM_{2.5}}115\sim150$		−0.045**		−0.204
		(0.019)		(0.140)
$AQI_{PM_{2.5}}150\sim250$		−0.023		−0.212
		(0.021)		(0.155)
$AQI_{PM_{2.5}}250\sim350$		−0.055		0.017
		(0.034)		(0.267)
$AQI_{PM_{2.5}}>350$		−0.084**		0.204
		(0.042)		(0.329)
气候因素	Yes	Yes	Yes	Yes
土地属性变量	Yes	Yes	Yes	Yes
城市×年固定效应	Yes	Yes	Yes	Yes
城市×月固定效应	Yes	Yes	Yes	Yes
周固定效应	Yes	Yes	Yes	Yes
星期固定效应	Yes	Yes	Yes	Yes
样本	90 028	90 028	2 144	2 144
R 平方	0.555	0.555	0.889	0.890

注: * $p<0.1$,** $p<0.05$,*** $p<0.01$。括号内数值为标准误,在城市-日水平上聚类。土地属性变量包括面积、区位等级、交易方式、用途、土地来源等变量。气候因素包括城市-日层面的温度、气压、湿度、降水、风速。

6.4.3　稳健性检验

6.4.3.1　检验季节效应

我们检测 $PM_{2.5}$ 的残差来排除对潜在季节性效应的疑虑,然后控制城市的月度和年度固定效应。图 6 - 2 显示,$PM_{2.5}$ 残差在冬季高于夏季,但没有明显的未控制季节效应。

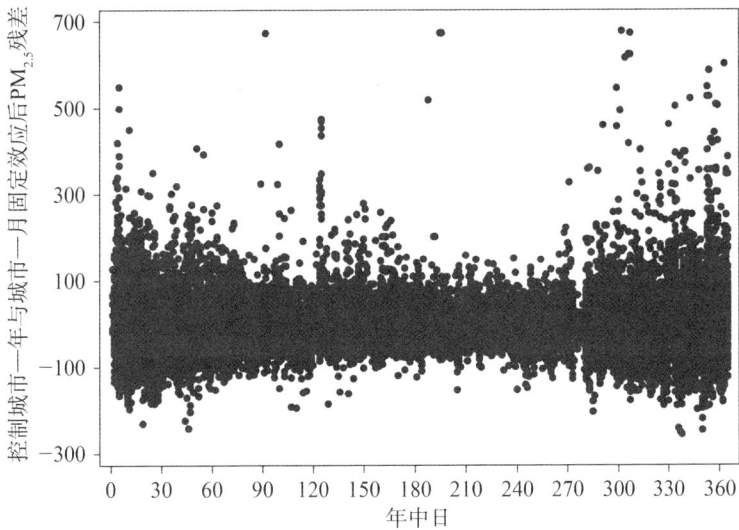

图 6 - 2　日层面 $PM_{2.5}$ 残差

6.4.3.2　利用断点回归来解决潜在内生性问题

另一个疑虑是,由于未观察到的区域特征(空气污染可能是当地经济活动的内生因素)或相反的因果关系,空气污染和土地价格可能存在伪相关。我们采用断点回归(RD)方法对淮河流域政策进行了拟实验估计。中国北方以秦岭山脉和淮河为界,政府为这些地区提供冬季供暖。这一政策无意中增加了这些城市燃煤造成的空气污染,并造成淮河南北两侧空气质量不连续,存在断点。

继 Chen 等(2013)和 Ebenstein 等(2017)之后,我们根据以下计量方程检验淮河政策是否导致空气污染和土地投资者竞价的不连续变化。

$$AQI_{ijt} = \alpha + \beta_1 North_i + f(Geographic\ location_i) + \beta_2 X_{jt} + \delta_t + \varepsilon_{jt}$$

$$(6 - 3)$$

$$Price_{ijt} = \alpha + \beta_1 North_i + f(Geographic\ location_i) + \beta_2 X_{ijt} + \delta_t + \varepsilon_{ijt}$$

$$(6-4)$$

其中 AQI_{ijt} 表示 AQI 指数(PM$_{2.5}$), $Price_{ijt}$ 表示 t 日 j 市 i 地块的交易价格,
$North_i$ 是 i 地块位于淮河北侧的虚拟变量。根据 Dell(2018),我们使用
$f(Geographic\ location_i)$ 作为 RD 多项式,包括到淮河的距离和控制区位的地
理坐标。我们报告了 k 等于 1 和 2 的结果,因为 Gelman 和 Imbens(2019)认为
局部线性或二次多项式适用于 RD,而更高的多项式可能具有误导性。其他控
制变量(X_{jt})同上。在断点回归设计中,我们将重点放在淮河两岸 1 纬度(约
111 公里)范围内的地块上,包含冬季和非冬季样本。

表 6-6 给出方程(6-3)和(6-4)的估计结果。第 1~2 列结果表明,淮河
两侧供暖政策造成了空气污染的不连续性,证实已有文献研究结果(Chen 等,
2013)。此外,第 3~4 列显示,投资者土地竞拍价格在淮河两侧也表现出显著跳
跃。第 4 列中的 North 系数表明,在淮河北侧土地价格下降了 9%,在统计上和
经济上均显著。

表 6-6 基于淮河政策的断点回归估计结果

变量	AQI$_{PM2.5}$/100		Log land prices	
	(1)	(2)	(3)	(4)
North	0.151***	0.151***	−0.091***	−0.093***
	(0.020)	(0.020)	(0.026)	(0.026)
Distance to Huai River	0.0005*	0.0021*	0.0003	0.0055***
	(0.0003)	(0.0011)	(0.0005)	(0.0019)
Distance to Huai River× Distance to Huai River		−0.00001		−0.00005***
		(0.00001)		(0.00002)
气候因素	Yes	Yes	Yes	Yes
土地属性变量	No	No	Yes	Yes
城市固定效应	Yes	Yes	Yes	Yes
年份固定效应	Yes	Yes	Yes	Yes
月份固定效应	Yes	Yes	Yes	Yes
周固定效应	Yes	Yes	Yes	Yes
星期固定效应	Yes	Yes	Yes	Yes
样本	9134	9134	8863	8863
R 平方	0.432	0.432	0.253	0.253

注: *$p<0.1$, **$p<0.05$, ***$p<0.01$。括号内数值为标准误,在城市-日层面聚类。土地属性变量包括面积、区位等级、交易方式、用途、土地来源等变量。气候因素包括城市-日层面的温度、气压、湿度、降水、风速。

图 6-3 和图 6-4 更直观显示空气污染和土地价格的这种不连续性。图 6-3 显示距淮河 1 度纬度距离范围内 $PM_{2.5}$ 态势,揭示淮河两侧 $PM_{2.5}$ 的不连续变化,而图 6-4 则揭示了地价的非连续下降。结果表明,淮河北侧地区地价较低,淮河两侧地价差距显著。

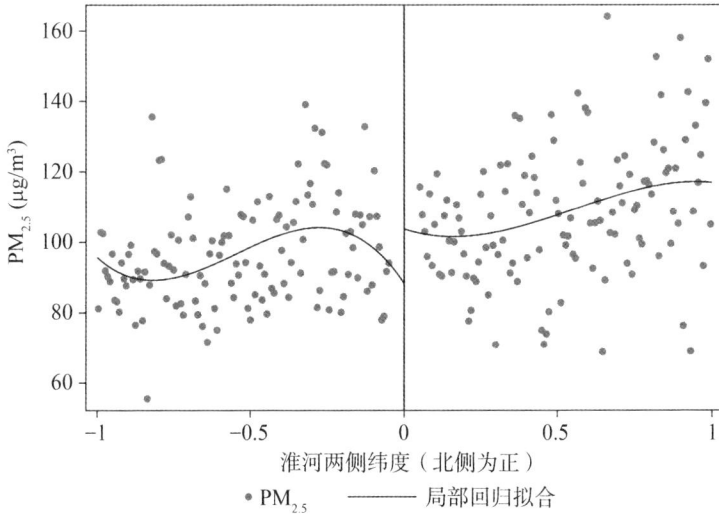

图 6-3 断点回归图:$PM_{2.5}$

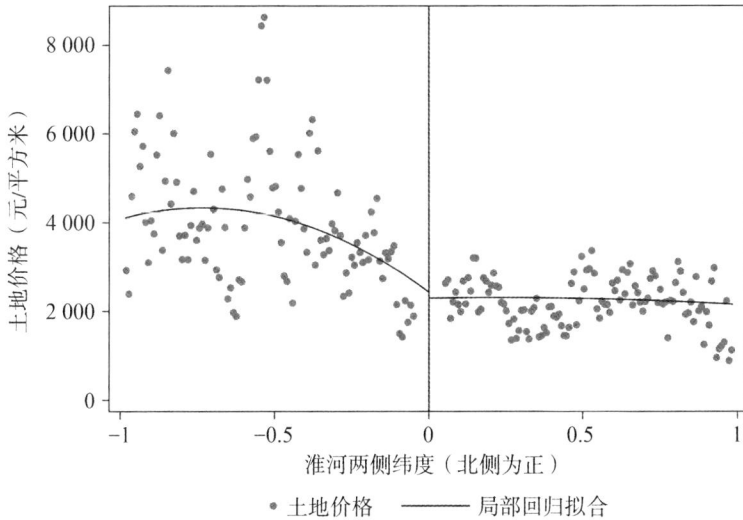

图 6-4 断点回归图:地价

由于投资者(开发商)的认知偏差不太可能在淮河两侧发生显著变化,除非因为空气污染的变化,我们以供暖样本(集中供暖期出售的土地)为基础,采用两阶段最小二乘 RD 回归方法,估计了大气污染对投资者土地竞价行为的影响。第一阶段是方程(6-3)的估计。第二阶段,利用淮河政策对地价与空气污染进行回归分析,计量检验方程设定如下:

$$Price_{ijt} = \alpha + \beta_1 \widehat{AQI}_{jt} + \beta_2 X_{jt} + \delta_t + \varepsilon_{ijt}, \tag{6-5}$$

$\widehat{AQI}_{jt}$ 表示方程(6-3)因变量的拟合值。其余变量定义与方程(6-4)一致。

表6-7给出基于两阶段最小二乘断点回归的空气污染影响估计结果。工具变量使用后空气污染对地价有显著的负向效应。具体而言,第2列和第4列表明空气污染对土地投标价格具有重要影响。表6-7中空气污染系数大于表6-3,原因是 IV 估算是以淮河流域采暖期1度范围为样本的局部平均治理效果。

表6-7 基于两阶段最小二乘断点回归的空气污染影响

变量	一阶段回归 (1)	二阶段回归 (2)	一阶段回归 (3)	二阶段回归 (4)
Predicted AQI$_{PM2.5}$/100		−0.215** (0.097)		−0.216** (0.096)
North	0.200*** (0.041)		0.200*** (0.041)	
Distance to Huai River	0.0015** (0.0006)		0.006** (0.003)	
Distance to Huai River×Distance to Huai River			0.00004* (0.00002)	
气候因素	Yes	Yes	Yes	Yes
土地属性变量	Yes	Yes	Yes	Yes
年固定效应	Yes	Yes	Yes	Yes
月固定效应	Yes	Yes	Yes	Yes
星期固定效应	Yes	Yes	Yes	Yes
样本	3 105	3 105	3 105	3 105
R 平方	0.137	0.177	0.139	0.177
第一阶段 F 统计量	121.60***		119.24***	

注:* $p<0.1$,** $p<0.05$,*** $p<0.01$。括号内标准误在城市-日层面上聚类。样本只包括供暖期土地交易样本。土地属性变量包括面积、区位等级、交易方式、用途、土地来源等变量。气候因素包括城市-日层面的温度、气压、湿度、降水、风速。

本研究还考虑了相对污染、污染均值偏离水平(与空气污染城市-月均值)对
土地溢价的影响。土地估值能够反映投资者对污染的预期,因而在断点回归设
计中相对污染水平也反映在价格中。表6-11结果表明相对空气污染对土地溢
价的显著负向影响,证实了上述分析。

6.4.3.3 安慰剂检验

我们提供安慰剂检验来分析在非供暖季节出售土地样本的 RD 结果是否不
显著。表6-8给出估计结果,其中第1~2列显示非采暖季节样本的 RD 结果,
表明空气污染对此类土地的价格影响不显著。在第3~4列中,RD 结果表明空
气污染对供暖季节出售的土地价格具有显著影响,证实了我们上述污染影响
地价分析的有效性。

表6-8 空气污染对土地价格影响的安慰剂检验:非供暖与供暖样本断点回归

变量	非供暖样本		供暖样本	
	(1)	(2)	(3)	(4)
North	−0.054	−0.050	−0.095***	−0.101***
	(0.034)	(0.034)	(0.033)	(0.033)
Distance to Huai River	0.002**	0.006**	0.000	0.009***
	(0.001)	(0.003)	(0.001)	(0.002)
Distance to Huai River × Distance to Huai River		−0.00005		−0.00008***
		(0.00003)		(0.00002)
气候因素	Yes	Yes	Yes	Yes
土地属性变量	Yes	Yes	Yes	Yes
城市×年固定效应	Yes	Yes	Yes	Yes
城市×月固定效应	Yes	Yes	Yes	Yes
周固定效应	Yes	Yes	Yes	Yes
星期固定效应	Yes	Yes	Yes	Yes
样本	3 980	3 980	5 581	5 581
R 平方	0.251	0.252	0.310	0.315

注: * $p<0.1$, ** $p<0.05$, *** $p<0.01$。括号内数值为标准误,在城市-日层面聚类。土地属性变量包
括面积、区位等级、交易方式、用途、土地来源等变量。气候因素包括城市-日层面的温度、气压、湿度、降
水、风速。

6.5 空气污染对开发商购地决策行为的影响机制

6.5.1 预测偏差

预测偏差(Projection bias)意味着,今天遭遇高污染导致投资者相信未来也会出现高污染。当前状态过度影响跨期行为和决策,这体现在谚语"永远不要空腹去杂货店购物"中。有证据表明,预测偏差会影响需求。Conlin 等(2007)和 Busse 等(2015)分别指出,天气条件对服装和汽车的需求影响过大。在空气污染的背景下,Liu 和 Salvo(2018)表明,空气污染影响儿童上学出勤率。

在本研究中,预测偏差理论用一个例子来说明。为简化起见,投资者利润假设如下:

$$u(c, s \mid s') = (1-\alpha)u(c, s) + \alpha u(c, s') \qquad (6-6)$$

其中 s 表示影响未来房地产开发收益的状态变量,s' 是当前状态,α 是投资者的预测偏差。

接下来说明 s'(空气污染状况)对土地需求的影响,并假设利润函数如下:

$$u(c, s \mid s') = (1-\alpha)f(s) + \alpha f(s') - p \qquad (6-7)$$

其中 s' 衡量投资者(开发商)预期在当前空气污染状况下购买土地的未来利润。s 衡量投资者预期未来房地产开发的利润。p 是地价。负向暂时性污染冲击改变投资者对利润的预期,减少了土地的需求和购买意愿。

为考察当前或近期空气污染是否影响土地需求和价格,我们采用分布式滞后模型,设定如下:

$$Price_{ijt} = \alpha + \beta AQI_{jt} + \sum_{m=1}^{N} \beta_m AQI_{j, t-m} + \lambda X_{ijt} + D_{jt} + \varepsilon_{ijt} \qquad (6-8)$$

$AQI_{j, t-m}$ 表示空气污染滞后变量,其余变量定义同上。

在回归中加入滞后的空气污染变量以检验近期污染状况是否影响土地购买决策。此外,滞后系数之和可检验跨期替代是否驱动了当期空气污染效果。

图 6-5 显示了当前和过去 $PM_{2.5}$ 的估计系数,置信区间为 95%。有意思的是,当前空气污染对地价具有较大、显著的负向影响。在回归中,当前空气污染系数值大约是 -0.06。然而,空气污染滞后项系数几乎不显著,其总和不等于当

前空气污染系数的负值。这一结果表明,空气污染导致地价下降不能用跨期替代来解释,因此,是当前空气污染而不是过去污染影响土地交易价格,支持了预测偏差假说。

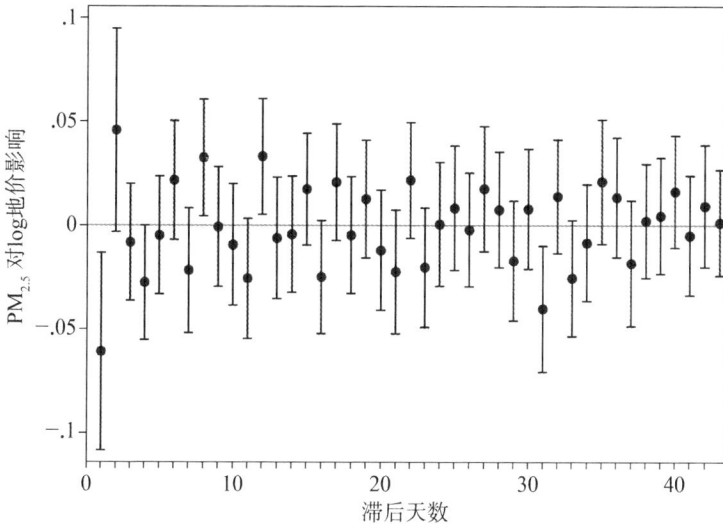

图 6 - 5　系数值与当前、滞后 PM$_{2.5}$ 影响置信区间

我们进一步检验买家经验及其效果。与首次购买者相比,具有更多购地经验的重复购买者较少受到预测偏差的影响。为检验这个假说,我们设定检验方程如下:

$$Price_{ijt} = \alpha + \beta_1 AQI_{jt} + \beta_2 Experience_{ij} + \beta_3 AQI_{jt} \times Experience_{ij} + \lambda X_{ijt} + D_{jt} + \varepsilon_{ijt}$$

$$(6 - 9)$$

$Experience_{ijt}$ 表示投资者 j 在时期 t 购买地块 i 的购地经验。一系列虚拟变量对购买者经验进行设定,包括首次购买、第二次购买和三次及以上购买经验。其余变量与方程(6-1)定义相同。

表 6 - 9 给出估计结果。在第 1 列中,$AQI_{PM_{2.5}}/100 \times$ subsequent buy 的交互作用项系数显著为正,$AQI_{PM_{2.5}}/100$ 与 subsequent buy 的水平项系数均显著为负。这些结果表明,对于有经验的土地购买者来说,空气污染对其土地竞价影响较小。在第 2 列中,加入更多买家经验变量,具体包括第二次购买、第三次购买和第三次以上购买经历。有趣的是,$AQI_{PM_{2.5}}/100 \times$ third buy 与 $AQI_{PM_{2.5}}/$

$100\times>$above third buy 系数均为显著正。这些结果表明,买家的经验削弱了空气污染对其土地竞价的影响,这支持了预测偏差假说。与首次购买者相比,后续购房者不太可能有预测偏差,因此污染对其土地竞价影响较弱。

表 6-9　买家经验与空气污染地价影响

变量	(1)	(2)
$AQI_{PM2.5}/100$	-0.025^{***}	-0.024^{***}
	(0.008)	(0.008)
Subsequent buy	-0.134^{***}	
	(0.016)	
$AQI_{PM2.5}/100\times$Subsequent buy	0.025^{**}	
	(0.012)	
Second buy		-0.070^{***}
		(0.017)
$AQI_{PM2.5}/100\times$Second buy		-0.008
		(0.013)
Third buy		-0.163^{***}
		(0.029)
$AQI_{PM2.5}/100\times$Third buy		0.067^{***}
		(0.022)
Above third buy		-0.252^{***}
		(0.035)
$AQI_{PM2.5}/100\times>$Above third buy		0.072^{**}
		(0.028)
气候因素		
土地属性变量		
城市×年固定效应		
城市×月固定效应		
周固定效应		
星期固定效应		
样本	90 877	90 877
R 平方	0.560	0.560

注:$^*p<0.1$,$^{**}p<0.05$,$^{***}p<0.01$。括号内数值为标准误,在城市-日层面聚类。土地属性变量包括面积、区位等级、交易方式、用途、土地来源等变量。气候因素包括城市-日层面的温度、气压、湿度、降水、风速。

6.5.2　凸显

凸显性(salience)是另一个潜在的机制。突显理论以相对思维(relative thinking)理论为基础,认为决策者更关注与众不同的某些特征,并进而影响决策。Chang 等(2018)和 Pan 等(2019)发现,预测偏差强调绝对当前污染,而凸显性强调相对预期外或意外污染。在本研究中,突显性理论认为更高的空气污染导致房地产开发风险凸显性增加,从而降低投资者对土地的估值。

考虑到凸显性和预测偏差都预测投资者对空气污染的负向反应,从经验上区分两者较为困难。然而,预测偏差更关注空气污染的绝对水平,而凸显性则与差异有关。此外,空气污染与土地需求之间的关联依赖于凸显性的比较基准,而不是预测偏差。

为区分空气污染对凸显性和预测偏差的影响,我们首先检验最近的空气污染经历是否影响土地需求。图 6-5 显示,最近的空气污染经历与土地需求无关,对预测偏差假说的支持大于凸显性。

其次,我们进一步采用城市一月平均相对污染来衡量相对于预期的意外污染。我们考察一个子样本,其中买家多次参与土地交易,尽管他们中的大多数是首次买家。假设首次买家比重复(多次)买家更有可能存在认知偏差。然后将地价与绝对污染、相对污染进行回归,以检验何种解释机制占主导。如果预测偏差占主导地位,那么绝对污染系数是显著的,特别是对于首次购买土地的投资者。

表 6-10 显示了结果。第 4~6 列显示,$AQI_{PM_{2.5}}/100$ 和 relative $AQI_{PM_{2.5}}/100$(相对 $AQI_{PM_{2.5}}/100$)项系数对于重复购买者不显著,表明他们不存在认知偏差。第 1~2 列显示,$AQI_{PM_{2.5}}/100$ 和 relative $AQI_{PM_{2.5}}/100$ 的系数对于首次购买者都是显著的。进一步发现,绝对污染和相对污染各增加一个标准差,绝对污染的影响大于相对污染的影响。第 3 列显示,当控制绝对 $AQI_{PM_{2.5}}/100$ 时,relative $AQI_{PM_{2.5}}/100$ 的系数对首次购房者来说并不显著。这些结果表明,尽管凸显性也有助于解释空气污染对地价的负面影响,但预测偏差机制解释占主导地位。

表 6-10 空气污染对地价影响：首次购地者与重复购地者

变量	首次购地者			重复购地者		
	(1)	(2)	(3)	(4)	(5)	(6)
$AQI_{PM_{2.5}}/100$	−0.024***		−0.030**	−0.020		−0.028
	(0.009)		(0.013)	(0.015)		(0.030)
Relative $AQI_{PM_{2.5}}/100$		−0.017*	0.009		−0.013	0.010
		(0.009)	(0.015)		(0.016)	(0.031)
气候因素	Yes	Yes	Yes	Yes	Yes	Yes

（续表）

变量	首次购地者			重复购地者		
	(1)	(2)	(3)	(4)	(5)	(6)
土地属性变量	Yes	Yes	Yes	Yes	Yes	Yes
城市×年固定效应	Yes	Yes	Yes	Yes	Yes	Yes
城市×月固定效应	Yes	Yes	Yes	Yes	Yes	Yes
周固定效应	Yes	Yes	Yes	Yes	Yes	Yes
星期固定效应	Yes	Yes	Yes	Yes	Yes	Yes
样本	66 034	66 034	66 034	24 781	24 781	24 781
R 平方	0.579	0.579	0.579	0.688	0.688	0.688

注：$^*p<0.1$，$^{**}p<0.05$，$^{***}p<0.01$。括号内数值为标准误，在城市-日层面聚类。土地属性变量包括面积、区位等级、交易方式、用途、土地来源等变量。气候因素包括城市-日层面的温度、气压、湿度、降水、风速。

6.5.3 情绪与风险厌恶

接下来，我们将检验情绪和风险厌恶是否可作为一种潜在机制来解释结果。投资者情绪机制假说，空气污染对土地溢价（成交价与底价之差与底价之比）有负面影响。在市场中，土地溢价是衡量投资者情绪的一个常用度量（Levy 和 Yagil，2011；Lepori，2016）。土地溢价用来衡量投资者的情绪和信心。我们基于两阶段最小二乘 RD 回归，检验了相对污染对土地溢价的影响。表 6-11 显示结果。第 2～4 列显示空气污染对土地溢价有显著负向影响，这与之前的研究一致（Levy 和 Yagil，2011）。第 4 列的结果表明，100 个单位的相对空气污染增加将降低 0.22％的土地溢价，这表明空气污染也可以通过情绪和风险厌恶渠道来影响地价。

表 6-11　相对污染对土地溢价影响：二阶段最小断点回归

变量	第一阶段	第二阶段	第一阶段	第二阶段
	(1)	(2)	(3)	(4)
$AQI_{PM2.5}$ relative to the average		−0.002 2**		−0.002 2**
		(0.001 1)		(0.001 1)
North	12.116***		12.125***	
	(4.225)		(4.222)	
Distance to Huai River	0.153 1**		0.041	
	(0.061 7)		(0.258)	

（续表）

变量	第一阶段	第二阶段	第一阶段	第二阶段
	(1)	(2)	(3)	(4)
Distance to Huai River× Distance to Huai River			0.001 (0.002)	
气候因素	Yes	Yes	Yes	Yes
土地属性变量	No	No	Yes	Yes
年固定效应	Yes	Yes	Yes	Yes
星期固定效应	Yes	Yes	Yes	Yes
样本	1 811	1 811	1 811	1 811
R 平方	0.150		0.150	0.066
第一阶段 F 统计量	7.12***		6.85***	

注：* $p<0.1$，** $p<0.05$，*** $p<0.01$。括号内数值为标准误,在城市-日层面聚类。土地属性变量包括面积、区位等级、交易方式、用途、土地来源等变量。气候因素包括城市-日层面的温度、气压、湿度、降水、风速。

6.6　结论

本研究探讨环境质量对土地市场及其结构的影响,实证检验空气污染对土地价格结构和投资者行为的影响。我们提供了有关空气污染、投资者行为和地价之间关系的新证据。研究发现,空气污染对投资者行为和交易地价有显著影响,环境空气污染增加 100 个单位会降低土地价格约 1.6%。当房地产投资者面临更高程度的空气污染时,他们的投标价格和土地溢价将更低。这与预测偏差假说一致,表明暴露于空气污染会影响认知(预测偏差)、情绪和风险态度。此外,对于高单价土地和私人房地产开发商来说,空气污染对地价的影响较大。基于淮河两侧供暖政策的准自然实验和断点回归法,我们利用大气污染的外生变量,发现空气污染对土地市场认知偏差和土地价格影响的因果关系。

我们提供的证据表明,空气污染会带来与土地市场认知和行为偏差有关的重大社会成本。空气污染对资产价格的负面影响可能比以前想象的更深远。空气污染扭曲了价格信号,并波及整个经济。我们的研究表明,空气污染对土地市场具有不可忽视的影响,这对投资者和政府决策者都是相关的。

本研究的政策意义在于,政府在制定土地交易政策时,应考虑空气污染和行为反应。政策制定者应该考虑到空气污染对开发商土地需求和土地价格有显著影响。空气污染对土地价格的负面影响表明了空气污染的经济成本和一定程度的市场无效性。此外,减轻空气污染的环境政策的收益将被资本化为土地价值。

本章参考文献

Allen J G, MacNaughton P, Satish U, Santanam S, Vallarino J, Spengler J D. Associations of cognitive function scores with carbon dioxide, ventilation and volatile organic compound exposure in office workers: A controlled exposure study of green and conventional office environments [J]. Environmental Health Perspective, 2016,124(6): 805 - 812.

Ambrose B W, Deng Y H, Wu J. Understanding the risk of China's local government debts and its linkage with property markets [EB/OL]. SSRN Working Paper, https://ssrn.com/abstract=2557031,2016.

Archsmith J, Heyes A, Saberian S. Air quality and error quantity: Pollution and performance in a high-skilled, quality-focused occupation [J]. Journal of the Association of Environmental and Resource Economists, 2018,5(4): 827 - 863.

Busse M, Pope J, Pope D, Silva-Risso J. The psychological effects of weather on car purchases [J]. Quarterly Journal of Economics, 2015,130: 371 - 414.

Chang T Y, Huang W, Wang Y. X. Something in the Air: Pollution and the demand for health insurance [J]. Review of Economic Studies, 2018,85(3): 1609 - 1634.

Chang T, Zivin J G, Gross T, Neidell M. Particulate pollution and the productivity of pear packers [J]. American Economic Journal: Economic Policy, 2016,8(3): 141 - 169.

Chang T, Zivin J G, Gross T, Neidell M. The effect of pollution on worker productivity: Evidence from call-center workers in China [J]. American Economic Journal: Applied Economics, 2019,11(1): 151 - 172.

Chay K Y, Greenstone M. Does air quality matter? Evidence from the housing market [J]. Journal of Political Economy, 2005,113(2): 376 - 424.

Chen Y Y, Ebenstein A, GreenstoneM, Li H B. Evidence on the impact of sustained exposure to air pollution on life expectancy from China's Huai River Policy [J]. Proceedings of the National Academy of Sciences, 2013,110(32): 12936 - 12941.

Conlin M, O'Donoghue T, Vogelsang T. Projection bias in catalog orders [J]. American Economic Review, 2007,97: 1217 - 1249.

Da Z, Engelberg J, Gao P J. The Sum of All FEARS investor-sentiment and asset prices [J]. The Review of Financial Studies, 2014,28(1): 1 - 32.

Dell M, Nathan L, Querubin P. The Historical state, local collective action, and economic development in Vietnam [J]. Econometrica, 2018,86: 2083 - 2121.

Dohmen T J, Falk A, Huffman D, Sunde U. Are risk aversion and impatience related to cognitive ability? [J]. American Economic Review, 2010,100(3): 1238 - 1260.

Ebenstein A, Fan M Y, Greenstone M, He G J, Zhou M G. New evidence on the impact of sustained exposure to air pollution on life expectancy from China's Huai River Policy [J]. Proceedings of the National Academy of Sciences, 2017,114(39): 10384 - 10389.

Gelman A, Imbens G. Why high-order polynomials should not be used in regression discontinuity designs [J]. Journal of Business & Economic Statistics, 2019, 37 (3): 447 – 456.

He C F, Zhang T, Wang R. Air quality in urban China [J]. Eurasian Geography and Economics, 2012 53(6): 750 – 771.

He J, Liu H, Salvo A. Severe air pollution and labor productivity: Evidence from industrial towns in China [J]. American Economic Journal: Applied Economics, 2019 11 (1): 173 – 201.

Heyes A, Neidell M, Saberian S. The Effect of air pollution on investor behavior: Evidence from the S&P 500 [EB/OL]. NBER Working Paper, https://ssrn. com/abstract = 2858063, 2016.

Huang J K, Xu N H, Yu H H. Pollution and performance: Do investors make worse trades on hazy days? [J]. Management Science, 2020, 66(10): 4359 – 4919.

Huang Z H, Du X J. Government intervention and land misallocation: Evidence from China [J]. Cities, 2017a, 60: 323 – 332.

Huang Z H, Du X J. Holding the Market under the stimulus plan: Local government financing vehicles' land purchasing behavior in China [J]. China Economic Review, 2018, 50: 85 – 100.

Huang Z H, Du X J. Strategic interaction and the determinants of industrial land supply in China [J]. Urban studies, 2017b, 54(6): 1328 – 1346.

Kamstra M J, Kramer L A, Levic M D. A careful re-examination of seasonality in international stock markets: Comment on sentiment and stock returns [J]. Journal of Banking & Finance, 2012, 36(4): 934 – 956.

Lavy V, Ebenstein A, Roth S. The impact of air pollution on cognitive performance and human capital formation [EB/OL]. NBER Working Paper, http://www. nber. org/papers/ w20648, 2014.

Lepori G M. Air pollution and stock returns: Evidence from a natural experiment [J]. Journal of Empirical Finance, 2016, 35: 25 – 42.

Levy T, Yagil, J. Air pollution and stock returns in the US [J]. Journal of Economic Psychology, 2011, 32(3): 374 – 383.

Li J J, Massa M, Zhang M, Zhang J. Air pollution, behavioral bias, and the disposition effect in China [J]. Journal of Financial Economics, Online First, 2019.

Liu H M, Salvo A. Severe air pollution and child absences when schools and parents respond [J]. Journal of Environmental Economics and Management, 2018, 92: 300 – 330.

Lu J G, Lee J J, Gino F, Galinsky A D. Polluted morality: Air pollution predicts criminal activity and unethical behavior [J]. Psychological Science, 2018, 29(3): 340 – 355.

Lucey B M, Dowling M. The role of feeling in investor decision-making [J]. Journal of Economic Surveys, 2005, 19: 211 – 238.

Meyer S, Pagel M. Fresh air eases work: The effect of air quality on individual investor activity [EB/OL]. NBER Working Paper, http://www. nber. org/papers/w24048, 20147.

Pan Y H, Qin Y, Zhang F, Zhu H J. Salience and learning in the land market: Evidence from winter heating [EB/OL]. SSRN Working Paper, https://ssrn. com/abstract = 3479523,2019.

Pennings J M E, Garcia P. The informational content of the shape of utility functions: financial strategic behavior [J]. Managerial and Decision Economics, 2009,30: 83 - 90.

Qin Y, Wu J, Yan J B. Negotiating housing deal on a polluted day: Consequences and possible explanations [J]. Journal of Environmental Economics and Management, 2019, 94: 161 - 187.

Wang L, Yang Y. Political connections in the land market: Evidence from China's state-owned enterprises [J]. Real Estate Economics, 2021,49: 7 - 35.

West J J, Cohen A, Dentener F, Brunekreef B, Zhu T, Armstrong B, Bell M L, Brauer M, Carmichael G, Costa D L, Dockery D W, Kleeman M, Krzyzanowski M, Künzli N, Liousse C, Lung S C C, Martin R V, Pöschl U, Pope C A, Roberts J M, Russell A G, Wiedinmyer C. What we breathe impacts our health: Improving understanding of the link between air pollution and health [J]. Environmental Science & Technology, 2016,50(10): 4895 - 4904.

Zivin J G, Neidell M. The Impact of Pollution on Worker Productivity [J]. American Economic Review, 2012,102(7): 3652 - 3673.

第7章
刺激计划、地方融资平台购地与市场结构影响

7.1 问题提出：刺激计划是否刺激地方政府高价购地

学者们越来越开始意识到,刺激计划并不总是对经济发展有利,甚至会产生一些意想不到的负向影响,比如降低资本配置的效率、引起资源错配等(Deng 等,2011；Bai 等,2016)。中国 2009—2010 年实施经济刺激计划后,地方政府融资工具(LGFV,Local Government Financing Vehicles)和地方债务蓬勃发展成为人们关注的焦点。2007 年全球金融危机后,为促进经济增长,中国出台刺激计划：在 2008 年底实施价值约 4 万亿元的财政刺激计划,约占 GDP 的 12%,主要用于基础设施建设项目。这一计划刺激地方政府扩大基础设施投资,从而促进经济增长。但是,鉴于地方政府财政压力越来越大,而且《预算法》禁止地方政府直接向银行借款,地方政府只能通过设立地方政府融资平台并通过其来为基础设施建设融资(Pan 等,2017)。地方政府融资平台从一级土地市场上高价购买土地,并将其作为抵押品从银行借贷(Lu 和 Sun,2013)。

本章研究基于地方政府融资平台与全国土地交易微观大数据,探讨地方政府融资平台土地购买行为及其对土地价格的影响。我们还识别地方政府融资平台在土地市场上高价购地的行为机制。我们的研究为理解地方政府行为及其对土地市场的干预提供新见解,还为以地方政府融资平台为主导的以地融资行为及其对土地价格的影响提供新证据。

我们对已往研究的贡献涉及三个方面。第一部分文献涉及政府干预对土地市场的影响,尤其是地方政府干预在中国土地市场中的作用(Deng,2003；Tao

等,2010;Huang 和 Du,2017)。像中国这样的发展中大国,政府干预土地市场的行为和效果引起各界关注。与以往研究相比,我们的研究试图分析一种新型的政府土地市场干预方式,即地方政府通过地方政府融资平台购买土地来抬高土地价格和获得融资的行为。

第二部分文献综述评述地方政府土地财政行为。大多数相关文献都集中在地方政府土地出让和土地融资行为上(Lin 和 Yi,2011;Lin 和 Zhang,2014;Yang 等,2015),以及探讨其对房地产市场和城市发展的影响(Ding 和 Lichtenberg,2011;Huang 和 Du,2017a)。中国地方政府利用土地出让获得土地收入,为基础设施融资并刺激经济增长(Brueckner,2007;Tao 等,2010)。但是,与以往研究相比,我们研究地方政府融资平台主导下的以地融资新现象,即地方政府通过地方政府融资平台获得土地融资来为基础设施投资提供资金。这是地方政府土地融资的新形式。

最后,我们研究探讨刺激计划效果及其经济结果。其中一些文献研究了刺激计划对产业发展(Burdekin 和 Weidenmier,2012)和经济增长(Diao 等,2012;Fardoust 等,2012)的积极影响。而其他一些研究分析刺激计划对资源错配的影响或意外后果。例如,Bai 等(2016)认为地方政府设立地方融资平台,将金融资源分配给受政府偏爱的国有企业,将降低资本的配置效率。与 Deng 等(2011)和 Bai 等(2016)的研究相类似,我们的研究侧重于土地市场刺激计划下"政府干预"的效果,在经济刺激计划出台后,地方政府通过地方政府融资平台抬高土地价格。

我们的研究也为地方政府土地市场干预的影响提供新证据,为拓展政府干预与土地市场相关文献做出贡献。具体而言,我们分析中国一种新型土地财政模式,即地方政府通过地方政府融资平台进行土地融资,以获得收入和抵押贷款为基础设施建设融资。我们的研究还对地方政府行为提供新见解,表明地方政府激励将扭曲土地供给并抬高土地价格。

7.2 中国地方政府融资平台与土地供给行为背景分析

7.2.1 中国土地市场中的地方政府行为

中国地方政府控制土地供给,通过控制土地指标、价格和出让形式来干预土地市场(Ding,2003;Yan 等,2014)。地方政府可通过协议、招标、拍卖和挂牌四种交易方式将土地出让给开发商或企业。第一种方法是非市场方式交易,其他三种是市场方式交易。2004 年,中国国土资源部发布国土资发[2004]71 号文件,要求所有经营性土地均须通过市场交易方式出让。地方政府偏好采用挂牌方式,因为它有操作空间来干预土地市场(Cai 和 Henderson,2013)。

土地是地方政府为城市开发和基础设施建设融资的重要工具(Ding,2003;Wang 等,2011)。地方政府高价出让商业和居住用地以获得预算外收入(Tao 等,2010)。他们还将土地作为抵押品向银行借贷。基础设施投资的资金来源主要由土地出让收入和银行借贷构成,特别是在 2009—2010 年刺激计划之后(Ong,2014;Bai 等,2016)。

地方政府土地融资行为与财政压力有关。1994 年分税制改革从根本上改变了地方政府的收入结构(Xu, 2011)。地方政府预算收入大幅减少,但其支出责任并未减少,甚至在快速城市化发展下而有所增加(Guo,2009;Zhan, 2013;Lu 和 Landry,2014)。在日益增大的财政压力下,政府开始将土地出让作为基础设施建设的融资工具(Cao 等,2008;Feng, 2013;Kung 和 Chen, 2016)。通常情况下,地方政府土地出让收入占地方预算外收入的大部分(约占地方预算收入的一半),以平衡地方财政赤字(Lu 和 Sun,2013;Su 和 Tao,2017)。在一些沿海地区,土地出让收入甚至超过了地方预算收入(Tao 等,2010)。

7.2.2　刺激计划和地方政府融资平台

地方政府融资平台由地方政府设立,主要目的是为基础设施建设融资,于20 世纪末首次出现,但在 2008 年刺激计划实施后蓬勃发展。2009 年 3 月,中国人民银行和银监会共同发布一份文件,允许地方政府使用地方政府融资平台为其投资融资,以支持地方政府配合实施刺激计划。地方政府融资平台本质上是由地方政府(省,州或县级城市)设立和控制的国有企业(SOE)。[①]

地方政府融资平台是地方政府为基础设施融资和促进经济增长设立的融资机构。由于地方政府在发行其他债券方面受到限制,因此地方政府使用自己的融资平台(例如地方政府控制的城投公司、基础设施投资公司和土地开发机构)来为基础设施和城市建设融资(Chen 等,2017)。2007 年金融危机后,为刺激经济增长,中央政府实施人民币 4 万亿规模的经济刺激计划。2009 年和 2010 年,大部分刺激计划资金(1.5 万亿元人民币,占总资金的 37.5%)用于基础设施

---

① 大多数地方融资平台(LGFVs)由地级市政府管控。

项目。

刺激计划加剧地方政府收支不匹配状况,增加地方政府财政压力。为规避《预算法》中禁止地方政府借贷或出现赤字的限制,地方政府通过创建地方政府融资平台或融资工具为刺激计划实施提供资金。除为基础设施项目融资外,地方政府融资平台还从事商业项目以开拓收入来源,例如商业和住宅地产开发,这些项目通常由私有企业或民企来开发(Bai 等,2016)。一个典型做法是,地方政府融资平台使用土地作为抵押品,从银行借贷或发行债券。刺激计划实施后,地方政府更多地依赖地方政府融资平台来为基础设施投资提供资金。

地方政府融资平台的结构和功能如图 7-1 所示。地方政府设立地方政府融资平台,并注入土地资产、土地出让收入、预算收入和其他资产(例如道路、桥梁或资金)来向其提供资产(World Bank,2009;Tsui,2011;Lu 和 Sun,2013)。地方政府融资平台通过银行贷款、发行债券和土地抵押为地方政府提供资金。地方政府主要使用土地出让收入或土地抵押来偿还地方政府融资平台的债务。

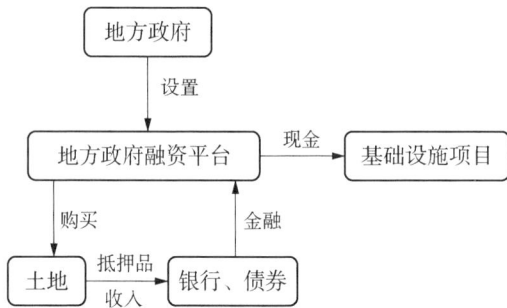

图 7-1 地方政府融资平台的结构和功能

地方政府融资平台与地方政府存在密切联系。地方政府控制地方政府融资平台,并直接干预地方政府融资平台的运营。地方政府融资平台为地方政府的基础设施项目提供资金,包括道路基础设施、城市基础设施和其他公益项目(Pan 等,2017)。地方政府融资平台的发展依赖地方政府投资,地方政府的支持是其扩张的重要原因。

刺激计划加快了地方政府融资平台的快速扩张。2008 年前,地方政府债务已达 5.57 万亿元,主要来自银行贷款(NAO,2011)。2008—2009 年刺激计划实施,使得地方政府融资平台数量迅速增加,也导致 2009 年地方债务激增。地方政府融资平台数量从 2007 年的 360 个(World Bank,2009)快速增加到 2009

年的 8 221 个(Zhang,2013)。根据 WIND 数据库地级市地方债务数据,地方政府融资平台债务从 2007 年的 108.5 亿元人民币增加到 2016 年的 11 440.4 亿元人民币(见图 7 - 2)①。地方政府融资平台的债务规模在 2009 年刺激计划实施后迅速扩大。

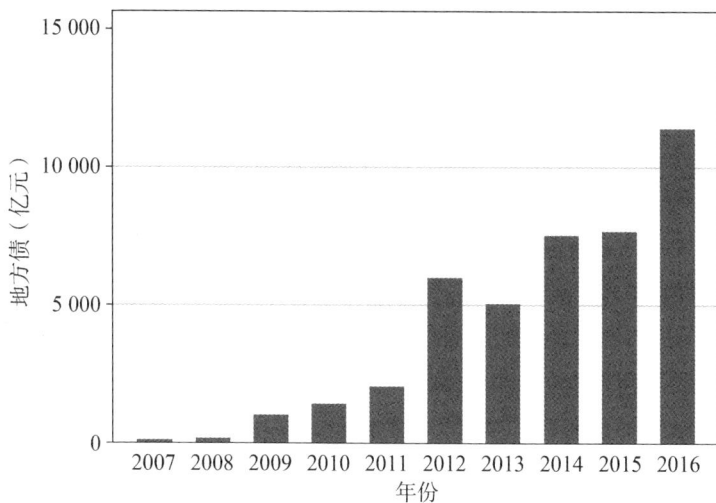

图 7 - 2　地级市政府发行的城市投资债券(2007—2016 年)
注:数据来源于 WIND 数据库(http://www.wind.com.cn/)。

7.2.3　地方政府融资平台购地行为

土地在地方政府融资平台中发挥着重要作用。由于土地由地方政府控制,因此土地被用作地方政府融资平台的主要资本来源和抵押品。土地出让收入是偿还债务的主要收入来源。当房地产市场蓬勃发展时,土地价值增加使地方政府融资平台能获得更多贷款;但当房地产市场萧条时,土地价值下降使得地方政府融资平台需提供更多的土地进行抵押,这也加剧地方政府财政压力。此外,土地价格下跌还将损害地方政府融资平台和地方政府的偿债能力。因此,地方政府融资平台有较强激励来抬高土地价格并支撑房地产市场繁荣(Wu 等,2014;Pan 等,2015;Ambrose 等,2016)。实际上,地方政府融资平台在 2008 年后购买更多土地(见图 7 - 3)。

---

① WIND 数据库收集和汇编了地方政府融资工具的财务报表。地方政府融资平台被定义为一家由地方政府拥有的公司,其主要业务涵盖基础设施和市政公用事业。有关详细信息,请参阅 www.wind.com.cn。

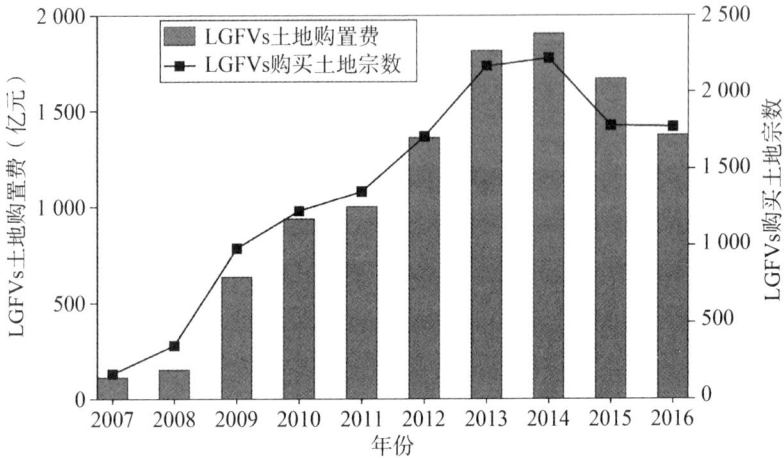

图 7-3　随时间推移地方政府融资平台的土地购置费用(2007—2016 年)

注：数据来源于 WIND 数据库和中国土地交易数据库(http://www.landchina.com/)。

　　刺激计划导致地方政府更加依赖土地抵押融资。在 2008 年全球金融危机之后,由于房地产市场陷入衰退,地方政府土地出让收入急剧下降。受危机影响,地方政府很难获得足够的收入来弥补财政缺口。而 2009—2010 年刺激计划(4 万亿元人民币)的实施加剧这一财政缺口,因为 70% 的刺激计划项目资金由地方政府提供。面对地方领导人晋升政绩压力、财政压力和地区竞争压力,地方政府不得不采取新的融资手段(Lu 和 Sun,2013；Kung 和 Chen,2014)。由于被禁止直接在市场上借贷和发行债券,地方政府设立地方政府融资平台,通过出让土地并将其作为抵押品来帮助地方政府融资平台获得贷款。因此地方政府有激励通过地方政府融资平台在土地一级市场上高价购买土地,以实现以地融资和支持房地产市场发展。此外,地方政府常为地方政府融资平台提供担保,从而便利地方政府融资平台向银行借贷。自实施刺激计划以来,地方政府融资平台已成为地方政府资助基础设施投资和促进当地经济增长的重要工具。

　　道德风险问题加剧地方政府融资平台扩张性购地行为。地方政府预期在其无法偿还债务的情况下,中央政府很可能会出手相救。银行也有同样预期,因此忽视债务风险。然而,在 2008 年全球经济衰退后,地方政府融资平台大规模以地融资带来的风险是事先没有预料到的。

　　图 7-3 显示 2007—2016 年地方政府融资平台的土地购买规模。可见,在刺激计划之前,地方政府融资平台购买土地的宗数和金额较少。在 2008—2009

年经济衰退之后,地方政府融资平台购买土地的宗数和金额大幅增加。与图 7 -
2 相比,地方政府融资平台的土地购置费用占地方政府债务的较大比例(超
过 10%)。

7.3　实证模型与数据

7.3.1　计量经济学模型

为实证研究地方政府融资平台对土地价格的影响,我们采用特征价格模型
作为基础实证检验模型,其设定如下:

$$Land_{ijt} = \alpha + \beta_1 LGFV + \lambda X_{jt} + \delta City_j + \gamma Year_t + \varepsilon_{ijt} \qquad (7-1)$$

其中 LP_{ijt} 表示地块 i 在区域 j(县层面)第 t 年的价格。$LGFV$ 为地方政府
融资平台购地的虚拟变量,如果该地块由地方政府通过融资平台购买,
则 $LGFV=1$,否则为 0。X_{jt} 表示城市层面的一系列控制变量。$City_j$ 和 $Year_t$
分别是城市(县)和年份的固定效应,有助于缓解特征价格模型常见的遗漏变量
偏差。模型假设,在控制城市、年份固定效应和 X_{jt} 的条件下,地方政府融资平
台($LGFV$)与误差项正交。

我们还采用楼面地价作为土地价格的替代变量,以分析结果稳健性。此外,
我们进行更多回归分析,检验地方政府融资平台高价购地的行为机制。

7.3.2　数据描述

全国层面土地微观交易数据来源于中国土地市场网(http://www. land-
china. com/)。该数据集包括 2007　2016 年在中国一级土地市场出让的所有
356 822 宗商业和住宅用地。地块层面详细信息包括地块的出让价格、面积、等
级(土地等级分 16 类,一级土地区位最好,靠近市中心)、土地使用类型(8 种土
地使用类型)、交易方式、交易日期、买家名称等。我们通过核对每个地块购买者
的名称,匹配中国银监会 2016 年发布的 LGFV 数据库和全国土地交易数据库,
以确定每笔交易是 LGFV 或非 LGFV 购地[①]。通过匹配,我们识别 LGFV 购买
土地 12 414 宗,占宗地总数 3%。

---

① 我们将地方政府融资平台目录与全国土地交易微观数据库匹配,以确定购买者是否为 LGFV。

　　我们主要关注地方政府融资平台购买的商业和居住用地[①]。我们还将回归样本聚焦为市场化方式成交的土地,具体包括招标、挂牌或拍卖方式出让的土地。样本中,大部分土地(77%)是通过挂牌方式出让,而21%的土地是通过拍卖方式出让。表7-1显示主要变量的定义与描述性统计。

表7-1　主要变量的描述性统计

变量	定义	观测值	均值	标准差
土地价格	土地地价(元/米²)	356 822	2 171.82	4 864.18
地块特征				
LGFV	1＝中标者是LGFV	356 822	0.03	0.18
面积	地块面积(公顷)	356 822	2.87	99.25
容积率	宗地规划容积率	312 336	2.48	1.39
土地使用年限	土地使用年限(年)	280 808	58.85	14.51
土地等级	土地区位等级(区位质量从1级到18级)	356 822	5.18	4.45
土地交易方式				
招标	虚拟变量,如果土地是通过招标出让则为1,否则为0	356 822	0.02	0.12
拍卖	虚拟变量,如果土地是通过拍卖出让则为1,否则为0	356 822	0.21	0.41
挂牌	虚拟变量,如果土地是通过挂牌出让则为1,否则为0	356 822	0.77	0.42
SOE	虚拟变量,如果土地是被国企购买则为1,否则为0	356 822	0.04	0.19

　　表7-2显示LGFV和非LGFV购地地块的统计特征。LGFV购买的土地区位等级比非LGFV买家要差,这表明地方政府融资平台购买的土地总体位于较差的区位。此外,LGFV购买的土地面积通常比非LGFV大,价格更高。这些结果表明地方政府融资平台以更高的价格购买更大面积的土地,以获得较高的土地资产价值和实现更高的融资。这初步证实我们的预期:地方政府融资平台高价购买土地,以获得更多资金,并为基础设施建设融资。

[①] 地方政府有提高商业和居住用地出让价格的动机,因为此类土地出让将增加土地出让收入。中国工业土地出让价格在很大程度上被压低,因为地方政府相互竞争,竞相以低价工业用地来招商引资(Huang和Du,2017b)。

表 7 - 2　LGFV 和非 LGFV 购地比较分析

变量	LGFV	非 LGFV	差值
土地价格	2 292.65	2 167.47	125.18***
土地等级	5.34	5.17	0.17***
土地面积	4.85	2.80	2.05**
土地使用年限	54.74	55.89	−1.15***
容积率	2.50	2.48	0.02

注：* $p<0.1$，*** $p<0.01$。

7.4　地方政府融资平台高价购地行为实证结果

7.4.1　基准回归结果

表 7 - 3 给出基准估计结果。在第 1 列中，我们在控制年份和城市固定效应基础上，将土地价格对 LGFV 进行回归，不包括其他控制变量。LGFV 变量系数为 0.07，表明 LGFV 在土地市场上的购地价格比其他开发商高 7%。当然，LGFV 购买的土地价格高可能与地块的特征相关。因此，在第 2~4 列，我们添加一系列控制变量：土地面积、土地等级、土地使用年限、容积率以及土地交易方式、土地用途和土地来源的虚拟变量。LGFV 的系数在第 4 列中增加到 0.114，并且显著为正。这表明地方政府融资平台购买的土地价格比其他开发商要高 11%。这些结果表明，与其他开发商相比，地方政府融资平台显著抬高了土地价格。

表 7 - 3　地方政府融资平台对土地价格影响的估算结果

变量	(1)	(2)	(3)	(4)
LGFV	0.093***	0.146***	0.124***	0.114***
	(0.031)	(0.031)	(0.032)	(0.031)
对数土地面积		−0.069***	−0.052***	−0.040***
		(0.005)	(0.005)	(0.005)
土地等级		−0.052***	−0.039***	−0.037***
		(0.003)	(0.003)	(0.003)
土地使用年限			0.002***	0.000
			(0.000)	(0.001)

（续表）

变量	(1)	(2)	(3)	(4)
容积率			0.220***	0.213***
			(0.006)	(0.006)
常数项	6.150***	6.328***	5.671***	5.905***
	(0.025)	(0.029)	(0.039)	(0.140)
土地交易方式	No	No	Yes	Yes
其他控制变量	No	No	No	Yes
城市固定效果	Yes	Yes	Yes	Yes
年份固定效果	Yes	Yes	Yes	Yes
N	356 819	356 819	242 679	242 679
R 平方	0.547	0.564	0.625	0.631

注：* $p<0.1$，** $p<0.05$，*** $p<0.01$。括号内数值为标准误，在县级层面聚类。其他控制变量包括土地用途和土地来源虚拟变量。

我们根据城市类型进一步分析地方政府融资平台对土地价格的异质性影响。地方政府融资平台对土地价格的影响可能因城市的财政状况而异，因为地方政府融资平台购地行为与地方债发行和还款相关。我们将样本划分为不发行和发行地方债（城投债衡量）的城市，并检验 LGFV 对发债与非发债城市土地价格的影响。表 7-4 给出估计结果。在发行地方债的城市，LGFV 的系数为正且具有统计意义，而在不发行地方债的城市，该系数不显著。这一结果表明，地方政府融资平台显著抬高了发行地方债城市的土地交易价格。这是因为地方政府融资平台购买土地是为了促进发行和偿还地方债。

表 7-4　LGFV 对不发行和发行地方债城市土地价格异质影响的估计结果

变量	不发行地方政府债务组	发行地方政府债务组
	(1)	(2)
LGFV	0.081	0.127***
	(0.059)	(0.034)
对数土地面积	−0.058***	−0.026***
	(0.006)	(0.007)
土地等级	−0.038***	−0.043***
	(0.004)	(0.004)
土地使用年限	−0.002	0.002
	(0.001)	(0.001)
容积率	0.211***	0.211***
	(0.007)	(0.008)

变量	不发行地方政府债务组	发行地方政府债务组
	（1）	（2）
常数项	6.187***	5.802***
	（0.227）	（0.240）
土地交易方式	Yes	Yes
其他控制变量	No	No
城市固定效果	Yes	Yes
年份固定效果	Yes	Yes
N	105 963	99 806
R 平方	0.604	0.625

注：* $p<0.1$，** $p<0.05$，*** $p<0.01$。括号内数值为标准误，在县级层面聚类。其他控制变量包括土地用途和土地来源虚拟变量。

7.4.2 安慰剂检验

我们实证识别的主要假设是，在控制上述控制变量、城市和年份固定效应后，地方政府融资平台购地与其他未观察到变量无关。为验证该假设合理性，我们进行安慰剂检验（Placebo Test）。我们随机选择一块土地，然后将其（错误地分配）设定为 LGFV 购买。然后，我们重新估计基准模型。我们按此重复估计 500 次，并提取 LGFV 估计系数。提取出来的 LGFV 系数值分布如图 7-4 所示。可见，LGFV 系数分布明显集中在 0 附近，基准模型估计值显著不为 0，超出反事实估计系数的范围。因此，反事实检验的结果证实我们上述基准回归结果不是虚假的。

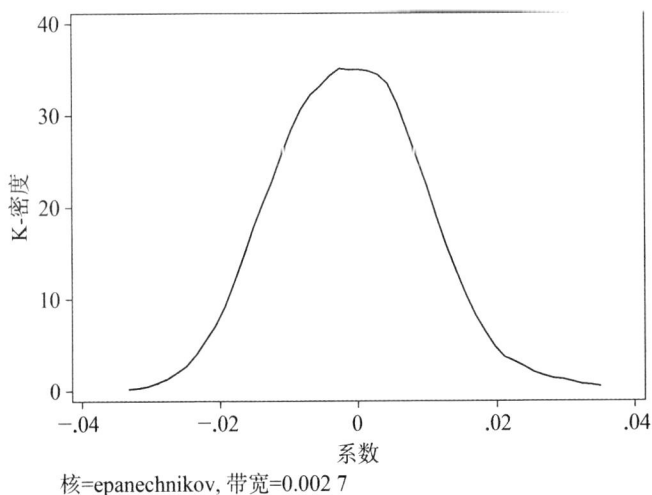

核=epanechnikov，带宽=0.002 7

图 7-4 系数安慰剂检验结果

7.4.3 进一步分析和稳健性检验

为进一步检验结果稳健性,我们采用不同土地价格变量、不同假设,考虑内生性问题并控制更多变量。

第一,我们采用楼面地价(每平方建筑面积的土地价格)作为土地价格的替代变量。表 7 - 5 给出估计的结果。第 1 列,只包括城市和年份固定效应。第 2～4 列,我们添加与前述回归相同的控制变量。当我们添加更多控制变量时,LGFV 系数在第 3～4 列中仍显著为正。与基准回归结果相比,LGFV 变量系数有所减小(0.077),但采用楼面地价时系数依然显著为正。

表 7 - 5　不同地价的估计结果:楼面地价

变量	(1)	(2)	(3)	(4)
LGFV	0.005	0.046	0.083**	0.077**
	(0.030)	(0.030)	(0.033)	(0.032)
对数土地面积		−0.056***	−0.069***	−0.057***
		(0.005)	(0.005)	(0.005)
土地等级		−0.031***	−0.037***	−0.035***
		(0.003)	(0.003)	(0.003)
土地使用年限			−0.003***	−0.001
			(0.000)	(0.001)
容积率			−0.177***	−0.179***
			(0.006)	(0.006)
常数项	5.558***	5.671***	6.165***	6.247***
	(0.028)	(0.030)	(0.041)	(0.135)
土地交易方式	No	No	Yes	Yes
其他控制变量	No	No	No	Yes
城市固定效果	Yes	Yes	Yes	Yes
年份固定效果	Yes	Yes	Yes	Yes
N	313 489	313 489	242 679	242 679
R 平方	0.482	0.492	0.538	0.544

注:* $p<0.1$,** $p<0.05$,*** $p<0.01$。括号内数值为标准误,在县级层面聚类。其他控制变量包括土地用途和土地来源虚拟变量。

第二,为解决 LGFV 对土地价格的正向影响可能是由于 LGFV 购买的土地区位更好所导致,我们就土地等级与 LGFV、一组控制变量进行回归。表 7 - 6 报告回归结果。可见,LGFV 的系数并不显著,表示土地等级与 LGFV 无关,即 LGFV 购买土地的区位没有明显更好。

表7-6　LGFV 对购地区位等级影响的估计结果

变量	(1)	(2)	(3)	(4)
LGFV	0.056	0.036	0.003	0.010
	(0.054)	(0.054)	(0.058)	(0.057)
对数土地价格	−0.357***	−0.351***	−0.321***	−0.305***
	(0.020)	(0.021)	(0.024)	(0.024)
对数土地面积		0.026***	0.022**	0.010
		(0.009)	(0.009)	(0.010)
土地使用年限			−0.008***	−0.004
			(0.001)	(0.005)
容积率			−0.067***	−0.060***
			(0.011)	(0.011)
常数项	6.891***	6.875***	7.498***	7.120***
	(0.151)	(0.152)	(0.199)	(0.421)
土地交易方式	No	No	Yes	Yes
其他控制变量	No	No	No	Yes
城市固定效果	Yes	Yes	Yes	Yes
年份固定效果	Yes	Yes	Yes	Yes
N	356 828	356 828	242 679	242 679
R 平方	0.765	0.765	0.778	0.778

注：* $p<0.1$，** $p<0.05$，*** $p<0.01$。括号内数值为标准误，在县级层面聚类。其他控制变量包括土地用途和土地来源虚拟变量。

第三，我们关注 LGFV 对地价的影响可能是由于国企购买土地"出价"过高所致。一些学者认为，国有房地产企业常常高价购地，因为他们可以以非常低的成本获得资金(Deng 等，2011；Ambrose 等，2016)。为检验 LGFV 高价购地是否是由国有企业高价购地(遗漏变量问题)所产生，表7-7 报告估计结果。在第 1 列，土地价格对 SOE(国有企业)进行回归，发现 SOE 系数显著为正，这与 Deng 等(2011)的结果一致。但是，当第 2 列回归同时包含 SOE 和 LGFV 变量时，SOE 的系数变小，LGFV 的系数显著为正，且大于 SOE 的系数。该结果表明，与国有企业相比，LGFV 出价过高的影响更大，LGFV 高价购地并不归因于国有房地产企业在土地市场上竞价过高。

表7-7　LGFV 和国有企业购地的估计结果

变量	(1)	(2)
SOE	0.102***	0.076***
	(0.020)	(0.020)

（续表）

变量	(1)	(2)
LGFV		0.088***
		(0.032)
对数土地面积	−0.039***	−0.040***
	(0.005)	(0.005)
土地等级	−0.037***	−0.037***
	(0.003)	(0.003)
土地使用年限	0.000	0.000
	(0.001)	(0.001)
容积率	0.214***	0.214***
	(0.006)	(0.006)
常数项	5.900***	5.902***
	(0.140)	(0.140)
土地交易方式	Yes	Yes
其他控制变量	Yes	Yes
城市固定效果	Yes	Yes
年份固定效果	Yes	Yes
N	242 679	242 679
R 平方	0.631	0.631

注：* $p<0.1$，** $p<0.05$，*** $p<0.01$。括号内数值为标准误，在县级层面聚类。其他控制变量包括土地用途和土地来源虚拟变量。

第四，我们进一步解决内生性问题。由于存在遗漏变量问题，地方政府融资平台可能是土地价格的内生因素。首先，为解决地方政府融资平台购地价格与宗地特征相关的选择偏差问题，我们采用倾向得分匹配（PSM）方法来减少样本选择偏差并估计地方政府融资平台对土地价格影响的平均处理效应。PSM 的做法是将 LGFV 购地与非 LGFV 购地进行匹配，使可观察的宗地特征尽可能相似。我们假设地方政府融资平台购地的概率与土地特征有关，包括面积、土地等级、土地使用年限、容积率、土地交易方式、土地使用类型和土地来源。表 7-8 给出 Logit 倾向得分估计的结果。第 1 列中所有系数均具有统计意义，这表明模型具有较好的拟合优度。

表 7-8　Logit 倾向得分模型的估计系数

变量	(1)
对数土地面积	0.484***
	(0.008)

（续表）

变量	(1)
土地等级	-0.004^{***}
	(0.003)
土地使用年限	-0.003^{***}
	(0.002)
容积率	0.071^{***}
	(0.008)
常量	-5.658^{***}
	(0.486)
土地交易方式	Yes
其他控制变量	Yes
城市固定效果	No
年份固定效果	Yes
N	242 680
Log likelihood	$-33\ 999.655$

注：$^{*}\ p<0.1$，$^{**}\ p<0.05$，$^{***}\ p<0.01$。括号内数值为标准误，在县级层面聚类。

表 7-9 中给出倾向得分匹配估计结果。LGFV 对土地价格的平均处理效果高出约 30 个百分点。也就是说，LGFV 购地价格比非 LGFV 购地价格高 30%。

表7-9 LGFV 竞标土地价格的倾向得分匹配估计结果

匹配方法	土地价格对数值		
	LGFV	非 LGFV	ATT
邻近算法	7.26	7.01	0.25^{***}
半径匹配	7.27	6.91	0.36^{***}
内核匹配	7.27	6.97	0.30^{***}

注：$^{***}\ p<0.01$。

然而，只有当倾向得分取决于观察到的特征变量时，PSM 才有效。为解决因不可观察变量引起的样本选择与内生性问题，我们采用适合城市发展的土地比例（土地适宜性）变量作为 LGFV 购地的工具变量。工具变量的思路是，城市拥有的可开发土地越多，地方政府通过地方政府融资平台抬高土地价格，并将土地为城市开发和基础设施建设进行抵押融资的可能性就越高。这是因为地方政府设立地方政府融资平台，主要目的是获取土地融资来为基础设施投资提供资金，而地方政府融资平台很可能在土地适宜性较高的城市购买更多土地。此外，供给变量的排除条件也成立,因为自然地理条件对土地价格的直接影响有限。
此外,IV(工具变量)估计对可能外生工具变量也有效(Conley 等,2012)。根据
Saiz(2009)的研究,我们采用美国地理服务局提供的 30 米分辨率的中国数字高
程模型数据,计算每个县级城市适合开发的土地(坡度低于 15 度且不是水体的
土地)比例(详见 Huang 和 Du,2017a)。

表 7－10 给出估计结果。第 1 列的第一阶段回归结果表明,地方政府融资
平台购地可能性与城市土地适宜性成正相关。LGFV 在土地适宜性较好的城市
中更有可能购买土地。第 2 列第二阶段回归结果表明,LGFV 系数为正并具有
统计学意义。这些结果表明,地方政府将通过地方政府融资平台干预土地市场
并抬高土地价格。IV 估计结果证实,地方政府融资平台对土地价格具有显著正
向影响。

表 7－10　内生性问题的 IV 估计结果

变量	使用土地适宜性作为 IV	
	第一阶段(Logit 回归)	第二阶段
	(1)	(2)
LGFV		0.682^{***}
		(0.022)
土地适宜性	0.589^{***}	
	(0.051)	
土地面积对数值	0.477^{***}	-0.366^{***}
	(0.009)	(0.011)
土地区位等级	-0.008^{**}	-0.033^{***}
	(0.003)	(0.003)
土地使用年限	0.005^{*}	-0.003^{**}
	(0.003)	(0.001)
容积率	0.070^{***}	0.167^{***}
	(0.009)	(0.007)
常量	-6.149^{***}	9.916^{***}
	(0.505)	(0.203)
土地交易方式	Yes	Yes
其他控制变量	Yes	Yes
城市固定效果	No	Yes
年份固定效果	Yes	Yes
N	196 261	196 261
LR chi-square (15)	5594.14^{***}	
R 平方		0.600

注:$^{*}p<0.1$,$^{**}p<0.05$,$^{***}p<0.01$。括号内数值为标准误,在县级层面聚类。其他控制变量包括土地用途和土地来源虚拟变量。

最后,为解决遗漏变量偏差,我们进一步控制地区因素(县级城市社会经济变量):人均 GDP、第二产业比、第三产业比、人均外商直接投资和财政压力(以地方支出与收入比衡量)。我们还考虑控制城市房价因素。为缓解同时性偏误问题,我们在一组区域因素中使用滞后(1 年)的房价。所有地区因素变量均来自《中国城市统计年鉴》(2008—2016 年)。表 7 - 11 显示添加地区因素后的回归结果。LGFV 系数与表 7 - 3 中所示的结果相似,证实 LGFV 对土地价格的显著正向影响。

表 7 - 11　控制地区因素的估算结果

变量	(1)	(2)	(3)	(4)
LGFV	0.097***	0.150***	0.129***	0.120***
	(0.035)	(0.035)	(0.037)	(0.037)
对数土地面积		−0.064***	−0.053***	−0.042***
		(0.006)	(0.005)	(0.005)
土地等级		−0.059***	−0.043***	−0.041***
		(0.004)	(0.004)	(0.003)
土地使用年限			0.003***	−0.001
			(0.000)	(0.001)
容积率			0.223***	0.216***
			(0.007)	(0.007)
常数项	2.360*	1.852	0.962	1.571
	(1.331)	(1.382)	(1.412)	(1.361)
土地交易方式	No	No	Yes	Yes
其他控制变量	No	No	No	Yes
城市固定效应	Yes	Yes	Yes	Yes
年份固定效应	Yes	Yes	Yes	Yes
地区因素	Yes	Yes	Yes	Yes
N	248 046	248 046	169 213	169 213
R 平方	0.515	0.533	0.600	0.607

注:* p<0.1,** p<0.05,*** p<0.01。括号内数值为标准误,在县级层面聚类。其他控制变量包括土地用途和土地来源虚拟变量。地区因素包括县级城市人均国内生产总值、第二产业产出比、第三产业产出比、外商人均直接投资、财政压力和滞后房价。

7.5　地方政府融资平台高价购地的影响机制

在验证地方政府融资平台和土地价格的正向联系后,我们进一步检验分析地方政府融资平台高价购地的机制。基于地方政府土地行为,我们提出四个影响渠道(机制)。第一个渠道是"刺激计划作用"。刺激计划的实施加剧地方政府对地方政府融资平台土地融资的依赖。第二个渠道是"地方债"。地方政府融资平台抬高土地价格,有利于地方政府以地融资、发行更多地方债,并通过土地出让收入偿债。第三个渠道是"财政压力"。在财政压力较高的城市,地方政府为平衡财政缺口而高价购地,并通过土地出让收入来缓解财政压力。第四个渠道是"政治周期"。当省级领导人更多关注地方城市官员政绩表现(例如通过土地债务加大投资)时,地方政府融资平台更积极高价购地。

7.5.1 刺激计划

第一个渠道与刺激计划有关。刺激计划的实施加剧地方政府对土地财政的依赖,这导致地方政府融资平台高价购买土地(Lu 和 Sun,2013)。2009—2010年经济刺激计划的结果之一是扩大地方支出。为实施刺激计划,地方政府更多依靠以地融资来为基础设施投资和地方支出提供融资(Ambrose 等,2016)。地方政府设立地方政府融资平台,并允许其高价购地,以土地作为抵押,从银行获得更多贷款(Bai 等,2016)。为研究刺激计划对地方政府融资平台高价购地行为的影响,我们采用以下计量检验方程。

$$LP_{ijt} = \alpha + \beta LGFV \times Stimulus\ plan + \lambda X_{jt} + \delta City_j + \gamma Year_t + \varepsilon_{ijt}$$

$$(7-2)$$

$Stimulus\ plan$ 为虚拟变量,在 2009 年实施刺激计划后为 1。X_{jt} 为一组控制变量,同上。交叉项 $LGFV \times Stimulus\ plan$ 系数表示通过 $LGFV$ 调节,刺激计划对土地价格的影响。

表 7-12 给出估计结果。第 1 列显示,在刺激计划后,地方政府融资平台购地价格更高,即出更高的价格来购地。第 2~4 列加入更多控制变量,LGFV×Stimulus plan 系数在统计上保持显著且为正。这些结果表明,刺激计划对地方政府融资平台高价购地产生正向影响。

表 7-12 刺激计划对地方政府融资平台购地影响的估计结果

变量	(1)	(2)	(3)	(4)
LGFV×Stimulus plan	0.096***	0.148***	0.126***	0.117***
	(0.036)	(0.035)	(0.038)	(0.037)
刺激计划	0.599***	0.609***	0.471***	0.520***
	(0.106)	(0.113)	(0.113)	(0.109)

（续表）

变量	(1)	(2)	(3)	(4)
对数土地面积		-0.064^{***}	-0.053^{***}	-0.042^{***}
		(0.006)	(0.005)	(0.005)
土地等级		-0.059^{***}	-0.043^{***}	-0.041^{***}
		(0.004)	(0.004)	(0.003)
土地使用年限			0.003^{***}	-0.001
			(0.000)	(0.001)
容积率			0.223^{***}	0.216^{***}
			(0.007)	(0.007)
常数项	2.365^{*}	1.860	0.972	1.581
	(1.332)	(1.383)	(1.413)	(1.362)
土地交易方式	No	No	Yes	Yes
其他控制变量	No	No	No	Yes
城市固定效果	Yes	Yes	Yes	Yes
年份固定效果	Yes	Yes	Yes	Yes
地区因素	Yes	Yes	Yes	Yes
N	248 046	248 046	169 213	169 213
R 平方	0.515	0.533	0.602	0.607

注：* $p<0.1$，** $p<0.05$，*** $p<0.01$。括号内数值为标准误，在县级层面聚类。其他控制变量包括土地用途和土地来源虚拟变量。地区因素包括县级城市人均国内生产总值、第二产业产出比、第三产业产出比、外商人均直接投资、财政压力和滞后房价。

7.5.2　地方政府债务

第二个渠道与地方债有关。地方政府融资平台抬高土地价格以获得更多的土地出让收入和抵押融资以偿还地方债（Lu 和 Sun，2013；Pan 等，2017）。为检验地方债对地方政府融资平台高价购地的影响，我们对交互项 $LGFV \times Log\ debt$ 与土地出让价格进行回归分析，并控制其他变量。

表 7-13 报告估计结果。第 1 列显示，在地方债发行较多的城市，地方政府融资平台高价购地更为显著。此外，第 2~4 列添加更多控制变量，结果显示 $LGFV \times Log\ debt$ 系数在统计上保持显著为正。这些结果表明，地方债对地方政府融资平台的高价竞地行为产生正向影响。

表 7 - 13 地方政府债务对地方政府融资平台购地价格影响的估计结果

变量	(1)	(2)	(3)	(4)
LGFV×Log debt	0.043***	0.053***	0.035***	0.032***
	(0.011)	(0.011)	(0.011)	(0.011)
Log debt	0.006	0.003	0.007	0.007
	(0.011)	(0.011)	(0.012)	(0.012)
Log 土地面积		−0.048***	−0.037***	−0.027***
		(0.008)	(0.007)	(0.007)
土地等级		−0.068***	−0.048***	−0.045***
		(0.006)	(0.005)	(0.005)
土地使用年限			0.003***	0.001
			(0.001)	(0.001)
容积率			0.222***	0.215***
			(0.008)	(0.008)
常数项	2.385	1.699	1.169	1.595
	(2.033)	(1.994)	(2.093)	(2.092)
土地交易方式	No	No	Yes	Yes
其他控制变量	No	No	No	Yes
城市固定效果	Yes	Yes	Yes	Yes
年份固定效果	Yes	Yes	Yes	Yes
地区因素	Yes	Yes	Yes	Yes
N	120 231	120 231	83 605	83 605
R 平方	0.523	0.540	0.628	0.633

注：* $p<0.1$，** $p<0.05$，*** $p<0.01$。括号内数值为标准误，在县级层面聚类。其他控制变量包括土地用途和土地来源虚拟变量。地区因素包括县级城市人均国内生产总值、第二产业产出比、第三产业产出比、外商人均直接投资、财政压力和滞后房价。

7.5.3 财政压力

刺激计划使地方政府支出与收入缺口加大，使地方政府急于寻求各种预算外收入来源和融资手段。土地出让收入和土地抵押融资很快成为地方政府获得预算外收入和基础设施投资融资的重要工具(Kung 和 Chen，2016；Cai，2011；Cao 等，2008)。自 2008 年经济危机以来，地方政府财政缺口加大。再加上 2008 年房地产市场陷入低迷，土地出让收入大幅下降，地方政府开始纷纷设立地方政府融资平台(LGFV)，通过地方政府控制的地方政府融资平台高价购地和土地抵押来实现以地融资。地方政府将土地抵押给银行，以土地出让收入来偿还地方债并为基础设施投资提供资金。

为检验财政压力是否影响地方政府融资平台高价购地行为，我们对交互项

$LGFV \times Fiscal\ pressure$ 进行回归分析。

表 7 - 14 提供 LGFV 高价购地的财政压力渠道的估计结果。第 1~4 列结果表明,$LGFV \times Fiscal\ pressure$ 系数显著为正。平均而言,地方政府财政压力(支出与收入之比)每增加一个单位,导致 LGFV 在土地市场上的出价增加 6%。第 5 列进一步显示,刺激计划加强了财政压力对地方政府融资平台高价购地的影响。以往研究也发现财政压力对土地价格产生正向影响(Wu 等,2015)。但是,我们的研究进一步识别与检验财政压力这一具体渠道,地方财政压力会对地方政府融资平台购地行为产生正向影响,即地方政府融资平台在土地市场上的出价更高。

表 7 - 14 财政压力渠道的检验结果

变量	(1)	(2)	(3)	(4)	(5)
LGFV×Fiscal pressure	0.029**	0.053***	0.052***	0.050***	
	(0.013)	(0.013)	(0.014)	(0.014)	
LGFV×Fiscal pressure ×Stimulus plan					0.049***
					(0.014)
Stimulus plan					0.536***
					(0.111)
Fiscal pressure× Stimulus plan					−0.006
					(0.016)
对数土地面积		−0.064***	−0.053***	−0.042***	−0.042***
		(0.006)	(0.005)	(0.005)	(0.005)
土地等级		−0.059***	−0.043***	−0.041***	−0.041***
		(0.004)	(0.004)	(0.003)	(0.003)
土地使用年限			0.003***	−0.001	−0.001
			(0.000)	(0.001)	(0.001)
容积率			0.223***	0.216***	0.216***
			(0.007)	(0.007)	(0.007)
常量	2.363*	1.873	0.990	1.600	1.588
	(1.334)	(1.384)	(1.413)	(1.363)	(1.374)
土地交易方式	No	No	Yes	Yes	Yes
其他控制变量	No	No	No	Yes	Yes
城市固定效果	Yes	Yes	Yes	Yes	Yes
年份固定效果	Yes	Yes	Yes	Yes	Yes
地区因素	Yes	Yes	Yes	Yes	Yes
N	248 046	248 046	169 213	169 213	169 213
R 平方	0.515	0.533	0.602	0.607	0.607

注:* $p < 0.1$,** $p < 0.05$,*** $p < 0.01$。括号内数值为标准误,在县级层面聚类。其他控制变量包括土地用途和土地来源虚拟变量。地区因素包括县级城市人均国内生产总值、第二产业产出比、第三产业产出比、外商人均直接投资、财政压力和滞后房价。

7.5.4　政治周期

以往研究表明,政治周期会影响地方政府土地供给行为(Kung 和 Chen,2016;Huang 和 Du,2017a)。地方官员出于政绩考核和晋升动机,有激励通过土地融资来加大基础设施和城市建设投资,从而提高政绩和晋升机会(Cai,2011;Kung 和 Chen,2016)。当省级领导人更多关注地方官员政绩表现(如通过土地债务和土地融资促进投资)时,地方政府融资平台在土地市场上将会更积极地竞拍土地。为检验此影响渠道,我们设置政治周期的一系列虚拟变量。首先,我们为地方城市领导人(书记)的任期设定一系列虚拟变量,包括任期第一年和第二年(Tenure1,Tenure2)。第二,我们还为省党代会(CPC)设置虚拟变量,包括省党代会前一年和前两年(BCPC1,BCPC2),省党代会年份(CPC)和省党代会后第一年(ACPC1)。然后检验这些政治周期变量与 LGFV 的相互作用。表 7-15 给出估计结果。在列 1 和 2 中,LGFV×Tenure1 的系数为正且具有统计意义,表明在地方官员任期早期,LGFV 出价更高。在第 3 和 4 列中,LGFV×ACPC1 和 LGFV×BCPC2 系数显著为正,表明 LGFV 在 CPC 的前两年及第一年后将显著抬高购地价格。这些结果表明,政治周期因素加剧 LGFV 高价购地行为。这是因为在政治周期中,地方政府官员试图通过以地融资来增加投资以彰显政绩,从而增加其晋升的机会。

表 7-15　政治周期渠道的检验结果

变量	(1)	(2)	(3)	(4)
LGFV×Tenure1	0.115**	0.116**		
	(0.046)	(0.046)		
Tenure1	−0.019	−0.033*		
	(0.016)	(0.020)		
LGFV×Tenure2		0.079		
		(0.089)		
Tenure2		−0.039**		
		(0.020)		
LGFV×ACPC1			0.150***	0.153***
			(0.057)	(0.057)
ACPC1			−0.021	−0.029
			(0.022)	(0.023)
LGFV×CPC			0.005	0.009
			(0.152)	(0.152)

（续表）

变量	(1)	(2)	(3)	(4)
CPC			−0.018	−0.040
			(0.029)	(0.034)
LGFV×BCPC1			−0.009	−0.005
			(0.066)	(0.066)
BCPC1			−0.002	−0.036
			(0.022)	(0.031)
LGFV×BCPC2				0.157***
				(0.043)
BCPC2				−0.051*
				(0.027)
对数土地面积	−0.041***	−0.041***	−0.041***	−0.041***
	(0.005)	(0.005)	(0.005)	(0.005)
土地等级	−0.041***	−0.041***	−0.041***	−0.041***
	(0.003)	(0.003)	(0.003)	(0.003)
土地使用年限	−0.001	−0.001	−0.001	−0.001
	(0.001)	(0.001)	(0.001)	(0.001)
容积率	0.216***	0.216***	0.216***	0.216***
	(0.007)	(0.007)	(0.007)	(0.007)
常量	1.507	1.439	1.538	1.565
	(1.365)	(1.365)	(1.368)	(1.371)
土地交易方式	Yes	Yes	Yes	Yes
其他控制变量	Yes	Yes	Yes	Yes
城市固定效果	Yes	Yes	Yes	Yes
年份固定效果	Yes	Yes	Yes	Yes
地区因素	Yes	Yes	Yes	Yes
N	169 213	169 213	169 213	169 213
R 平方	0.607	0.607	0.607	0.607

注：* $p<0.1$，** $p<0.05$，*** $p<0.01$。括号内数值为标准误，在县级层面聚类。其他控制变量包括土地用途和土地来源虚拟变量。地区因素包括县级市城市人均国内生产总值、第二产业产出比、第三产业产出比、外商人均直接投资、财政压力和滞后房价。

7.6　结论

中国地方政府融资行为与土地市场的联系尚未被学界和政界很好地理解。为配合刺激计划，地方政府依赖以地融资来为基础设施建设融资。基于 2007—2016 年全国土地出让微观数据库，我们实证检验地方政府融资平台高价购地行为及其影响机制。我们发现，相比非地方融资平台，地方融资平台的土地购买价格显著高 10%左右。刺激计划、地方债和财政压力等因素加剧了地方政府融资平台高价购地行为。研究结果表明,地方政府对土地市场的直接干预导致新型土地财政行为的形成。以往研究认为,土地收益是地方政府干预土地市场的主要激励(Tao 等,2010;Huang 和 Du,2017a)。然而,我们研究显示,地方政府土地收益激励和土地财政激励相互交织。地方政府不仅干预土地市场,而且还直接参与土地市场和抬高土地价格。地方政府策略性供地行为的目的主要是为基础设施融资和刺激经济增长。

我们研究发现,中国存在地方政府融资平台主导的以地融资和高价购地行为,地方融资平台购买的土地价格显著高于非融资平台。受刺激计划影响,地方政府通过以地融资向银行借贷来为基础设施建设筹措资金。

相应政策意义在于,中央政府需关注这种刺激计划带来的意外后果,加强对地方政府土地市场的干预和以地融资行为的规范与管制。地方政府控制的地方政府融资平台抬高土地价格来为基础设施融资,这种信贷扩张将扭曲经济结构。以地融资行为抬升了土地价格,挤出了私人部门的融资和投资,并使经济更加依赖地方政府的以地融资和投资行为。地方政府土地市场干预的多元目标将导致土地市场低效和错配。

本章参考文献

Ambrose B W, Deng Y H, Wu J. Understanding the risk of China's local government debts and its linkage with property markets [EB/OL]. SSRN Working Paper, https://ssrn. com/abstract=2557031,2016.

Bai C E, Hsieh C T, Song Z M. The long shadow of a fiscal expansion [J]. Brookings Papers on Economic Activity, 2016,60,309 - 327.

Brueckner J K. Government land-use interventions: An economic analysis [C]. Paper presented at the 4th Urban Research Symposium, World Bank, Washington, DC, 2007.

Burdekin R C K, Weidenmier M D. Assessing the impact of the Chinese stimulus package at home and abroad: A damp squib? [J]. China Economic Review, 2012,33,137 - 162.

Cai H, Henderson J V. China's land market auctions: Evidence of corruption [J]. RAND Journal of Economics, 2013,44(3): 488 - 521.

Cai M N. Local determinants of economic structure: Evidence from land quota allocation in China [EB/OL]. Working Paper, https://extranet. sioe. org/uploads/isnie2012/cai. pdf, 2011.

Cao G Z, Feng C C, Tao, R. Local "land finance" in China's urban expansion: Challenges and solutions [J]. China & World Economy, 2008,16: 19 - 30.

Chen T. The speculation channel and crowding out channel real estate shock: Real estate shocks and corporate investment in China [EB/OL]. Working Paper, https://www. aeaweb. org/conference/2017/preliminary/paper/sQ6Q6tZE, 2016.

Chen Z, He Z G, Liu C. The financing of local government in China: Stimulus loan wanes and shadow banking waxes [EB/OL]. Working Paper, https://ssrn. com/abstract = 2920030,2017.

Conley T G, Hansen C B, Rossi P E. Plausibly exogenous [J]. The Review of Economics and Statistics, 2012,94(1): 260 - 272.

Deng F F. China's urban land reform, urban productivity, and local government behavior [J]. Eurasian Geography and Economics, 2003,44(3): 210 - 227.

Deng Y H, Morck R, Wu J, Yeung B. Monetary and fiscal stimuli, ownership structure, and China's housing market [EB/OL]. NBER Working Paper, http://www. nber. org/papers/ w16871,2011.

Diao X S, Zhang Y M, Chen K Z. The global recession and China's stimulus package: A general equilibrium assessment of country level impacts [J]. China Economic Review, 2012, 23(1): 1 - 17.

Ding C, Lichtenberg E. Land and urban economic growth in China [J]. Journal of Regional Science, 2011,51(2): 299 - 317.

Ding C. Land policy reform in China: Assessment and prospects [J]. Land Use Policy, 2003, 22(2): 109 - 120.

Fardoust S, Lin J Y, Luo X. Demystifying China's fiscal stimulus [EB/OL]. The World Bank Policy Research Working Paper, http://www-wds. worldbank. org/external/default/ WDSContentServer/IW3P/IB/2012/10/10/000158349 _ 20121010133343/Rendered/PDF/ wps6221. pdf, 2012.

Feng X. Local government debt and municipal bonds in China: Problems and a framework of rules [J]. The Copenhagen Journal of Asian Studies, 2013,31: 23 - 53.

Guo G. China's local political budget cycles [J]. American Journal of Political Science, 2009, 53: 621 - 632.

Huang Z H, Du X J. Government intervention and land misallocation: Evidence from China [J]. Cities, 2017a, 60: 323 - 332.

Huang Z H, Du X J. Strategic interaction and the determinants of industrial land supply in China [J]. Urban studies, 2017b, 54(6): 1328 - 1346.

Kung J K S, Chen T. Do land revenue windfalls create a political resource curse? Evidence from China [J]. Journal of Development Economics, 2016,123: 86 - 106.

Lin G C, Yi F. Urbanization of capital or capitalization on urban land? Land development and local public finance in urbanizing China [J]. Urban Geography, 2011,32: 50 - 79.

Lin G C, Zhang A Y. Emerging spaces of neoliberal urbanism in China: Land commodification, municipal finance and local economic growth in prefecture-level cities [J]. Urban Studies, 2014,52(15): 2774 - 2798.

Lu X, Landry P F. Show me the money: Interjurisdiction political competition and fiscal extraction in China [J]. American Political Science Review, 2014,108: 706 - 722.

Lu Y, Sun T. Local government financing vehicles in China: a fortune of misfortune? [EB/OL]. IMF Working Paper, https://www.imf.org/external/pubs/ft/wp/2013/wp13243.pdf, 2013.

National Audit Office (NAO). (2011). Quanguo difang zhengfuxing zhaiwu shengji jieguo (Results from the Nationwide Audit of Local Government Debts)[R]. No. 35. http://www.gov.cn/zwgk/2011-06/27/content_1893782.htm, 2011.

Ong L H. State-Led urbanization in China: Skyscrapers, land revenue and "concentrated villages" [J]. The China Quarterly, 2014,217: 162 – 179.

Pan F H, Zhang F M, Zhu S J, Wójcik D. Developing by borrowing? Inter-jurisdictional competition, land finance and local debt accumulation in China [J]. Urban Studies, 2017,54 (4): 897 – 916.

Pan J N, Huang J T, Chiang T F. Empirical study of the local government, deficit, land finance and real estate markets in China [J]. China Economic Review, 2015,32: 57 – 67.

Saiz A. The geographic determinants of housing supply [J]. The Quarterly Journal of Economics, 2010,125(3): 1253 – 1296.

Su F B, Tao R. The China model withering? Institutional roots of China's local developmentalism [J]. Urban Studies, 2017,54(1): 230 – 250.

Tao R, Su F B, Liu M X, Cao G Z. Land leasing and local public finance in China's regional development: Evidence from prefecture-level cities [J]. Urban Studies, 2010, 47 (10): 2217 – 2236.

Tsui K Y. China's infrastructure investment boom and local debt crisis [J]. Eurasian Geography and Economics, 2011,52: 686 – 711.

Wang D, Zhang L, Zhang Z, Zhang S X B. Urban infrastructure financing in reform-era China [J]. Urban Studies, 2011,48: 2975 – 2998.

World Bank. The urban development investment corporations in Chongqing China [J]. Technical assistance report, http://documents.worldbank.org/curated/en/2010/01/12648119/urban-development-investmentcorporations-udics-chongqing-china, 2009.

Wu G L, Feng Q, Li P. Does local governments' budget deficit push uphousing prices in China? [J]. China Economic Review, 2014,35: 183 – 196.

Wu Q, Li Y L, Yan S Q. The incentives of China's urban land finance [J]. Land Use Policy, 2015,42: 432 – 442.

Xu C G. The fundamental institutions of China's reforms and development [J]. Journal of Economic Literature, 2011,49(4): 1076 – 1151.

Yang Z, Ren R R, Liu H Y, Zhang H. Land leasing and local government behavior in China: Evidence from Beijing [J]. Urban Studies, 2015,52(5): 841 – 856.

Zhan J V. Strategy for fiscal survival? Analysis of local extra-budgetary finance in China [J]. Journal of Contemporary China, 2013,22(80): 185 – 203.

Zhang M. Re-evaluating the risk of Local Financing Vehicles [EB/OL]. Working paper, http://www.caijing.com.cn/2010 – 03-12/110394746.Html, 2013.

第8章
制度、技术与土地市场结构影响：
高铁对土地市场影响研究

8.1 问题提出：高铁如何影响土地市场

高铁和土地市场，正成为中国和世界关注的热点问题。虽然高铁最早出现在发达国家，但发展中家热衷于建设高铁这一现代化交通基础设施。我国高铁于 2005 年开工建设，2008 年投入运营，之后发展迅速。到 2019 年，中国高铁里程已达到 3.5 万公里，计划到 2030 年达到 4.5 万公里，已连接 250 个城市，高铁正在成为中国和其他国家日益流行的交通工具。然而，目前对高铁如何影响土地市场和土地价值的研究还相对较少。

地方政府热衷于吸引高铁建设，建设高铁新城或高铁小镇，并期望高铁开通后能以更高的价格出让土地，以获取土地收入。各地兴起的高铁城市使大量土地被出让和开发。然而，高铁是否以及如何影响地价，在不同城市和不同时期的影响如何，这些问题仍不清楚。

虽然铁路基础设施对房地产价值的影响已被广泛研究，但目前研究尚未达成共识。一些研究表明，铁路基础设施对房地产价格有正向影响（Knaap 等，2001；Debrezion 等，2011），然而也有一些研究认为影响较小（Andersson 等，2010）。一些学者甚至发现铁路基础设施对房地产价值有负向影响（Armstrong 和 Rodriguez，2006；Wagner 等，2017）。此外，大部分研究都集中在城市轨道交通上，而对高铁的研究却相对有限。与传统铁路（包括轻轨和地铁）相比，高铁具有更短的旅行时间、更大的服务市场和更长的影响距离。此外，高铁还能提供更便捷的长距离城际交通服务,影响覆盖距离在 100~800 公里之间(Button,2012;Zheng 和 Kahn,2013)。

为探讨高铁对中国市场与土地价格的结构影响和因果机制,我们基于中国一级土地市场上土地交易微观数据,采用双重差分—特征价格模型。研究发现,在高铁建设和运营阶段高铁对地价有显著正向影响,尤其是小城市的土地溢价高于大城市。本章研究有助于提升人们对高铁快速发展背景下土地利用和土地政策的认识,特别是对土地价值及空间格局特征作用的认识。

我们的研究对现有文献的贡献主要有三个方面。首先,我们使用拟实验计量方法检验高铁对地价的因果影响机制。与以往文献相比,我们考察了高铁对土地市场空间和时间上的不同影响。其次,研究了高铁建成后对土地价值异质性和分配性影响。最后,从密度、距离、分割和等级等结构角度进一步探讨了高铁对地价的具体影响机制。

8.2 中国高铁与土地市场背景分析

8.2.1 中国高铁发展

为应对公路和航空运输的竞争,中国铁道部于 2006 年公布高铁建设规划。2007 年,中国开始发展建设首先连接北京、上海、广州等特大城市的高铁。

中国高铁经历三个发展阶段。①第一阶段(2007~2010 年)。第一条高铁于 2007 年 4 月开通,列车速度 200~250 公里/小时。为迎接 2008 年北京奥运会,2008 年 8 月 1 日,一条连接北京和天津的高铁新线开通,列车时速提高到350 公里。②第二阶段(2011~2013 年)。中国高铁得到了扩展。2013 年,随着南京—杭州、杭州—上海、盘锦—营口、向塘—莆田等多条高铁新线路开通,中国高铁服务里程达到 12000 公里,形成四纵四横的高铁网络,连接各大城市。③第三阶段(2014~2017 年)。中国高铁经历快速增长。2014 年,全长 1 776 公里的兰新高铁全线开工建设。2017 年 7 月 9 日,宝鸡至兰州线开始运营,标志着中国西北地区已接入国家高铁网络。根据 2016 年公布的《中国中长期高铁规划》,到 2025 年,中国高铁服务里程将达 3.8 万公里,形成八纵八横的高铁网络。

8.2.2 高铁发展下的土地开发与供给

土地是支撑中国经济社会发展的重要工具和载体(Liu 等,2014;Huang 和

Du，2017a；Liu，2018）。地方政府将土地作为城市基础设施建设融资和促进地方经济增长的重要工具（Ding 和 Lichtenberg，2011；Huang 和 Du，2018；Huang 和 Du，2020）。

中国地方政府热衷于高铁建设。尽管一些城市已将传统铁路升级为高铁，但大多数城市在郊区新城建设新的高铁站（Diao 等，2017）。高铁建设成本为每公里1～3亿元左右。地方政府通过土地出让收入和土地抵押贷款为高铁建设融资（Huang 和 Du，2018）。土地出让收入是地方政府偿还债务的主要来源（Huang 和 Du，2017b）。

地方政府在高铁车站附近开发了许多高铁新城。他们希望在这些高铁新城通过高价出让土地，获得大量土地出让收入来偿还高铁建设的债务。靠近高铁车站的区位优势受到房地产开发商的重视，他们愿意为此支付高昂的代价。一些开发商甚至贴上了"高铁小镇"的标签，以突出其楼盘的高铁可达性来进行营销。由于高铁的区位优势和较好的可达性，高铁将对地价和土地市场产生影响。

8.3 交通基础设施与房地产市场影响文献回顾

8.3.1 相关经济理论分析

经济学理论认为，铁路基础设施可影响房地产价值，并改变价值的空间分布。Alonso（1964）提出土地竞租理论，该理论预测土地价格随着与市中心距离的增加而降低。这是因为居民愿意为获得离市中心更近的工作和便利设施而支付成本。学者们对交通基础设施的经济效应进行了大量的研究，主要集中在交通基础设施便利化带来的资本化效应。此外，一些学者发现，铁路基础设施附近的土地或财产将受到不利影响，如噪音增加（Armstrong 和 Rodriguez，2006；Walker，2016）、拥堵和犯罪（Bowes 和 Ihlanfeldt，2001；Phillips 和 Sandler，2015）。此外，高铁将通过聚集或扩散作用改变核心和外围地区之间的人口和经济活动（Li 和 Xu，2018），这也会影响房地产价格。

8.3.2 实证证据

很多实证研究检验铁路基础设施对房地产市场的影响。以往研究探讨了不同类型铁路基础设施对不同规模城市、不同类型房地产影响及不同识别策略。有关轨道交通资本化效应的文献综合分析可参考 Mohammad 等（2013）的研究。

他们采用 meta(荟萃)分析法来分析高铁附近房地产价格效应的变化,采用基于可达性、距离或虚拟变量的常用度量。然而,以往可达性衡量没有考虑不同服务频率和乘客人数。

此外,实证结果表明,铁路基础设施对房地产价格影响可能因城市规模、时期、区位优势和土地利用类型而异(Atkinson-Palombo,2010;Chen 和 Haynes,2015)。铁路对房地产价值的不同影响可能与不同发展阶段和不同房地产市场有关(Zhong 和 Li,2016)。研究表明,在人口密度较高的城市,铁路基础设施的房地产价格效应较大(Baum Snow 和 Kahn,2005)。轨道交通也会影响中心城区的商业用地价值,针对韩国首尔的研究证实了这一点(Kim 和 Zhang,2005)。在中国,相关文献表明,提高高铁可及性将显著提高房价,高铁的房地产价格效应在中小城市更为显著(Chen 和 Haynes,2015)。

8.3.3 拟实验计量方法相关文献

最近的文献提倡采用拟实验设计。传统特征价格模型利用横截面数据变化来识别铁路基础设施对房地产市场的影响,但由于存在内生问题,无法识别因果关系。双重差分是一种拟实验方法,可以识别铁路基础设施影响的因果关系。但若控制组选取不合理会导致轨道交通效应估计结果存在差异(Billings,2011)。采用房产离站点距离的测量是最常见的识别策略。一项实证研究使用双重差分方法发现,在芝加哥,车站附近的物业价值增加了 7%,并发现了显著的预期效应(McMillen 和 McDonald,2004)。一项基于明尼阿波利斯地块水平数据的差分方法研究发现,铁路也会影响运营站点 0.5 英里范围内的土地利用(Hurst 和 West,2014)。

然而,在距离阈值之外选择控制组样本引起疑虑。首先,距离阈值设定任意。第二,存在内生问题,因为车站选址与其他区位特征相关,这使得难以将房地产价格效应归因于铁路基础设施。如 Billings(2011)一项研究将拟计划建设的(非实际的)轨道交通作为控制组来检验轨道交通对夏洛特城市房价的影响。另一项研究使用准实验方法来检验轨道交通对房价的影响,发现与轨道交通车站的距离对伦敦新车站的房价影响显著(Gibbons 和 Machin,2005)。此外,另一项基于伦敦的研究也使用拟实验方法来检验 1999 年 Jubilee 线和 Docklands 轻轨延伸段的房价影响,并发现轨道交通通过可达性显著影响房地产价格(Ahlfeldt,2013)。

8.4　高铁对土地市场影响实证模型与数据

8.4.1　实证模型

为探讨高铁对地价的影响，我们采用了 Hedonic(特征价格)模型。然而，如果高铁站位于地价较高的地区，受未观察到因素影响，此时估计是有偏的。为解决传统特征价格模型中遗漏变量问题，我们采用拟实验方法和差分模型。在以往研究基础上(Wagner 等，2017；Qin，2017)，我们将双重差分特征价格模型设定如下：

$$\log(Land\ Price_{ijt}) = \alpha + \beta \times HSR_j \times After_t + \gamma X_{ijt} + City_j + Province_m \times YearMonth_t + \varepsilon_{ijt}$$

$$(8-1)$$

其中 $\log(Land\ Price_{ijt})$ 是结果变量，表示 t 时位于 j 市地块 i 的地价(元/平方米)。关键变量是高铁处理变量(HSR)和处理时间($After$)的相互作用。HSR_j 是虚拟变量，1=表示开通高铁的城市，$After$ 是虚拟变量，1=表示高铁开通后的城市。因此，$HSR \times After$ 表示高铁对地价的影响。X_{ict} 是一组控制变量，包括地块和城市特征。地块特征包括土地面积、土地质量、土地用途、交易方式、土地来源等。$City_i$ 是城市的固定效应。$Province_i \times YearMonth_t$ 是控制随省份特定年　月固定效应。

8.4.2　数据描述

为估计高铁对地价的影响，我们收集了高铁数据和地块数据。所有地级市高铁信息均来自中国铁路网(http://www.12306.cn/)和中国高铁百度百科。每个高铁站都与其所在地级市相匹配。

我们从中国一级土地市场网站(http://www.landchina.com/)收集土地交易数据。在收集土地数据库中，包括 2014 年 1 月至 2017 年 6 月共 356 839 宗居住和商业用地交易数据，并记录每个地块的出让价格、面积、区位和物理属性、出让日期等，还提供了广泛的地块属性，包括 16 类土地等级信息。变量具体定义和描述性统计如表 8-1 所示。

表 8-1　变量定义和描述性分析

变量	定义	观测值	均值	标准差
Land price	宗地价格(元/平方米)	356 839	2 171.74	4 864.08
HSR	1=地块位于高铁城市,否则为0	356 839	0.55	0.50
After	1=高铁开通后,否则为0	356 839	0.23	0.42
HSR construction	1=高铁开始建设开始,否则为0	356 839	0.46	0.50
地块属性				
Area	地块面积(公顷)	356 839	2.87	99.24
FAR	容积率(FAR)	312 350	2.48	1.39
Usage term	土地使用年限(年)	280 213	55.85	14.51
Land quality	土地等级(1—18,等级1区位最好)	356 839	5.18	4.45
土地交易方式				
Tender	1=招标出让,否则为0	356 839	1.49	0.12
Auction	1=拍卖出让,否则为0	356 839	21.13	0.41
Listing	1=挂牌出让,否则为0	356 839	77.37	0.42

表 8-2 显示汇总统计数据,比较分析高铁与非高铁城市地块的主要特征。处理组(高铁城市)平均地价为 2 896.58 元/平方米远高于对照组(非高铁城市)地价 1 294.14 元/平方米。在面积、距离和使用年限上,高铁城市与非高铁城市组的均值差异均在 0.01 水平。有趣的是,高铁与非高铁组别的土地区位等级并无显著差异。这些结果表明,高铁城市土地出让价格较高,而这并不能用地块的区位特征来解释。

表 8-2　土地特征的分组比较

变量	高铁城市	非高铁城市	均值差	概率
Land price	2 896.58(13.90)	1 294.14(5.68)	1 602.44	0.00
Area	3.42(0.22)	2.41(0.26)	0.83	0.01
FAR	2.56(0.003)	2.39(0.004)	0.17	0.00
Usage term	56.96(0.04)	54.53(0.04)	2.43	0.00
Land quality	5.17(0.01)	5.18(0.01)	−0.01	0.68

注:括号内数值为标准差。

在使用双重差分估计前,我们检验平行趋势假设。图 8-1 显示了平均地价的趋势。平行趋势在 2009 年之前更为显著(大多数城市在 2009 年之后开通高铁),满足平行趋势假设。

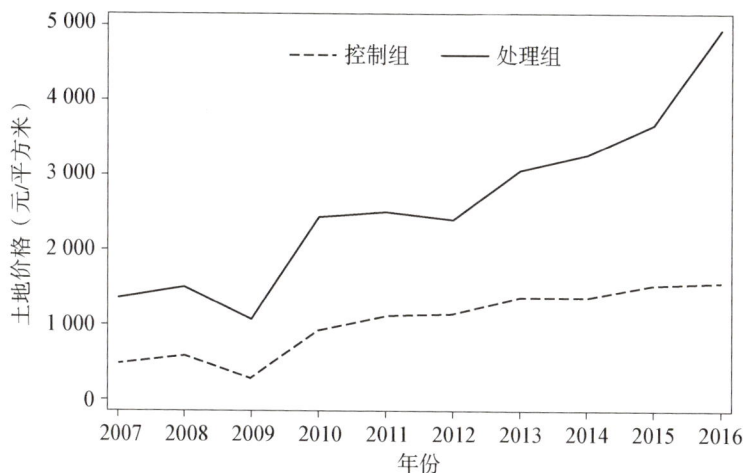

图 8-1 处理组与控制组地价平行趋势检验

8.5 高铁对土地市场影响实证结果

8.5.1 基准回归结果

表 8-3 提供高铁对地价影响的基准回归结果。第 1 列，不加控制变量，显示 HSR×After 项系数为 0.102，表明高铁将地价提高 10%。在第 2～4 列中，我们逐步引入一组控制变量，HSR×After 项系数均显著为正，HSR×After 项略有下降至 0.057。这一结果表明，与没有高铁的城市相比，高铁使土地价值增值约 6%。我们的结果与 McMillen 和 McDonald（2014）的结果基本一致，McMillen 和 McDonald（2014）的结果表明，芝加哥中途线公交车站附近的房产价值上升约 7%。

表 8-3 高铁对地价影响的基础结果

变量	(1)	(2)	(3)	(4)
HSR×After	0.102***	0.096***	0.052**	0.057***
	(0.021)	(0.021)	(0.021)	(0.021)
Log area		−0.068***	−0.052***	−0.040***
		(0.005)	(0.005)	(0.005)

（续表）

变量	(1)	(2)	(3)	(4)
Land quality		−0.050***	−0.038***	−0.036***
		(0.003)	(0.003)	(0.003)
Usage term			0.002***	0.000
			(0.000)	(0.001)
FAR			0.222***	0.215***
			(0.006)	(0.006)
常数	7.116***	7.384***	6.644***	6.888***
	(0.035)	(0.038)	(0.049)	(0.141)
交易方式虚拟变量	No	No	Yes	Yes
土地用途和来源虚拟变量	No	No	No	Yes
县固定效应	Yes	Yes	Yes	Yes
年固定效应	Yes	Yes	Yes	Yes
样本	356 798	356 798	242 658	242 658
R 平方	0.543	0.558	0.622	0.627

注：* $p<0.1$，** $p<0.05$，*** $p<0.01$。括号内数值为标准误，在县层面聚类。

8.5.2　异质性影响

8.5.2.1　高铁建设与运营时期的不同影响

我们进一步研究高铁对地价的时变影响。高铁对地价的影响可能因高铁建设和运营阶段、服务频率以及地块的不同使用类型而异。首先，为研究高铁不同时期的影响，我们将高铁的处理分解为两个阶段：建设期和运营期。表8-4显示了估算结果。在第1~4列中，HSR×Construction period项所有系数都显著为正。与运营期相比，高铁建设期地价较高。这些结果可能意味着，在高铁建设开始后，公众对高铁引入的正向积极预期会显著推高高铁城市的地价。高铁对地价的影响存在预期资本化效应，这与 Agostini 和 Palmucci(2008)的研究结果一致。如果预期效应对高铁引起的地价上涨起主要作用，建设期地价溢价将高于运营期地价溢价。

表8-4　建设期与运营期高铁对地价影响

变量	(1)	(2)	(3)	(4)
HSR×Construction period	0.113***	0.107***	0.070**	0.077**
	(0.034)	(0.035)	(0.034)	(0.034)

(续表)

变量	(1)	(2)	(3)	(4)
HSR×Operation period	0.095***	0.090***	0.048**	0.053**
	(0.021)	(0.021)	(0.021)	(0.021)
Log area		−0.068***	−0.052***	−0.040***
		(0.005)	(0.005)	(0.005)
Land quality		−0.050***	−0.038***	−0.036***
		(0.003)	(0.003)	(0.003)
Usage term			0.002***	0.000
			(0.000)	(0.001)
FAR			0.222***	0.215***
			(0.006)	(0.006)
常数	7.069***	7.338***	6.613***	6.852***
	(0.039)	(0.041)	(0.052)	(0.141)
交易方式虚拟变量	No	No	Yes	Yes
土地用途和来源虚拟变量	No	No	No	Yes
县固定效应	Yes	Yes	Yes	Yes
年固定效应	Yes	Yes	Yes	Yes
样本	356 798	356 798	242 658	242 658
R 平方	0.543	0.559	0.622	0.627

注：* $p<0.1$，** $p<0.05$，*** $p<0.01$。括号内数值为标准误，在县层面聚类。

8.5.2.2 高铁对地价异质性影响：线路服务频率

其次，为考察高铁通过服务频率（线路数）调节而对地价产生异质性影响，我们计算出各城市高铁服务频率（各站线路数，number of lines），并与 HSR×After 进行交互。表8-5 给出高铁服务频率对地价的影响结果。这些结果表明，高铁对地价的影响随服务频率的增加而加大，与 Ahlfeldt 和 Feddersen (2018)的研究一致。这是因为服务频率较高（集聚效应较大）的城市将更多地受益于高铁对地价的资本化效应。

表8-5 高铁服务频率与高铁地价影响

变量	(1)	(2)	(3)	(4)
HSR×After×log number of lines	0.017***	0.018***	0.010*	0.012**
	(0.005)	(0.005)	(0.005)	(0.005)
Log area		−0.069***	−0.055***	−0.043***
		(0.007)	(0.006)	(0.006)
Land quality		−0.065***	−0.044***	−0.041***
		(0.005)	(0.004)	(0.004)

（续表）

变量	(1)	(2)	(3)	(4)
Usage term			0.005***	0.003**
			(0.001)	(0.002)
FAR			0.217***	0.210***
			(0.008)	(0.008)
常数	7.448***	7.802***	6.840***	7.075***
	(0.041)	(0.050)	(0.068)	(0.209)
交易方式虚拟变量	No	No	Yes	Yes
土地用途和来源虚拟变量	No	No	No	Yes
县固定效应	Yes	Yes	Yes	Yes
年-月固定效应	Yes	Yes	Yes	Yes
样本	194 361	194 361	135 408	135 408
R 平方	0.506	0.525	0.604	0.610

注：* $p<0.1$，** $p<0.05$，*** $p<0.01$。括号内数值为标准误，在县层面聚类。

8.5.2.3　高铁对地价异质性影响：居住与商业用地

第三，为研究高铁对土地价格的影响如何因土地部门而异，我们估计了高铁对居住和商业用地价格的影响，结果如表 8-6 所示。第 1 列表明，高铁城市的住宅用地价格比非高铁城市的住宅用地价格上涨了 9.6%。第 2 列显示，高铁城市的商业用地价格将上涨 12.2%。比较第 1～2 列中的 HSR construction× After，高铁对商业用地的资本化效应大于对住宅用地的资本化效应。这是因为高铁不仅降低了运输成本，而且带来了客流和商业活动，从而提高了商业用地的区位价值。

表 8-6　高铁对居住和商业用地价格影响

变量	居住用地	商业用地
	(1)	(2)
HSR construction× After	0.096**	0.122***
	(0.044)	(0.037)
HSR× After	0.060**	0.100***
	(0.028)	(0.026)
Log area	−0.075***	−0.041***
	(0.006)	(0.006)
Land quality	−0.045***	−0.038***
	(0.004)	(0.003)

（续表）

变量	居住用地	商业用地
	(1)	(2)
Usage term	0.000	0.000*
	(0.000)	(0.000)
FAR	0.000	0.000***
	(0.000)	(0.000)
常数	7.196***	7.241***
	(0.056)	(0.129)
交易方式虚拟变量	Yes	Yes
土地用途和来源虚拟变量	Yes	Yes
县固定效应	Yes	Yes
年-月固定效应	Yes	Yes
样本	112 881	145 884
R 平方	0.613	0.612

注：$^*p<0.1$，$^{**}p<0.05$，$^{***}p<0.01$。括号内数值为标准误，在县层面聚类。

8.5.3　稳健性分析

8.5.3.1　利用工具变量解决内生性问题

首先，为解决内生问题，我们采用了工具变量法。我们使用 1961 年以前的铁路网作为工具变量，1961 年以前的铁路网与高铁城市选择（HSR×After）有关，但与现在地价没有直接关系。对于 1961 年与铁路网相连的城市，我们将工具变量（IV）Postrailway1961 赋值为 1，该 IV 仅通过影响城市交通条件对地价产生间接影响，而不直接影响土地市场。

表 8-7 显示了结果。F-统计量显著，说明该工具不弱，满足相关性要求。第 2 列中 HSR×After 项系数为正且显著，表明具有长期交通区位优势的城市的地价较高。与表 8-3 相比，HSR×After 项系数增加。此外，第一阶段的估计在第 1 列中是显著的。总体而言，IV 回归也支持高铁对地价有正向影响。

表 8-7　利用工具变量的两阶段最小估计结果

变量	(1)	(2)
	First stage	Second stage
	HSR×After	Log land price
Postrailway1961	0.900***	
	(0.001)	

（续表）

变量	(1) First stage HSR×After	(2) Second stage Log land price
HSR×After		0.467***
		(0.006)
Log area	−0.003***	0.045***
	(0.000)	(0.001)
Land quality	−0.001***	−0.013***
	(0.000)	(0.001)
Usage term	0.001***	0.002***
	(0.000)	(0.000)
FAR	0.004***	0.284***
	(0.000)	(0.002)
常数	−0.060***	6.237***
	(0.012)	(0.064)
交易方式虚拟变量	Yes	Yes
土地用途和来源虚拟变量	Yes	Yes
县固定效应	Yes	Yes
年固定效应	Yes	Yes
样本	213 822	213 822
R 平方	0.796	0.246
F 统计量	6 166.00***	

注：$p<0.1$，$^{**}p<0.05$，$^{***}p<0.01$。括号内数值为标准误，在县层面聚类。

8.5.3.2 遗漏变量问题

为了解决遗漏变量的问题，我们增加城市（区域）因素，包括人口密度、第二产业占比、第三产业占比、人均外商直接投资（FDI）和地方支出收入比，这些因素也可能影响地价。我们从《中国城市统计年鉴（2008—2016）》中收集了这些数据，并将其作为对照。表 8-8 中的结果表明，HSR×After 项系数与表 8-3 接近。

表 8-8　控制区域因素的估计结果

变量	(1)	(2)	(3)	(4)
HSR×After	0.074***	0.078***	0.042*	0.049**
	(0.023)	(0.024)	(0.023)	(0.024)
Log area		−0.065***	−0.053***	−0.042***
		(0.006)	(0.005)	(0.005)

（续表）

变量	(1)	(2)	(3)	(4)
Land quality		-0.055^{***}	-0.040^{***}	-0.038^{***}
		(0.004)	(0.004)	(0.003)
Usage term			0.002^{***}	0.001
			(0.000)	(0.001)
FAR			0.224^{***}	0.217^{***}
			(0.007)	(0.007)
常数	5.694^{***}	6.152^{***}	4.888^{***}	4.824^{***}
	(1.374)	(1.354)	(1.420)	(1.411)
交易方式虚拟变量	No	No	Yes	Yes
土地用途和来源虚拟变量	No	No	No	Yes
县固定效应	Yes	Yes	Yes	Yes
年固定效应	Yes	Yes	Yes	Yes
城市因素	Yes	Yes	Yes	Yes
样本	279 739	279 739	188 733	188 733
R 平方	0.519	0.535	0.602	0.607

注：$^{*}p<0.1$，$^{**}p<0.05$，$^{***}p<0.01$。括号内数值为标准误，在县层面聚类。

最后，以楼面地价为自变量，消除容积率对地价的混淆效应。我们发现类似的结果，HSR×After 变量的系数，接近表 8-3 的结果。

8.6 高铁地价影响机制识别

接下来我们从密度、距离、分区和等级等角度探讨高铁对土地市场的影响机制或渠道。世界银行（2009）首次使用密度、距离和分割（3D）框架来分析经济活动的地理分布。密度、距离和分割是塑造经济地理格局的重要因素，与高铁对土地市场的影响有关。密度是一个局部维度，影响市场潜力和土地估价。距离决定高铁可达性，从而对土地市场产生影响。分割关系到城市的市场整合，也关系高铁对土地市场的影响。我们遵循这个框架来研究高铁对地价的经济地理影响。此外，我们还增加城市等级，因为城市等级代表城市的政治地位，影响不同城市间资源配置和公共投资，从而影响高铁对当地土地市场的资本化效应（世界银行，2014；Davis 和 Henderson，2003）。

8.6.1 密度与高铁地价影响

我们首先检验密度渠道：人口密度越大，高铁对地价的影响是否越大。由于人口密度越大的城市集聚效应越大，高铁对这些城市的地价影响越大。为检验高铁对不同人口密度城市地价的差异影响，我们使用 3 次项，HSR×After×log population density，结果如表 8-9 所示。3 次项系数在第 1~4 列中均为显著正，表明人口密度较大的城市地价上涨幅度较大。因此，密度影响渠道存在，可解释高铁导致城市经济活动和投资潜力增加，从而提升土地价格。

表 8-9 密度与高铁地价影响

变量	(1)	(2)	(3)	(4)
HSR×After×log population density	0.012^{***}	0.013^{***}	0.007^{*}	0.008^{**}
	(0.004)	(0.004)	(0.004)	(0.004)
Log area	-0.236	-0.281	-0.188	-0.134
	(0.228)	(0.223)	(0.226)	(0.224)
Land quality	0.023^{***}	0.024^{***}	0.025^{***}	0.025^{***}
	(0.006)	(0.006)	(0.006)	(0.006)
Usage term			0.002^{***}	0.001
			(0.000)	(0.001)
FAR			0.224^{***}	0.217^{***}
			(0.007)	(0.007)
常数	5.762^{***}	6.222^{***}	4.929^{***}	4.870^{***}
	(1.378)	(1.358)	(1.424)	(1.414)
交易方式虚拟变量	No	No	Yes	Yes
土地用途和来源虚拟变量	No	No	No	Yes
县固定效应	Yes	Yes	Yes	Yes
年固定效应	Yes	Yes	Yes	Yes
城市因素	Yes	Yes	Yes	Yes
样本	279 739	279 739	188 733	188 733
R 平方	0.519	0.535	0.602	0.607

注：$^{*}p<0.1$，$^{**}p<0.05$，$^{***}p<0.01$。括号内数值为标准误，在县层面聚类。

8.6.2 距离与高铁地价影响

为检验高铁距离缩短（节省出行时间）效应的影响机制，我们计算每个城市到最近经济中心城市（北京、上海或深圳）节省的出行时间，并与 HSR×After 进行交互。表 8 - 10 给出估计结果。在第 1~4 列中，三重差分项 HSR×After× Time saving 在 0.01 水平上都是显著的。高铁对地价的影响随着高铁到最近经济中心城市所节省旅行时间的增加而增加。这表明在高铁开通后与区域经济中心连接的城市受益更多。这一结果与 Chen 和 Haynes(2015)的结果一致。高铁节省更多去经济中心城市旅行时间的城市，地价上涨幅度更大。

表 8 - 10　距离与高铁地价影响

变量	(1)	(2)	(3)	(4)
HSR×After×Time saving	0.197***	0.213***	0.187***	0.202***
	(0.065)	(0.067)	(0.067)	(0.068)
Log area		−0.071***	−0.056***	−0.045***
		(0.008)	(0.007)	(0.007)
Land quality		−0.059***	−0.039***	−0.036***
		(0.006)	(0.005)	(0.005)
Usage term			0.005***	0.001
			(0.001)	(0.002)
FAR			0.223***	0.217***
			(0.007)	(0.007)
常数	7.392***	7.692***	6.699***	6.939***
	(0.027)	(0.045)	(0.056)	(0.177)
交易方式虚拟变量	No	No	Yes	Yes
土地用途和来源虚拟变量	No	No	No	Yes
县固定效应	Yes	Yes	Yes	Yes
年固定效应	Yes	Yes	Yes	Yes
城市因素	Yes	Yes	Yes	Yes
样本	142 713	142 713	100 116	100 116
R 平方	0.520	0.537	0.615	0.622

注：$^*p<0.1$，$^{**}p<0.05$，$^{***}p<0.01$。括号内数值为标准误，在县层面聚类。

8.6.3　分割与高铁地价影响

　　第三，为检验分割与高铁地价影响的关系，我们计算了区域分割指数，以中心区人均 GDP 占全市的比例来衡量，并与 HSR×After 项相乘，以检验分割渠道影响。表 8 - 11 显示估计结果。三次项 HSR×After×Division 显著为正。高铁对地价的正向影响随区域分割程度的增加而增加。高铁开通后，分割程度越高的城市土地市场受益越大，高铁开通后可达性提高促进区域整合发展，为房地产市场带来更多的效益和更大的资本化效应。

表 8-11　分割与高铁地价影响

变量	(1)	(2)	(3)	(4)
HSR×After×Division	0.093***	0.095***	0.054*	0.062**
	(0.030)	(0.031)	(0.031)	(0.031)
Log area		−0.065***	−0.053***	−0.042***
		(0.006)	(0.005)	(0.005)
Land quality		−0.055***	−0.040***	−0.038***
		(0.004)	(0.004)	(0.004)
Usage term			0.002***	0.001
			(0.000)	(0.001)
FAR			0.223***	0.217***
			(0.007)	(0.007)
常数	5.553***	5.994***	4.803***	4.721***
	(1.365)	(1.348)	(1.414)	(1.405)
交易方式虚拟变量	No	No	Yes	Yes
土地用途和来源虚拟变量	No	No	No	Yes
县固定效应	Yes	Yes	Yes	Yes
年固定效应	Yes	Yes	Yes	Yes
城市因素	Yes	Yes	Yes	Yes
样本	279 739	279 739	188 733	188 733
R 平方	0.519	0.535	0.602	0.607

注：* $p<0.1$，** $p<0.05$，*** $p<0.01$。括号内数值为标准误，在县层面聚类。

8.6.4　等级与高铁地价影响

最后，我们研究城市等级结构是否影响高铁对地价的影响。政策或资源偏向政治等级较高的城市是发展中国家普遍存在的问题（Davis 和 Henderson，2003），尤其在中国（世界银行，2014）。等级较高的城市将获得更多的公共资源和更高层次的政府投资。高铁开通后，低等级城市可能在土地市场上可能获得更多的收益和更大的资本化。

为检验城市等级的影响，我们将城市层次划分为 1～3 级（1=省级城市，2=副省级城市，3=一般地级市），估算结果见表 8-12。在第 1～4 列中，3 次项 HSR×After×City hierarchy 均显著为正，表明高铁对地价的影响随城市等级的增加而增加。低等级城市的土地市场更多受益于高铁的开通，这可能是由于高铁增加了其进入核心城市的机会。这也意味着高铁开通促进了土地市场和城市体系的平衡发展，低层次城市从高铁中受益更多。

表 8-12 等级与高铁地价影响

变量	(1)	(2)	(3)	(4)
HSR × After × City hierarchy	0.022***	0.023***	0.013	0.015*
	(0.008)	(0.008)	(0.008)	(0.008)
Log area		−0.065***	−0.053***	−0.042***
		(0.006)	(0.005)	(0.005)
Land quality		−0.055***	−0.040***	−0.038***
		(0.004)	(0.004)	(0.003)
Usage term			0.002***	0.001
			(0.000)	(0.001)
FAR			0.224***	0.217***
			(0.007)	(0.007)
常数	5.652***	6.114***	4.872***	4.808***
	(1.377)	(1.358)	(1.421)	(1.412)
交易方式虚拟变量	No	No	Yes	Yes
土地用途和来源虚拟变量	No	No	No	Yes
县固定效应	Yes	Yes	Yes	Yes
年固定效应	Yes	Yes	Yes	Yes
城市因素	Yes	Yes	Yes	Yes
样本	279 739	279 739	188 733	188 733
R 平方	0.519	0.535	0.602	0.607

注：* $p<0.1$，** $p<0.05$，*** $p<0.01$。括号内数值为标准误，在县层面聚类。

比较不同渠道效果，从一个标准差变化对感兴趣变量的影响来看，距离通道最为显著，其次是分割通道、层次通道和密度通道。

8.7 结论

高铁可显著提升可达性，降低运输成本，从而增加对区位可达性的需求，并对房地产价格产生资本化效应。本研究探讨高铁对中国土地市场的影响。研究发现，高铁对设有高铁站点的城市地价有显著的正向影响。此外，与没有高铁站点的城市相比，在建设期和运营期高铁城市地价分别上涨了8%和6%。我们的结果对不同模型设定和不同土地价格测度都是稳健的。高铁对土地价格的影响在建设期、线路多城市和商业用地部门更显著。此外,高铁对地价的影响在不同城市有显著差异。在人口密度较高、与国家经济中心距离较近、分割性较强、城市等级较低的城市,其影响更大。

我们的研究具有重要的政策意义。首先,政府可以通过从一级土地市场出让土地或征收土地税来获取土地增值。我们的研究结果表明,高铁可为土地价格带来显著的正向资本化效应。地方政府可以通过高价出让高铁站点附近的土地来获取土地价值,从而为高铁建设融资。第二,实施土地综合开发策略,协调高铁建设与土地开发。地方政府可采用以高铁为主导的城镇发展模式来平衡高铁的成本与收益,将高铁对土地利用的外部性内化。第三,土地政策应更好地平衡高铁条件下土地利用的效率和公平。高铁对土地市场的影响也具有分配效应。城市密度越高、离国家经济中心距离越远(高铁时空压缩效应越明显)、分割性越强、等级越低的城市,高铁的资本化效应越大。为解决高铁条件下地价增长不平衡和地区差距过大的问题,应实行包容、平衡性的土地政策。

值得注意的是,高铁也可能对地价产生溢出效应。本研究中没有考虑高铁对地价的一般均衡效应。没有高铁的城市地价可能会受到高铁的间接影响,因为非高铁城市通过高速公路或公路与其他高铁城市相连。因此,非高铁城市可能会受到高铁城市的溢出效应。为了更好地理解基础设施投资对土地市场的溢出效应和资本化效应,未来还需要进一步研究。

本章参考文献

Agostini C A, Palmucci G A. The anticipated capitalisation effect of a new metro line on housing prices [J]. Fiscal studies, 2008, 29(2): 233 - 256.

Ahlfeldt G M, Feddersen A. From periphery to core: Measuring agglomeration effects using high-speed rail [J]. Journal of Economic Geography, 2018, 18(2): 355 - 390.

Ahlfeldt G M. If we build it, will they pay? Predicting property price effects of transport innovations [J]. Environment and Planning A, 2013, 45(8): 1977 - 1994.

Alonso W. Location and Land Use: Toward a General Theory of Land Rent [M]. Harvard University Press, Cambridge, Massachusetts, 1964.

Andersson D E, Shyr O F, Fu J. Does high-speed rail accessibility influence residential property prices? Hedonic estimates from southern Taiwan [J]. Journal of Transport Geography, 2010, 18(1): 166 - 174.

Armstrong R J, Rodriguez D A. An evaluation of the accessibility benefits of commuter rail in Eastern Massachusetts using spatial hedonic price functions [J]. Transportation, 2006, 33(1): 21 - 43.

Atkinson-Palombo C. Comparing the capitalisation benefits of light-rail transit and overlay zoning for single-family houses and condos by neighbourhood type in metropolitan phoenix, Arizona [J]. Urban Studies, 2010,47(11): 2409 – 2426.

Baum-Snow N, Kahn M E. Effects of urban rail transit expansions: Evidence from sixteen cities, 1970 – 2000 [J]. Brookings-Wharton Papers on Urban Affairs, 2005: 147 – 206.

Billings S B. Estimating the value of a new transit option [J]. Regional Science and Urban Economics, 2011,41(6): 525 – 536.

Bowes D R, Ihlanfeldt K R. Identifying the impacts of rail transit stations on residential property values [J]. Journal of Urban Economics, 2001,50(1): 1 – 25.

Button K. Is there any economic justification for high-speed railways in the United States? [J]. Journal of Transport Geography, 2012,22: 300 – 302.

Chen Z H, Haynes K E. Impact of high speed rail on housing values: An observation from the Beijing-Shanghai line [J]. Journal of Transport Geography, 2015,43: 91 – 100.

Davis J, Henderson J V. Evidence on the political economy of the urbanization process [J]. Journal of Urban Economics, 2003,53(1): 98 – 125.

Debrezion G, Pels E, Rietveld P. The impact of rail transport on real estate prices: An empirical analysis of the Dutch housing market [J]. Urban Studies, 2011, 48 (5): 997 – 1015.

Diao M, Zhu Y, Zhu J. Intra-city access to inter-city transport nodes: The implications of high-speed-rail station locations for the urban development of Chinese cities [J]. Urban Studies, 2017,54(10): 2249 – 2267.

Ding C, Lichtenberg E. Land and urban economic growth in China [J]. Journal of Regional Science, 2011,51(2): 299 – 317.

Gibbons S, Machin S. Valuing rail access using transport innovations [J]. Journal of Urban Economics, 2005,57(1): 148 – 169.

Huang Z H, Du X J. Government intervention and land misallocation: Evidence from China [J]. Cities, 2017a, 60: 323 – 332.

Huang Z H, Du X J. Holding the market under the stimulus plan: Local government financing vehicles' land purchasing behavior in China [J]. China Economic Review, 2018, 50: 85 – 100.

Huang Z H, Du X J. Strategic interaction and the determinants of industrial land supply in China [J]. Urban studies, 2017b, 54(6): 1328 – 1346.

Huang Z H, Du X J. Toward green development? Impact of the carbon emissions trading system on local governments' land supply in energy-intensive industries in China [J]. Science of the Total Environment, 2020,738: 1 – 9.

Hurst N B, West S E. Public transit and urban redevelopment: The effect of light rail transit on land use in Minneapolis, Minnesota [J]. Regional Science and Urban Economics, 2014, 46: 57 – 72.

Kim J, Zhang M. Determining transit's impact on Seoul commercial land values: An application of spatial econometrics [J]. International Real Estate Review, 2005, 8 (1):

1 - 26.

Knaap G J, Ding C, Hopkins L D. Do plans matter? The effects of light rail plans on land values in station areas [J]. Journal of Planning Education and Research, 2001, 21 (1): 32 - 39.

Li Z G, Xu H T. High-speed railroads and economic geography: Evidence from Japan [J]. Journal of Regional Science, 2018, 58(4): 705 - 727.

Liu Y S, Fang F, Li Y H. Key issues of land use in China and implications for policy making [J]. Land Use Policy, 2014, 40: 6 - 12.

Liu Y S. Introduction to land use and rural sustainability in China [J]. Land Use Policy, 2018, 74: 1 - 4.

McMillen D P, McDonald J. Reaction of house prices to a new rapid transit line: Chicago's Midway Line, 1983 - 1999 [J]. Real Estate Economics, 2004, 32(3): 463 - 486.

Mohammad S I, Graham D J, Melo P C, Anderson R J. A meta-analysis of the impact of rail projects on land and property values [J]. Transportation Research Part A: Policy and Practice, 2013, 50: 158 - 170.

Phillips D C, Sandler D. Does public transit spread crime? Evidence from temporary rail station closures [J]. Regional Science and Urban Economics, 2015, 52: 13 - 26.

Qin Y. No county left behind? The distributional impact of high-speed rail upgrades in China [J]. Journal of Economic Geography, 2017, 17(3): 489 - 520.

Wagner G A, Komarek T, Martin J. Is the light rail "Tide" lifting property values? Evidence from Hampton Roads, VA [J]. Regional Science and Urban Economics, 2017, 65: 25 - 37.

Walker J K. Silence is golden: railroad noise pollution and property values [J]. Review of Regional Studies, 2016, 46(1): 75 - 89.

World Bank. Development Research Center of the State Council, The People's Republic of China. Urban China: Toward Efficient, Inclusive, and Sustainable Urbanization [R]. Washington, DC: World Bank, 2014.

World Bank. World Development Report 2009: Reshaping Economic Geography [R]. Washington DC: World Bank, 2009.

Zheng S Q, Kahn M E. China's bullet trains facilitate market integration and mitigate the cost of megacity growth [J]. Proceedings of the National Academy of Sciences of the United States of America, 2013, 110(14): E1248 - E1253.

Zhong H T, Li W. Rail transit investment and property values: An old tale retold [J]. Transport Policy, 2016, 51: 33 - 48.

第三篇
农村土地制度、结构转型与经济发展

第9章
确权赋能、土地流转与农村发展转型

9.1 问题提出：确权赋能如何影响农地市场和农村发展

明晰和安全的土地产权被认为是经济繁荣发展的基础（Demsetz，1967；North，1990；Acemoglu 和 Johnson，2005；Libecap 和 Lueck，2011）。在许多发展中国家，不清晰和不安全的土地产权扭曲了投资激励，同时阻碍通过土地抵押来获得信贷（Besley 和 Ghatak，2010；Ma 等，2013；Ma 等，2015）。禁止土地交易或抵押，使得穷人只能拥有土地这一"沉睡资产"（De Soto，2000），将阻碍资本积累和经济增长（Galiani 和 Schargrodsky，2011）。此外，虽然清晰的土地产权难以实现，但国家可以降低交易成本，增强土地产权安全性并促进土地流转来改善这一局面（Arruñada 和 Garoupa，2005；Ho，2015）。而土地确权是完善和增强土地产权的重要途径（Williamson，2011）。

完善农村土地产权制度已成为我国农村发展面临的重要挑战。土地不能流转不仅削弱农户进城的意愿和能力，而且阻碍其在快速城市化发展过程中获得土地增值收入（Ma 等，2014；Zhao，2016）。此外，不完整的土地产权制度阻碍信贷获得，进一步限制农户投资需求和其他经济活动（Besley 和 Ghatak，2010；Deininger 等，2015）。

近年来，我国政府已意识到当前农村土地产权面临的困境，并启动了农村土地确权和土地产权制度改革。2010 年初，中央政府发布"一号文件"，要求加快农村土地确权工作，包括农村宅基地和集体建设用地。2012 年 12 月，中央发布关于农村问题的政策文件，要求在 2017 年年底之前完成对农村集体土地的确权工作。2015 年来,中国开启了农村"三块地"改革,具体包括农村土地征收、集体经营性建设用地入市和宅基地制度改革。但是,与城市土地制度改革相比,我国农村土地产权制度改革明显滞后,滞后城市土地有偿使用制度改革 30 多年。

在此背景下,本章研究农户对土地确权的态度,并研究土地确权对农户、农村发展的潜在影响。这个问题非常重要,不仅因为土地确权是深化农村土地制度改革的前提和基础,而且因为土地确权关系到农户、农村的一系列发展问题,包括土地市场开放、信贷和劳动力迁移等。我们通过全国大范围的实地和问卷调查数据,分析农户对土地确权的认知与态度,并考察土地确权对农户和农村发展的潜在影响。

虽然关于我国城市土地市场和农地产权制度的文献很多,但目前学术界对农村土地确权及其对农户与农村发展影响的深入研究较少。另外,现有对宅基地交易和抵押限制如何影响土地利用和农村发展的实证文献也较少。目前中国农村土地研究主要集中在地权安全性对投资和农村劳动力转移的影响(De la Rupelle 等,2009;Mullan 等,2011;Ma 等,2014)。与我们研究最相关的是 De Brauw 和 Mueller(2012)的研究,他们研究土地流转对埃塞俄比亚劳动力转移的影响,并发现土地流转对劳动力转移的负向影响。Chernina 等(2014)的研究发现,俄罗斯土地确权改革促进了土地流转,并在 20 世纪初促进了劳动力转移。与上述研究不同,我们侧重研究农户对农村宅基地确权的态度,并从农户行为角度研究土地确权对土地流转和劳动力迁移的潜在影响。

农户对土地确权的真正偏好和态度是什么? 如果宅基地可以流转,农户会怎么选、怎么做? 土地确权与劳动力转移的关系和影响是什么? 基于 2010 年中国 5 省大样本调查数据,我们调研农户对土地确权的态度,并通过土地转让、抵押和劳动力转移视角探讨了土地确权对农村发展的潜在影响。

通过调研农户对土地确权的态度并探索其对中国农村发展的潜在影响,我们拓展了现有文献。本研究提供了新证据,发现农户对土地确权与产权的多元需求,以及土地确权如何影响他们对发展机会的认知。我们还对农户土地流转行为的原因提供基于德索托效应(De Soto effect)的新解释和新证据,有助于更好理解土地确权在发展中国家的作用和影响。

我们的研究还为完善产权制度对经济发展影响研究提供了新的证据。现有研究表明,土地产权可以通过四个渠道影响经济发展:①增强投资激励(Besley,1995;Ma 等,2013);②促进交易(Liu 等,1998;Williamson,2011;Deininger 等,2015);③抵押和获得信贷(Galiani 和 Schargrodsky,2011;Besley 和

Ghatak，2010；Li，2012）；④改善劳动力配置和转移（Field，2007；De Janvry 等，2015；Zhao，2016）。但是，这些渠道及其影响在不同地区、不同情况下可能会有所不同，需要进一步深入的实证研究。

9.2 中国农村土地制度背景分析

9.2.1 中国农村土地制度

在中国目前的城乡二元土地制度下，城市土地归国家所有，农村土地归农村集体所有（Liu 等，1998；Huang 和 Du，2017b）。1988 年宪法修正案中允许城市土地使用权有偿转让，从而开启了城市土地市场（Ho 和 Lin，2003）。但是，农村集体土地仍不被允许交易或抵押（Li，2012；Huang 和 Du，2017a）。这种城乡二元土地制度严重分割了城乡土地市场，限制城市居民购买农村土地。

与城市土地制度改革相比，农村土地制度改革有所不同。1949 年中华人民共和国成立后，中央政府发起土地改革，将土地重新分配给无地农民。但是，受 20 世纪 60 年代社会主义改造运动影响，1962 年《人民公社工作条例》将农村土地改为集体土地，归农村集体经济组织所有。1978 年开始农村改革，农地使用权由集体承包给农民，首轮承包期为 15 年，其后延长到 30 年或更长。延长后，耕地产权就变得更加稳定与安全，激励了农民的生产积极性。然而，耕地使用权只允许在农村集体经济组织内部流转。

除耕地外，农村还有大量宅基地。农村宅基地占全部建设用地的 63.7%，是城市建设用地的两倍左右（Lin，2009）。目前中国农村宅基地制度是无偿使用和禁止转让。同福利性质的城市公共住房类似，公共住房是中国城市贫困人口的基本权利和福利，农村宅基地也是农民的一种基本福利（Huang 和 Du，2015）。农户可免费申请一块宅基地。户籍制度限制农民流动，进一步加强了城乡土地分割（Li，2012；Wang 等，2012）。尽管 20 世纪 90 年代后，城市土地开始有偿使用的市场化改革，但农村宅基地在过去几十年中一直被严格管制和禁止流转。

总体而言，我国农村土地产权制度仍不完善、不清晰。农村土地被禁止交易，导致土地利用效率低下。不完善的产权制度妨碍土地被配置给更高效利用的主体（Brandt 等，2002；Valsecchi，2014），降低了土地的价值，减少农民获得土地财产性收入的机会（Wu，2009）。此外，城乡土地市场分割已成为城乡一体化发展的主要障碍(Deininger 等,2015;Huang 和 Du,2017)。尽管国家不断放松对资本和劳动力要素市场的限制,但农村土地一直未被充分开放(Li,2012)。

9.2.2 中国农村宅基地制度

近年来,农村土地产权不完善和宅基地流转限制的弊端已日益凸显。首先,持续繁荣的城市房地产市场和快速上涨的城市土地价格突显了农村宅基地的价值,特别是在发达城市的近郊地区。其次,快速的工业化发展和户籍制度放松导致数亿农民工转移到城市,根据国家经济和社会发展统计公报,这一数字在 2020 年估计为 2.86 亿人次,同时造成了大量农村房屋空置。还有一些农民工选择长期在城市工作和居住,导致他们在农村的宅基地和房屋一直被闲置和低效利用(Long 等,2007)。此外,一些地方农户或集体非正式地流转集体土地以获得土地收益。

尽管禁止农村土地流转导致土地低效利用,但地方政府仍坚持城乡分割的土地制度。其原因是,地方政府主导土地征收和出让(低价征用农村土地并高价出让给开发商),而放开农村土地流转可能冲击现行征地模式和地方政府土地财政(Lichtenberg 和 Ding,2009;Huang 和 Du,2017b)。土地财政是地方政府的重要收入来源,土地出让收入及相关税款约占地方政府收入的 30~60%(Lin 和 Ho,2005;Huang 和 Du,2017a)。然而,低补偿的土地征收导致大量土地矛盾,并引发大规模土地冲突,威胁社会稳定(Tao 等,2010)。

9.2.3 中国农村土地产权

1978 年以来,中国不断探索土地产权制度改革。家庭联产承包责任制重新定义农村土地使用权,是推进农村土地改革的重要一步。之后,1988 年城市土地改革重新定义了城市土地有偿使用权,也为农村土地产权制度改革提供借鉴。城市土地有偿使用制度改革为后来城市房地产市场发展奠定基础,通过允许交易和抵押进一步促进土地资本化,促进土地开发投资和房地产市场繁荣(Wang 等,2012)。

当前,中国政府正面临农村宅基地和集体建设用地产权制度改革的困境。一方面,政府进行土地流转可减少土地冲突并获得更多的建设用地指标(Li,2012)。另一方面,政府担心增强农民土地产权可能影响现有低价征地模式,并影响土地出让收入,而土地出让收入是地方政府重要的收入来源(Lin,2009)。

2009年起,中央政府决定开展土地确权工作,以更好地保护土地产权并促进城乡协调发展。因为不完善的土地产权是造成农村土地低效利用和土地冲突的重要原因。此外,中央政府也意识到土地确权是农村土地改革和农村发展的基础。随着城市用地指标趋紧,地方政府开始探索实行2003年国土资源部发布的"城乡建设用地增减挂钩"的政策,允许通过缩小农村宅基地来增加城市建设用地指标。但由于没有正式的土地流转制度和土地确权基础,这项政策在提高土地使用效率的同时,也引发较多土地纠纷和社会冲突。

农村土地确权成本较大。确定土地产权不仅包括地籍调查,还涉及测量和其他成本。首先,确定土地产权需要详细的地籍调查、审核和认证。土地确权还需要明确划定边界,并在地图中将图与地块联系对应起来。根据我们调查,每户宅基地调查和确权成本至少是200元,这对农户来说是一项较高的成本(调查时发现西部地区农民月收入不到2000元)。其次,土地确权和实施的成本较高,包括解决土地纠纷、冲突等。缺乏农户自愿参与也会增加土地确权成本。因此,地方政府往往缺乏土地确权的动力,因为它不能产生财政收入,但可能引发矛盾和冲突。

一些地方正在积极进行农村土地改革试点。例如,2005年,广东省颁布相关法规允许在同一乡镇内部流转农村宅基地和房屋。2008年,成都被选定为农村产权改革试点地,并因其"统筹城乡发展综合改革"而闻名。2012年,浙江温州市成立"农村产权服务中心",启动农村土地流转和交易。为深化农村土地改革,2015年中央授权33个县(市)开展农村土地改革试点工作,包括农村土地征用、农村住宅用地和农村集体经营建设用地改革。农村土地产权制度改革并非易事,没有土地确权作为基础,土地产权改革和土地市场难以有效推进(Yoo 和Steckel,2010;Deininger 等,2015)。

9.3 研究方法与数据

本研究基于2010年中国5省2192个农户的问卷调查数据。我们采用分层抽样调研方法。首先,在东、中、西三大地区内随机选择1~2个省,选出浙江和广东(东部地区),安徽(中部地区),四川和广西(西部地区)。其次,对选出的每个样本省的所有县(市)进行排名,并按照人均GDP将其分为发达和欠发达组。接着,随机选择1~2个县,共生成11个样本县(其中四川省3个县,其他省2个县)。进一步随机地在每个样本县选取2~3个镇,并采用相同的分层方法,并在每个选定的城镇中选择 2～3 个村。最后,在每个样本村中,随机选择 20～30 个农户进行访谈。最终,从 5 个省,11 个县,30 个乡镇共 90 个村庄中收集了 2 192 份有效调查问卷。

表 9‑1 显示,这些受访农户代表性较好,反映中国农户的一般情况。本研究的调研样本具有全国代表性,其原因有二。首先,样本分布于中国的东部、中部和西部地区。第二,一些关键变量的描述性统计,包括人均 GDP 和家庭规模接近国家总体情况。比如,关于家庭规模,国家统计报告中农村家庭的平均值为 3.95,而本研究样本中的平均值为 3.91。

表 9‑1 中国 5 省 2 192 个农户家庭的社会经济特征

省	县	观测值	2012 年人均国内生产总值(美元)	家庭规模	非农收入(%)	性别(男=1)	教育水平(年)
浙江	秀洲区	215	8 397.0	4.1	47.1	0.67	9.4
	松阳县	213	5 652.2	4.0	56.1	0.70	9.1
安徽	肥东县	227	6 275.3	4.0	79.3	0.73	10.9
	肥西县	216	7 224.1	3.8	70.7	0.72	9.2
广东	南海区	233	25 533.6	3.8	46.2	0.73	8.8
	博罗县	218	5 302.4	4.4	61.3	0.85	9.7
广西	阳朔县	221	4 468.7	3.8	36.9	0.75	9.3
	武鸣县	223	6 536.5	3.9	56.8	0.70	9.3
四川	都江堰市	223	5 490.1	3.7	66.5	0.66	10.4
	东坡区	71	5 148.4	3.4	63.0	0.65	10.6
	彭山县	132	4 484.6	3.5	53.0	0.64	9.2

注:样本大小为 2 192。

为研究农户对土地产权的态度、对发展机会感知及农村发展的潜在影响,我们选择相关变量进行分析,包括农户对土地确权和土地产权的态度,以及非农化发展因素、个人和家庭水平特征、农房特征以及区域特征等因素(Mullan,2011;Chernina 等,2012;Ma 等,2016)。非农化发展是影响农户对土地产权态度和劳动力转移决策的重要因素,具有较高非农化发展水平的农户更可能意识到拥有土地产权的收益和成本(Kung 和 Liu,1997;Wang 等,2012)。表 9‑2 给出变量的定义和描述性统计分析。

表9-2 变量定义和描述性统计

变量	定义	均值	标准差
对土地确权的态度			
办证意愿	0＝否,1＝是	0.89	0.32
强制办证	1＝不需要,2＝中性,3＝必要	2.55	0.72
登记形式	1＝不关心,2＝地方统一,3＝国家统一,4＝集体拥有产权,5＝国家统一,国有产权	2.98	1.13
对土地产权态度			
对交易市场态度	1＝不需要,2＝必要,3＝非常必要	2.42	0.74
对抵押的态度	1＝不同意,2＝无所谓,3＝同意,4＝高度同意	2.78	0.94
出售意愿	0＝无,1＝有	0.21	0.41
生产性信贷需求	1＝无,2＝可能有,3＝有	2.06	0.78
生存性信贷需求	1＝无,2＝可能有,3＝有	2.49	1.02
非农化发展因素			
迁移到城镇	0＝否,1＝是	0.15	0.36
非农就业	0＝否,1＝是	0.26	0.44
非农收入	非农业收入比率	0.29	0.34
非农工作地点	1＝村庄,2＝城镇,3＝城市	1.31	0.58
拥有城镇住房	0＝否,1＝是	0.10	0.30
打算在城镇工作或居住	0＝否,1＝是	0.15	0.36
个人和家庭特征			
年龄	1＝低于30,2＝31－40,3＝41－50,4＝51－60,5＝61以上	2.96	1.20
教育	1＝小学或以下,2＝中学,3＝高中,4＝大学或以上	2.20	0.87
性别	1＝男性,0＝女性	0.72	0.45
婚姻状况	1＝已婚,0＝未婚	0.90	0.30
参加社会保险	0＝否,1＝是	0.64	0.48
中国共产党员	1＝是,0＝否	0.60	0.49
家庭收入(万元)	1＝低于1,2＝1－3,3＝3－5,4＝5－10,5＝10－15,6＝高于15	2.04	0.98
家庭规模(人)	1＝1,2＝2,3＝3,4＝4,5＝高于4	3.91	1.04
住宅特征			
建筑面积(m²)	1＝低于80,2＝80－120,3＝120－160,4＝160－200,5＝超过200	2.77	1.31
建筑年龄	1＝1980年以前,2＝1981－1990,3＝1991－2000,4＝2001年后	2.72	0.97
拥有多套农房	0＝否,1＝是	0.24	0.43
违法建筑面积	1＝否,2＝不确定,3＝是	1.35	0.63
区域因素			
区位	1＝外郊,2＝郊区,3＝城市	2.45	0.62
GDP	被调查村人均GDP(万元)	1.04	2.01

9.4　农户对土地产权和确权的态度

9.4.1　农户对土地确权的态度

大多数受访者(73.8%)愿意办证(登记土地产权);只有少数受访者(8.5%)表示不愿意办证(见表9-3)。在浙江、四川、安徽(广东除外)等经济比较发达的省份,农户更愿意办证。在这些经济比较发达的省份中,随着当地农村产权制度试点改革的推进,农户更可能认识到土地确权能保护其财产。但当被问及是否愿意强制办证时,只有小部分的受访者(13.6%)表示支持这种做法。

表9-3　农户对土地确权的态度调查

	浙江	安徽	广东	广西	四川	总计
是否愿意登记产权						
愿意	346(80.8)	338(76.3)	269(59.6)	278(62.6)	327(76.8)	1 558(71.1)
费用低愿意	10(2.3)	10(2.3)	10(2.2)	18(4.1)	12(2.8)	60(2.7)
不愿意	42(9.8)	31(7.0)	46(10.2)	42(9.5)	26(6.1)	187(8.5)
无所谓	30(7.0)	64(14.4)	126(27.9)	106(23.9)	61(14.3)	387(17.7)
强制登记的必要性						
必要	77(18.0)	39(8.8)	59(13.1)	75(16.9)	48(11.3)	298(13.6)
无所谓	263(61.4)	312(70.4)	323(71.6)	288(64.9)	328(77.0)	1 514(69.1)
不必要	88(20.6)	92(20.8)	69(15.3)	81(18.2)	50(11.7)	380(17.3)
宅基地产权类型						
全国统一、与城市一致	97(22.7)	89(20.1)	91(20.2)	64(14.4)	49(11.5)	390(17.8)
全国统一、加注"集体土地"	47(11.0)	47(10.6)	51(11.3)	62(14)	49(11.5)	256(11.7)
各地自行统一	96(22.4)	100(22.6)	106(23.5)	135(30.4)	113(26.5)	550(25.1)
无所谓	188(43.9)	207(46.7)	203(45.0)	183(41.2)	215(50.5)	996(45.4)

注:括号前的数字表示数量;括号内数值表示百分比。

一个更有趣的问题是,农户期望什么样的产权登记形式。只有298个受访者(13.6%)表示愿意像城市土地一样登记国家统一产权类型,这是最强的产权登记类型。农户愿意登记土地产权却不关心产权登记是否应强制及产权类型,这似乎是一个谜题。事实上,中国农民长期以来没有正式的土地产权证,因此他们对产权形式和类型的认知较少,特别是在欠发达地区。对他们来说,最重要的是先获得土地产证。

我们进一步采用 Logit 模型分析了农户对土地确权态度的影响因素。根据以往文献(Mullan 等,2011;Wang 等,2012;Ma,2016),我们将非农化发展因素、个体与家庭特征、住房特征和区域因素作为自变量。因变量是农户对土地确权态度,可通过对办证意愿及对强制办证和产权登记类型的看法来衡量。为排除多重共线性问题,我们进行多重共线性测试,发现 VIF(方差膨胀因子)小于10,表明不存在严重的多重共线性问题。

表 9-4 的回归结果表明,非农化发展因素影响农户对土地确权的态度。第 1、5 列的结果表明,拥有城镇住房的农户对农村土地确权的意愿较低,并且对登记产权类型的关注度并不高。第 3 列表明,具有非农工作的农户更愿意接受政府主导的强制办证。第 2、4 和 6 列显示了系数估计的边际效应。例如,第 4、6 列中的非农工作系数表明,拥有非农工作经历的农户倾向于支持强制办证和强产权类型的可能性要高 0.07。与没有非农化发展机会的农户相比,有非农工作的农户有较强的意愿来流转他们的宅基地,以促进其向城镇迁移。

其他因素方面,个人和家庭特征也影响农户对土地确权的态度。例如,受过良好教育的农户更愿意土地确权,并希望获得强产权类型。拥有多套农房的农户更愿意强制办证,这表明农户希望获得土地确权的好处,土地确权能保护他们的土地财产安全。区域因素也影响农户对土地确权的态度。在城市和欠发达地区的农户更倾向于土地确权,但他们不太关注具体的产权类型。

我们进一步区分农户对土地确权态度的两方面:土地确权意愿和对土地产权类型的态度。愿意确权的农户将进一步考虑产权的类型。也就是说,确权和产权登记类型意愿的影响因素可能具有不同的优先级。为解决样本选择问题,本研究采用 Heckman 两步法进行验证。估计结果见表 9-4 的第 7~8 列。列 7使用 Probit 回归模型报告了农户土地确权意愿影响因素回归结果。拥有城镇住房、建筑面积、教育程度和区位等变量与农户土地确权意愿显著相关。第 8 列报告了二阶段估计结果,非农就业、个人因素(年龄和文化程度)和党员身份等变量影响农户对产权登记类型的态度。λ 在 0.1 的水平上显著,表明存在选择性偏差,采用 Heckman 两步法估计是合理的。

表 9 - 4　农户对土地产权登记态度的影响因素回归分析结果

变量	土地产权意愿		强制性登记		产权登记类型		产权登记类型	
	系数 (1)	边际效应 (2)	系数 (3)	边际效应 (4)	系数 (5)	边际效应 (6)	第一阶段 (7)	第二阶段 (8)
非农就业	0.28(0.23)	0.03	0.36**(0.16)	0.07	0.55**(0.23)	0.07	0.05(0.10)	0.16**(0.08)
非农收入	−0.46(0.30)	−0.05	−0.15(0.21)	−0.03	−0.11(0.23)	−0.01	−0.16(0.11)	−0.07(0.10)
城镇工作	−0.17(0.12)	−0.02	−0.13(0.11)	−0.02	0.01(0.12)	0.00	−0.04(0.07)	−0.05(0.06)
拥有城镇住房	−0.54**(0.25)	−0.06	−0.02(0.21)	−0.00	0.35(0.29)	0.05	−0.28**(0.11)	
年龄	−0.01(0.08)	−0.00	−0.02(0.05)	−0.00	−0.05(0.07)	−0.01	0.02(0.04)	−0.05*(0.03)
教育	0.19**(0.10)	0.02	−0.01(0.07)	−0.00	0.22**(0.10)	0.03	0.12*(0.05)	0.12***(0.05)
性别	0.21(0.22)	0.02	−0.21(0.15)	−0.04	−0.01(0.19)	−0.00	0.06(0.08)	0.06(0.07)
婚姻状况	0.23(0.24)	0.02	0.17(0.20)	0.03	−0.42*(0.23)	−0.06	0.16(0.12)	0.10(0.10)
家庭收入	−0.07(0.2)	−0.01	0.12(0.08)	0.02	−0.05(0.09)	−0.01	−0.04(0.04)	0.01(0.04)
家庭规模	0.10(0.09)	0.01	−0.09(0.06)	−0.02	−0.04(0.08)	−0.01	0.03(0.03)	0.02(0.03)
参加社会保险	−0.29(0.22)	0.01	0.01(0.06)	0.00	0.02(0.06)	0.00	−0.13(0.08)	−0.10(0.07)
中国共产党员	−0.17(0.20)	0.02	0.03(0.07)	0.01	0.01(0.07)	0.00	−0.13(0.08)	−0.20***(0.07)
建筑面积	0.08(0.09)	0.00	0.36**(0.14)	0.07	0.11(0.15)	0.01	0.06*(0.03)	
建筑年龄	0.20**(0.08)	−0.00	−0.25***(0.09)	−0.05	−0.12(0.12)	−0.02	0.06(0.04)	−0.03(0.07)
拥有多套农房	0.02(0.20)	−0.03	−0.15(0.15)	−0.03	−0.22(0.18)	−0.03	−0.07(0.08)	0.01(0.05)
违法建筑面积	−0.04(0.13)	−0.02	0.05(0.12)	0.01	−0.32*(0.19)	−0.04	−0.02(0.06)	
区位	−3.54*(1.46)	−0.36	−5.16**(1.10)	−0.96	9.19***(0.98)	1.21	−0.17*(0.06)	1.00(1.99)
GDP	−5.08*(2.60)	−0.52	−8.83***(1.97)	−1.64	16.85***(1.75)	2.21	0.03(0.02)	1.94(3.72)
常数项	13.38**(5.55)		21.02**(4.30)		−32.74***(3.67)		1.10***(0.34)	−1.29*(7.59)
N	1820		2165		2036		2192	2192
λ								1.26*(0.70)
								369.85***
R 平方	0.134		0.114		0.144			

注：* p<0.1，** p<0.05，*** p<0.01。括号内数值为标准误。在村层面聚类。列（3）中的因变量是农户对强制办证的态度。村人口得到控制。列（7）中的因变量是农户对强制办证的态度（1＝良好，0＝其他）。

9.4.2 农户对土地产权态度

农户对宅基地交易和抵押持有怎样的态度？谁更有可能赞成宅基地流转？我们调查结果表明，大多数农户都认可宅基地和农房的可流转性（表9－5）：84.8%的农户认同建立农村土地交易市场；69.8%的农户支持宅基地抵押。广东、四川等较发达省份的农村家庭更倾向于支持宅基地抵押。这两个省的农户经历了农村土地产权改革，农户可能意识到土地产权的好处，从而更可能支持农村土地市场化。

表9－5 农户对土地产权的态度：县级层面

省	县（区、市）	交易市场			抵押市场		
		非常同意	部分同意	不同意	同意	不同意	不在乎
浙江	秀洲区	125(58.1)	51(23.7)	39(18.1)	148(68.8)	26(12.1)	41(19.1)
	松阳县	115(54.0)	69(32.4)	29(13.6)	135(63.4)	26(12.2)	52(24.4)
安徽	肥东县	134(59.0)	65(28.6)	28(12.3)	147(64.8)	37(16.3)	43(18.9)
	肥西县	118(54.6)	59(27.3)	39(18.1)	149(69.0)	34(15.7)	33(15.3)
广东	南海区	133(57.1)	58(24.9)	42(18.0)	174(74.7)	31(13.3)	28(12.0)
	博罗县	110(50.5)	61(28.0)	47(21.6)	156(71.6)	23(10.6)	39(17.9)
广西	阳朔县	125(56.6)	48(21.7)	48(21.7)	145(65.6)	37(16.7)	39(17.7)
	武鸣县	127(57.0)	71(31.8)	25(11.2)	147(65.9)	39(17.5)	37(16.6)
四川	都江堰市	133(59.6)	67(30.0)	23(10.3)	170(76.2)	24(10.8)	29(13.0)
	东坡区	46(64.8)	22(31.0)	3(4.2)	61(85.9)	6(8.5)	4(5.6)
	彭山县	86(65.2)	36(27.3)	10(7.6)	98(74.3)	16(12.1)	18(13.6)
总计		1252(57.1)	607(27.7)	333(15.2)	1530(69.8)	299(13.6)	363(16.6)

注：括号前数值表示频率。括号内数值表示百分比。

表9－6给出分类回归结果。在高收入家庭中，有62.8%的人赞成农村宅基地交易。在低收入家庭中，55.2%的人认同将土地放在市场上进行自由交易。在城市地区工作的农户更可能认同宅基地交易。当被问及是否支持农村宅基地抵押时，有74.6%的高收入家庭支持宅基地抵押，而只有25.4%的低收入家庭表示支持。居住在城市或农村地区的农户支持宅基地抵押的比例接近。

表9-6　农户对土地产权问题态度的比较分析

土地可在市场上自由交易	是	否	N
按人均收入分			
高	346(62.8)	205(37.2)	551(100)
低	906(55.2)	735(44.8)	1641(100)
百分比差异(高-低)	(7.6***)		
按工作区位分			
农村	921(55.6)	737(44.4)	1658(100)
城镇	242(61.1)	154(38.9)	396(100)
城市	89(64.5)	49(35.5)	138(100)
百分比差异((城镇＋城市)-农村)	(6.4***)		
土地产权抵押			
按人均收入分			
高	411(74.6)	140(31.8)	551(100)
低	1119(68.2)	522(25.4)	1641(100)
百分比差异(高-低)	(6.4***)		
按工作区位分			
农村	1154(69.6)	504(30.4)	1658(100)
城镇	283(71.5)	113(28.5)	396(100)
城市	93(67.4)	45(32.6)	138(100)
百分比差异((城镇＋城市)-农村)	(0.8)		

注：括号前数值表示频率。括号内数值表示百分比。*** $p < 0.01$。

图9-1显示农户对宅基地市场化交易的态度与他们对产权类型认同程度之间的关系。偏好强产权类型的农户更可能支持宅基地交易和抵押市场。偏好国家统一产权类型的农户大多支持农村土地交易市场(77.4%)和抵押市场(65.6%)。

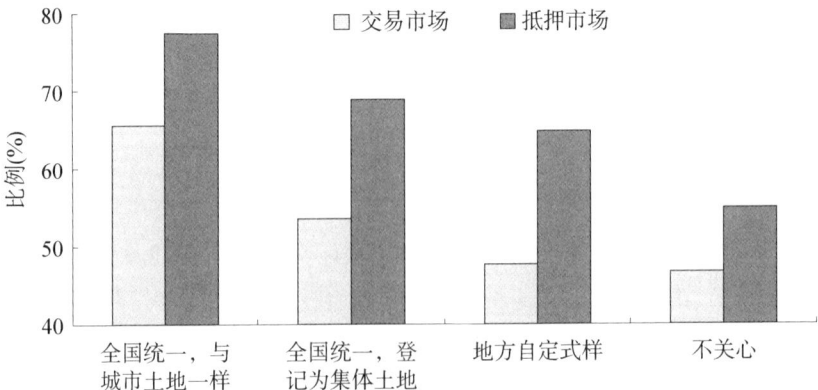

图9-1　农户对产权类型接受程度和对宅基地市场化的态度

注：比例差异在0.1水平上显著

我们进一步采用回归分析来检验农户对土地产权态度的影响因素。因变量是农户对土地交易或抵押市场的看法。自变量包括农户对土地确权的看法,以及前述定义的非农户发展、个人、家庭和区域因素。表9-7给出 Logit 回归结果。第2、4列结果表明,除强制办证外,农户对土地确权的认知与其对交易和抵押市场的态度显著正相关。有较强土地流转意愿的农户更有可能支持形成交易和抵押市场(概率分别高0.14和0.08)。这一结果与 Galiani(2007)的研究结果一致,他们的研究表明土地确权可导致人们支持自由交易市场。表9-7还表明:强制办证对土地抵押影响显著,但对土地交易影响不显著。土地市场倾向于通过产权溢价将与产权相关的外部性内化,但抵押市场可能不会完全内化外部性,因为放款者除了使用土地产权作为抵押权外,还可以采用其他方法。

关于其他解释变量,位于郊区和经济发展水平高地区的农户更有可能支持农村土地抵押市场,但不太支持土地交易市场。

9.5 土地确权的潜在影响:农户行为倾向视角

9.5.1 土地确权对农村发展的影响机制

土地确权改革将影响农户对发展机会的认知,这对农村发展具有潜在影响。建立正式的土地产权制度将促进农村土地市场形成,促进抵押融资并促进劳动力迁移,从而促进农村经济发展(Chernina 等,2014;De Janvry 等,2015;Ma 等,2016)。

根据相关文献,我们使用农户对土地产权的态度和行为数据来研究土地确权对农村发展的潜在影响(Kung 和 Liu,1997;De Brauw 和 Muller,2012;Chernina 等,2014)。计量检验分两个步骤进行。首先,将农村发展变量对不加控制变量的土地产权变量进行回归,以分析土地确权对农村发展的影响:

$$Development = \alpha + \beta Landtitling + \varepsilon \qquad (9-1)$$

其中 $Landtitling$ 代表土地确权,ε 是随机误差变量。$Development$ 是指农户发展倾向认知。我们假设农户发展倾向认知与农村土地市场发展、基于土地抵押的金融发展和劳动力转移有关。我们通过向受访者询问以下三个问题来衡量农村发展影响。第一个问题是:"您是否会进入土地市场"(农村土地交易需求)。第二个问题是:"您是否将会抵押宅基地"(基于抵押的金融需求)。第三个

表9-7 农户对土地产权态度影响因素回归分析结果

变量	交易市场			抵押市场		
	系数	系数	边际效应	系数	系数	边际效应
	(1)	(2)	(3)	(4)	(5)	(6)
办证意愿	0.66*** (0.20)	0.65*** (0.21)	0.14	0.41* (0.21)	0.44** (0.22)	0.08
强制办证	0.10(0.09)	0.10(0.09)	0.02	0.33* (0.11)	0.32*** (0.11)	0.06
产权登记类型	0.21*** (0.06)	0.18** (0.06)	0.04	0.27*** (0.06)	0.24** (0.06)	0.04
非农就业		0.01(0.14)	0.00		-0.04(0.16)	-0.01
非农收入		-0.07(0.16)	-0.01		-0.07(0.20)	-0.01
城镇工作		0.14(0.11)	0.03		-0.11(0.13)	-0.02
拥有城镇住房		0.18(0.20)	0.04		0.55*** (0.20)	0.10
年龄		-0.06(0.06)	-0.01		-0.15** (0.07)	-0.03
教育		0.21** (0.08)	0.04		0.08(0.08)	0.01
性别		0.18(0.14)	0.04		0.35** (0.15)	0.06
婚姻状况		0.17(0.18)	0.04		0.47** (0.21)	0.08
家庭收入		0.04(0.07)	0.01		0.12(0.08)	0.02
家庭规模		-0.09* (0.05)	-0.02		-0.16** (0.06)	-0.03
参加社会保险		0.10** (0.05)	0.02		0.01(0.06)	0.00
中国共产党员		0.07(0.06)	0.02		0.03(0.07)	0.00
建筑面积		-0.09(0.13)	-0.02		0.24(0.15)	0.04
建筑年龄		0.14(0.10)	0.03		-0.05(0.09)	-0.01
拥有多套农房		-0.02(0.15)	-0.00		-0.05(0.15)	-0.01
违法建设面积		-0.09(0.11)	-0.02		-0.27* (0.14)	-0.05
区位		-2.21** (0.93)	-0.46		4.26*** (1.04)	0.74
GDP		-4.08** (1.66)	-0.85		8.46*** (1.84)	1.47
常数项	-1.11*** (0.29)	6.51* (3.53)		-0.35(0.33)	-16.92*** (4.04)	
N	2 189	2 189		2 167	2 167	
R 平方	0.100	0.116		0.129	0.151	

注：$*p<0.1$，$**p<0.05$，$***p<0.01$。括号内数值为标准误。在村层面聚类。村人口得到控制。

问题是："您将会在城市工作和生活吗"（农村劳动力转移需求）。我们将这些问题的回答设成 0~1 变量（主要因变量），并采用 Logit 模型进行分析。

为提高估计效率，在式（9-1）中进一步添加了一组控制变量和村固定效应，得到公式（9-2）：

$$Development = \alpha + \beta Landtitling + \gamma X + \mu_v + \varepsilon \qquad (9-2)$$

其中 X 为一组控制变量，包括表 9-2 中定义的非农化发展因素、个人和家庭特征、住房特征和区域因素。并且采用多重共线检验来排除共线性问题，结果表明不存在严重的多重共线性问题。

表 9-8 显示农户土地产权态度对农村土地交易、抵押贷款需求和劳动力转移需求影响的估计结果。第 1 列结果表明，产权登记类型变量 p 值在 1% 水平上显著。系数表示，如果政府采用最强的土地产权类型（相当于城市土地产权），农户愿意交易农村住宅用地的几率将增加 1.31 倍。这一发现证实，土地确权将促进农村宅基地交易。

表 9-8　土地确权对农村发展影响的估计结果

变量	交易需求	生产性信贷需求	生存性信贷需求	迁移需求
	(1)	(2)	(3)	(4)
办证意愿	−0.01(0.23)	0.20(0.15)	0.19(0.17)	0.17(0.33)
强制办证	0.02(0.10)	−0.02(0.07)	0.28***(0.07)	0.29**(0.14)
产权登记类型	0.27***(0.07)	0.01(0.04)	0.03(0.05)	0.15(0.09)
非农就业	0.26*(0.14)	−0.14(0.12)	0.09(0.11)	0.50**(0.22)
非农收入	−0.49**(0.20)	−0.26(0.16)	−0.20(0.15)	0.11(0.27)
城镇工作	0.14(0.11)	0.15*(0.09)	−0.18**(0.08)	0.50***(0.15)
拥有城镇住房	0.36*(0.20)	0.07(0.15)	0.21(0.18)	1.96***(0.28)
年龄	−0.13*(0.07)	−0.00(0.05)	−0.20**(0.06)	−0.45***(0.09)
教育	−0.12(0.09)	−0.08(0.05)	0.00(0.07)	0.18*(0.10)
性别	0.42**(0.17)	−0.08(0.09)	0.18(0.13)	0.10(0.23)
婚姻状况	−0.01(0.22)	−0.28*(0.16)	0.18(0.14)	−0.51**(0.26)
参加社会保险	−0.47***(0.15)	−0.16(0.11)	0.06(0.11)	−0.25(0.20)
中国共产党员	−0.28**(0.14)	−0.07(0.11)	−0.22**(0.10)	−0.58***(0.15)
家庭收入	0.23***(0.08)	−0.05(0.06)	0.09*(0.05)	0.24***(0.08)
家庭规模	−0.20***(0.06)	0.01(0.04)	−0.11**(0.05)	−0.17*(0.09)
建筑面积	0.00(0.06)	0.05(0.04)	0.05(0.05)	−0.13*(0.07)
建筑年龄	0.02(0.08)	0.03(0.06)	0.04(0.05)	0.14(0.10)

（续表）

变量	交易需求	生产性信贷需求	生存性信贷需求	迁移需求
	(1)	(2)	(3)	(4)
拥有多套农房	0.29** (0.15)	0.00(0.10)	0.17(0.13)	−0.01(0.21)
违法建筑面积	0.14(0.11)	0.05(0.08)	0.03(0.09)	−0.03(0.15)
区位	−3.09*** (0.99)	4.54*** (0.78)	−8.11*** (0.83)	−7.44*** (1.34)
GDP	−6.49*** (1.77)	8.92*** (1.40)	−15.09*** (1.50)	−12.91*** (2.42)
常数项	10.27*** (3.93)			25.00*** (5.26)
N	2 171	2 192	2 192	1 957
Pseudo R 平方	0.167	0.054	0.078	0.312

注：* $p<0.1$，** $p<0.05$，*** $p<0.01$。括号内数值为标准误,在村层面聚类。村人口得到控制。

在第 3 列结果中,"强制办证变量"系数为正且显著,这表明支持强制登记的农户更可能倾向抵押宅基地以维持生存。土地是农民之根,特别是在中国,农户除维持生计外,不会轻易抵押自己的宅基地。由于农村地区缺乏社会保险,允许农村宅基地抵押可帮助农民在遭遇生存危机时渡过难关。

第 4 列结果显示,强制办证对劳动力转移需求具有正向显著影响。这表明支持政府强制产权登记的农户更可能转移到城镇地区。

相关控制变量中,非农因素对农村发展有显著影响,尤其是对农户土地交易和劳动力转移需求。在第 4 列中,"城镇地区非农就业"和"拥有城镇住房变量"系数都为正,并且在统计上具有显著意义,这表明有非农发展机会的农户更有可能劳动力转移。通常来说,土地产权对农户劳动力转移的影响可能取决于他们的非农业发展状况和机会。农户若有良好的非农业发展机会,就更偏向于劳动力转移(Ma 等,2016)。

9.5.2 进一步分析

我们进一步分析农村土地通过增强产权(土地确权)而影响农村发展的渠道。包括土地产权和土地赋权变量的相互作用,以检验土地产权和土地赋权对农村发展的潜在影响,计量检验方程设定如下:

$$Development = \alpha + \beta Propertyrights \times Landtitling + \gamma X + \varepsilon \quad (9-3)$$

其中,$Propertyrights$ 表示农户对土地产权的看法,$Landtitling$ 表示农户对土地确权的看法。式(9-3)中的其他变量定义同前。基于式(9-3),我们可以检验土地产权通过产权增强渠道对农村发展的影响。

　　表9-9中的估计结果表明，土地确权可以通过地权增强来影响农户发展。交互项（$Property rights \times Land titling$）在所有模型中均显著为正。在第1~2列中，土地产权与土地确权变量的交互项系数显著为正，表明土地产权与土地确权将促进土地交易和抵押。与表9-8的结果相比，土地产权的影响显著更大。从系数上看，增强产权对土地交易和抵押需求具有显著影响，这将使宅基地交易和抵押需求分别提高$1.80（e^{0.59}）$和$1.45（e^{0.37}）$。这一结果也意味着土地确权的落实将促进农户支持宅基地市场化流转。在第3列中，交互项系数在统计学上显著且为正，表明土地产权与地权增强的相互作用将促进劳动力转移。这表明，产权改善将增强土地确权对农户发展认知的影响。其他因素的影响与表9-8结果相似。

表9-9　土地确权对农村发展影响渠道的估计结果

变量	交易需求	抵押需求	迁移需求
办证意愿×对交易市场接受度	0.59***(0.15)	0.37**(0.15)	0.35*(0.20)
对交易市场接受度	−0.24(0.25)	0.05(0.24)	−0.13(0.31)
非农就业	0.28**(0.14)	0.15(0.12)	0.50**(0.22)
非农收入	−0.49**(0.20)	−0.40**(0.18)	0.20(0.25)
城镇工作	0.15(0.10)	−0.19**(0.10)	0.57***(0.14)
年龄	−0.13*(0.07)	−0.14**(0.06)	−0.40***(0.08)
教育	−0.13(0.08)	−0.05(0.07)	0.16(0.10)
性别	0.39**(0.17)	0.16(0.14)	−0.01(0.21)
婚姻状况	−0.03(0.22)	0.16(0.18)	−0.46*(0.24)
家庭收入	0.23***(0.08)	0.18***(0.06)	0.26***(0.08)
家庭规模	−0.19***(0.06)	−0.10*(0.05)	−0.22***(0.08)
参加社会保险	−0.50***(0.14)	0.01(0.13)	−0.42**(0.19)
中国共产党员	−0.31**(0.14)	−0.16(0.12)	−0.58***(0.15)
建筑面积	−0.00(0.06)	0.04(0.05)	−0.10(0.07)
建筑年龄	0.01(0.08)	0.03(0.06)	0.11(0.10)
拥有多套农房	0.34**(0.15)	0.27*(0.15)	0.22(0.19)
违法建筑面积	0.12(0.11)	−0.00(0.10)	0.03(0.14)
区位	−2.64***(1.01)	−6.90***(0.95)	−9.55***(1.23)
GDP	−5.58***(1.78)	−13.15***(1.68)	−16.62***(2.21)
常数项	9.40**(3.92)	26.59***(3.67)	34.47***(4.84)
N	2171	2191	1957
R 平方	0.164	0.124	0.253

注：* $p<0.1$，** $p<0.05$，*** $p<0.01$。括号内数值为标准误，在村层面聚类。村人口得到控制。

9.6 结论

土地产权不完善是影响农村土地市场和农村经济发展的重要原因。土地确权是完善土地产权的基础。本研究基于全国大样本调查数据来研究农户对土地确权的态度及对其发展的潜在影响。研究发现,土地确权将影响农户土地交易、抵押和劳动力转移需求及其发展倾向。

本研究发现,土地确权和允许宅基地流转将对农户和农村发展产生重要影响。土地确权将促进农村土地交易和抵押。允许土地流转将减少农户对农业收入的依赖,并促进生产投资。同时,土地流转也将促进非农就业和非农发展活动。

随着农村土地产权制度的完善,农村土地交易和抵押融资市场将具有巨大的潜力,预计我国也会出现 De-Soto 效应。在清晰、安全的土地产权制度下,土地价值凸显将增加农民的财产性收入。此外,界定清晰安全的农村土地产权可减少土地冲突、增加土地收入,从而也使地方政府受益。

本研究的政策含义是,需进一步推进农村土地确权和产权改革,放宽对土地流转的限制,增强农村土地产权。建立安全清晰的土地产权,扩大和放活土地产权,是农村土地改革的关键。赋予农村土地可交易和抵押的产权,将有助于促进农村土地市场发展、信贷获得和劳动力转移,从而促进农村的转型和发展。

本章参考文献

Acemoglu D, Johnson S. Unbundling institutions [J]. Journal of Political Economy, 2005, 113 (5): 949 - 995.

Arruñada B, Garoupa N. The choice of titling system in land [J]. The Journal of Law & Economics, 2005, 48(2): 709 - 727.

Besley T, Ghatak M. Property rights and economic development [A]. In: Rodrik D, Rosenzweig M R (Eds). Handbook of Development Economics [M]. North Holland, Amsterdam, 2010, Vol. 5: 4525 - 4595.

Besley T. Property rights and investment incentives: theory and evidence from Ghana [J]. The Journal of Political Economy, 1995, 103(5): 903 - 937.

Brandt L, Huang J K, Li G, Rozelle S. Land rights in China: facts, fictions, and issues [J]. China Journal, 2002, 47(1): 67 - 97.

Chernina E, Dower P C, Markevich A. Property rights, land liquidity and internal migration [J]. Journal of Development Economics, 2014, 110(9): 191 - 215.

De Brauw A, Mueller V. Do limitations in land rights transferability influence mobility rates in

Ethiopia? [J]. Journal of African Economies, 2012,21(4): 548 – 579.

De Janvry A, Emerick K, Gonzalez-Navarro M, Sadoulet E. Delinking land rights from land use: Certification and migration in Mexico [J]. The American Economic Review, 2015,105 (10): 3125 – 3149.

De la Rupelle M, Deng Q H, Li S, Thomas V. Land rights insecurity and temporary migration in rural China [EB/OL]. IZA (Institute of labor economics), https://papers.ssrn.com/ sol3/papers.cfm? abstract_id=1530672,2009.

De Soto H. The mystery of capital: why capitalism triumphs in the west and fails everywhere else [M]. New York: Basic Books, 2000.

Deininger K W, Jin S Q, Liu S Y, Xia F. Property Rights Reform to Support China's Rural-Urban Integration: Household-Level Evidence from the Chengdu Experiment [J]. Australian Journal of Agricultural and Resource Economics, 2020,64(1): 30 – 54.

Demsetz H. Toward a theory of property rights [J]. The American Economic Review, 1967, 57(2): 347 – 359.

Field E. Entitled to work: urban property rights and labor supply in Peru [J]. The Quarterly Journal of Economics, 2007,122(4): 1561 – 1602.

Galiani S, Schargrodsky E. Land property rights and resource allocation [J]. The Journal of Law and Economics, 2011,54(S4): S329 – S345.

Galiani S. The formation of beliefs: Evidence from the allocation of land titles [J]. Quarterly Journal of Economics, 2007,122(1): 209 – 241.

Ho P. Myths of tenure security and titling: Endogenous, institutional change in China's development [J]. Land Use Policy, 2015,47: 352 – 364.

Ho S, Lin, G. Emerging land markets in rural and urban China: policies and practices [J]. China Quarterly, 2003,175: 681 – 707.

Huang Z H, Du X J. Assessment and determinants of residential satisfaction with public housing in Hangzhou, China [J]. Habitat International, 2015,47: 218 – 230.

Huang Z H, Du X J. Government intervention and land misallocation: Evidence from China [J]. Cities, 2017a, 60: 323 – 332.

Huang Z H, Du X J. Strategic interaction in local governments' industrial land supply: Evidence from China [J]. Urban Studies, 2017b, 54(6): 1328 – 1346.

Kung J K, Liu S Y. Farmers' preferences regarding ownership and land tenure in post-Mao China: Unexpected evidence from eight counties [J]. The China Journal, 1997,38(1): 33 – 63.

Li L X. Land titling in China: Chengdu experiment and its consequences [J]. China Economic Journal, 2012,5(1): 47 – 64.

Libecap G, Lueck D. The demarcation of land and the role of coordinating property institutions [J]. Journal of Political Economy, 2011,119(3): 426 – 467.

Lichtenberg E, Ding C R. Local officials as land developers: Urban spatial expansion in China [J]. Journal of Urban Economics, 2009,66(1): 57 – 64.

Lin G C S, Ho S P S. The state, land system, and land development processes in contemporary China [J]. Annals of the Association of American Geographers, 2005,95(2):

411－436.

Lin G C S. Developing China: Land, politics and social conditions [M]. New York: Routledge, 2009.

Liu S Y, Carter M R, Yao Y. Dimensions and diversity of property rights in rural China: Dilemmas on the road to further reform [J]. World Development, 1998, 26 (10): 1789－1806.

Long H L, Heilig G K, Li X B, Zhang M. Socio-economic development and land-use change: Analysis of rural housing land transition in the transect of the Yangtse River, China [J]. Land Use Policy, 2007,24(1): 141－153.

Ma X L, Heerink N, Van Ierland E, Shi X P. Farmland tenure in China: Comparing legal, actual and perceived security [J]. Land Use Policy, 2015,42: 293－306.

Ma X L, Heerink N, Van Ierland E, Shi X P. Land tenure insecurity and rural-urban migration in rural China [J]. Papers in Regional Science, 2016,95(2): 383－406.

Ma X L, Heerink N, Van Ierland E, Van den Berg M, Shi X P. Land tenure security and land investments in Northwest China [J]. China Agricultural Economic Review, 2013,5(2): 281－307.

Mullan K, Grosjean P, Kontoleon A. Land tenure arrangements and rural-urban migration in China [J]. World Development, 2011,39(1): 123－133.

North D C. Institutions, institutional change, and economic performance [M]. New York, NY: Cambridge University Press, 1990.

Tao R, Su F B, Liu M X, Cao G Z. Land leasing and local public finance in China's regional development: Evidence from prefecture-level cities [J]. Urban Studies, 2010, 47 (10): 2217－2236.

Valsecchi M. Land property rights and international migration: Evidence from Mexico [J]. Journal of Development Economics, 2014,110(9): 276－290.

Wang H, Su F B, Wang L L, Tao R. Rural housing consumption and social stratification in transitional China: Evidence from a national survey [J]. Housing Studies, 2012,27(5): 667－684.

Wang H, Wang L L, Su F B, Tao R. Rural residential land use in China: Patterns, efficiency and prospects for reform [J]. Habitat International, 2012,36(2): 201－209.

Williamson C R. The two sides of de Soto: Property rights, land titling, and development [EB/OL]. SSRN Working Paper, https://ssrn. com/abstract=1940201,2011.

Wu F. Land development, inequality and urban villages in China [J]. International Journal of Urban and Regional Research, 2009,33(4): 885－889.

Yoo D, Steckel R H. Property rights and financial development: The legacy of Japanese colonial institutions [EB/OL]. NBER Working Paper, https://www. nber. org/system/files/working_papers/w16551/w16551. pdf, 2010.

Zhao X X. To Reallocate or Not? Optimal Land Institutions under Communal Tenure: Evidence from China [EB/OL]. National Bureau of Economic Research, http://conference. nber. org/confer/2015/CEs15/Zhao. pdf, 2016.

第 10 章
集体建设用地入市制度改革、
结构影响与城乡融合发展

10.1 问题提出:集体建设用地入市是否影响城市发展

在城市建设用地日益稀缺的背景下,农村集体建设用地入市是当前和未来土地制度改革的重要方向,也是乡村振兴和城乡融合发展的重要基础(刘守英和熊雪锋,2018;刘振伟,2018)。中共十八大以来,中国不断深化农村土地制度改革,农村"三块地"改革持续推进,"三权分置"改革不断落实(孙宪忠,2016)。2015 年 2 月,国务院确定 33 个县市进行农村土地制度试点改革,其中浙江德清等 15 个县市进行农村集体经营性建设用地入市改革试验。农村集体建设用地入市改革作为农村土地改革的核心内容,是促进土地要素流动、提升土地配置效率和实现城乡一体化发展的重要途径。浙江德清作为集体建设用地入市改革国家试点,德清试点改革为本研究提供绝佳的案例和素材,其经验对全国也具有重要启示意义。

虽然当前农村建设用地入市改革实践如火如荼,然而关于集体建设用地入市对城乡土地市场影响的实证研究较少,相关微观研究更少。现有研究多以定性探讨为主,主要集中在以下 4 方面:①现状问题。现行集体经营性建设用地流转普遍存在地权歧视、流转限制、市场扭曲及相关制度缺陷等问题,土地价值难以显化,闲置低效利用普遍,收益分配也不尽合理,难以撬动农村发展(黄祖辉和汪晖,2002;陈会广等,2009;揣小伟等,2012)。其原因主要是现有农村集体建设用地产权不清晰、地权不安全导致较高的交易成本,减少投资和高效利用激励

(Jacoby 等,2002;Duranton 等,2015)。②流转模式。目前集体建设用地流转按主导方式主要分为 3 种模式:一是地方政府主导模式,如苏州、芜湖模式,政府出台流转办法、建立交易平台、制定交易分配规则、统一管理(黄贤金和汤爽爽,2016);二是集体经济组织自发组织模式,如南海、北京模式,村集体组织将闲置集体建设用地流转交易,以增加集体收益(程世勇,2010);三是政府与集体混合模式,如德清、义乌等地模式,政府通过制定政策和建立平台支持流转,村集体负责集体建设用地流转交易(严金明和王晨,2011;黄忠华,2016)。③流转效果。学界认为农村集体建设用地流转的正负效应并存,正面效应包括提升农村土地利用效率,优化城乡建设用地空间,促进农村发展、劳动力转移和使农户分享城乡发展收益(Chernina 等,2014;De Janvry 等,2015;Huang 和 Du, 2018b),负面效应主要是产权残缺和监管缺失导致市场扭曲和收益分配不公等(北京大学国家发展研究院综合课题组,2010;王小映,2014)。④相关制度政策。未来集体建设用地改革应构建地权安全、公平获得和高效利用的土地制度,进一步减少土地要素流动障碍,释放土地权能和价值,完善增值收益分配机制,促进城乡要素流动和共享发展(黄忠华和杜雪君,2014;Duranton 等,2015;Deininger 等,2019)。

鉴于此,我们选取集体建设用地入市改革试点浙江德清县为研究对象,并基于德清集体和国有工业用地微观交易数据,以集体工业用地入市为视角来探析集体建设用地入市对城乡建设用地市场结构的影响效应和机制,为科学评估集体建设用地改革效应提供经验参考,为完善集体建设用地流转及城乡统一建设用地市场提供参考和建议。

10.2 理论分析与研究假说

10.2.1 理论框架

长期以来,中国城乡建设用地市场二元分割,封闭运行。城市建设用地为国有土地,2003 年后国家要求经营性用地实行招拍挂市场化方式出让,2006 年后国家进一步要求工业用地也实行招拍挂方式出让,由此城镇建设用地逐步实现市场化配置且相应市场体系不断完善。而集体建设用地流转尚处于"隐性市场"或"灰色市场"框架下,并未获得相应法律许可(严金明和王晨,2011)。地方不断探索集体土地流转模式,但一直受现有法律约束而不能合法推行。中共十八届三中全会为集体建设用地入市指明方向,也为集体建设用地合法入市奠定基础。

中国集体建设用地入市与城乡建设用地市场运行机理如图 10-1 所示。集体建设用地入市,将使城乡分割的建设用地市场逐渐走向统一,打破原有乡城土地转换模式,城乡建设用地在统一平台和框架下交易,实现同地同权(相同土地权益性质及相同价格形成机制)。农村集体建设用地入市,将使城乡建设用地均按市场化方式和统一市场逻辑进行配置,缩小城乡建设用地在权能、价值实现方式和利用效益等方面的差距,促进城乡建设用地市场的协调和统一发展。农村集体建设用地入市也为构建城乡统一建设用地市场提供了基础和平台。德清集体建设用地入市改革使集体建设用地能合法入市交易,将改变长期以来建设用地依赖征地的供给模式,促进城乡统一土地市场的发展。

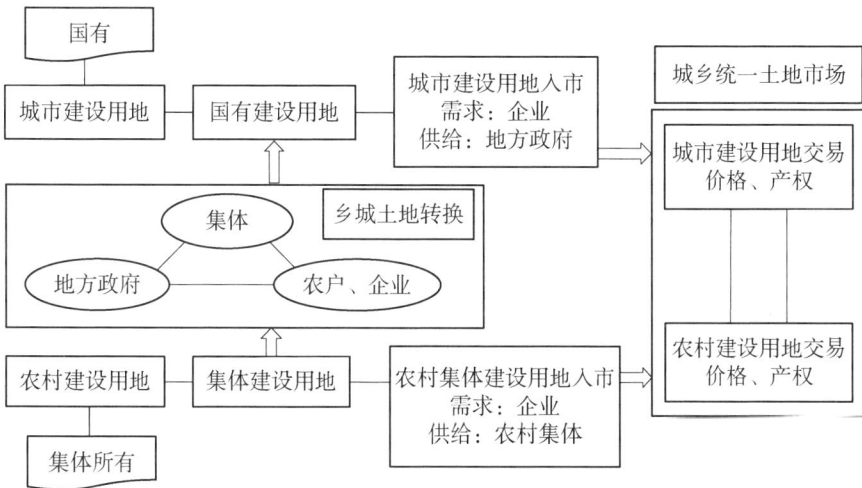

图 10-1　集体建设用地入市与城乡建设用地市场关系机理

良好运行的城乡土地市场能平衡城乡土地供给和需求,并通过价格机制实现对土地资源的最优配置(Otsuka,2007)。土地交易和价格是理解土地市场运行的重要信号(钱忠好,2011;罗必良,2016)。土地产权界定土地利用相关主体权益,直接影响土地价格。城乡土地的权能与价格差异,也是衡量城乡土地市场分割的重要指标(王克强等,2010)。相比可流转、处置和抵押的国有建设用地,集体建设用地权能尚不充分,存在产权主体缺位、流转受限、市场缺失、治理失范等问题(谭荣和曲福田,2009;田光明和曲福田,2010;王克强等,2010),因此导致其土地价格受到抑制。由此提出本研究第一个理论假说。

　　假说 1：与国有建设用地产权相比，集体建设用地产权受限，对土地价格有负影响。

　　现有观点认为集体建设用地流转可能对国有建设用地市场造成冲击和负向影响，然而现有研究较少对此进行深入的理论和实证研究。事实上，由于土地区位差异，城乡建设用地的替代性不强，然而由于其互补性和外部性，农村集体建设用地入市反而很可能对城市建设用地存在正影响。农村集体建设用地入市带来的土地开发和产业发展，促进农村发展、经济和产业活力提升（高欣和张安录，2018；赵龙，2018），可对周边城镇建设用地市场形成正外部性影响，并导致周边城镇建设用地价格提升。由此提出本研究的第二个理论假说。

　　假说 2：由于互补性和外部性，集体建设用地入市对国有建设用地价格存在正向影响。

10.2.2　计量检验方法

　　根据上述理论分析框架，本研究建立计量模型来检验集体建设用地产权对土地价格的影响效应（假说 1），见式（10－1）。

$$Price_{ijt} = \alpha + \beta Land_i + \gamma X_{it} + \delta Town_j + \eta Time_t + \varepsilon_{it} \qquad (10-1)$$

　　式（10－1）中：$Price_{ijt}$ 为地块 i（所处乡镇 j）在 t 时期的交易价格；$Land$ 为主要解释变量，即交易地块是否为集体建设用地；X_i 为一组控制变量；β 和 γ 为估计系数；ε_i 为误差项。在现有文献基础上，控制影响建设用地价格的一系列因素，包括：①土地因素，包括地块面积、交易方式、土地使用年限等（Huang 和 Du，2018a）；②区位因素，包括离城市中心距离、离高速公路出口距离、地块经纬度等因素（王克强等，2010）；③所在乡镇社会经济特征，包括人口密度和工业总产出（黄忠华等，2012）。

　　为进一步检验农村集体建设用地入市是否对城市建设用地价格产生影响（假说 2），构建以下检验方程。

$$Price_{ijt} = \alpha + \beta LandTransaction_{it} + \gamma X_{it} + \delta Town_j + \eta Time_t + \varepsilon_{it}$$

$$(10-2)$$

　　式（10－2）中：$LandTransaction_{it}$ 为国有建设用地交易地块 i 周边在时间 t 之前是否有集体建设用地成交（周边 3 km 内之前有集体建设用地成交为 1，否则为 0）；其余变量定义同式（10－1）。

最后,考察集体建设用地入市对城乡建设用地价格的作用渠道,检验方程为:

$$Price_{ijt} = \alpha + \beta Land_i \times Channel + \gamma X_{it} + \delta Town_j + \eta Time_t + \varepsilon_{it}$$

$$(10-3)$$

式(10-3)中: $Channel$ 变量为渠道变量,具体分别为集体经营性入市改革、时间趋势和工业园区变量。

10.3　研究区概况、数据说明与描述统计

10.3.1　研究区概况

德清县位于浙江省北部,隶属湖州市,下辖 4 个街道、8 个镇,土地总面积 937.95 平方公里。2018 年全县生产总值(GDP)517.0 亿元,常住人口 40.8 万,人均 GDP 为 10.18 万元,三产结构比为 4.3∶51.8∶43.9。2015 年 2 月,德清县被选为首批 15 个集体经营性建设用地入市国家改革试点。2015 年 8 月,全国首宗农村集体经营性建设用地在德清入市,随后又有多块集体建设用地入市。因此,德清为研究集体建设用地入市对城乡建设用地市场的影响提供了较好的案例,德清的经验对全国也具有重要借鉴和启示意义。

10.3.2　数据来源

笔者手工收集德清县 2013—2019 年每宗集体经营性工业用地和国有经营性工业用地交易数据,数据分别来源于德清县公共资源交易中心和中国土地市场网。由于绝大多数流转的集体建设用地为工业用地,因此本研究聚焦城乡工业用地交易数据,最终整理后得到集体建设用地流转(交易)数据 401 条和国有工业用地交易数据 408 条。具体每条工业用地交易数据包括土地价格、面积、区位、用途、土地使用年限、交易主体和交易日期等信息。

从集体和国有工业用地价格空间分布情况来看,集体和国有工业用地价格差异显著,且用地出让呈现一定的空间集聚特征,主要集聚在德清中东部几个乡镇和高速公路周围。

10.3.3　变量说明和数据描述

各变量说明及描述统计见表 10-1。

表 10 - 1 各变量说明

变量	说明	观测值	均值/频率	标准差
被解释变量				
土地价格	工业用地价格,元/平方米	809	372.57	161.19
解释变量				
集体建设用地	1＝集体建设用地,0＝国有建设用地	809	0.50	0.50
土地面积	地块面积,公顷	809	2.05	5.48
土地使用年限	地块土地使用权年限,年	770	49.52	3.80
区位				
距市中心距离	距市中心距离,米	809	17 112.96	9 025.34
距高速公路出口距离	距最近高速公路出口距离,米	809	17 162.34	9 044.56
乡镇社会经济特征				
人口密度	所在乡镇人口密度,人/平方公里	614	743	356
工业总产值	所在乡镇工业总产值,万元	616	2 063 175	1 437 916
交易时间	年份,虚拟变量,2014—2019	2013	98(12.11%)	
		2014	132(16.32%)	
		2015	134(16.56%)	
		2016	132(16.32%)	
		2017	165(20.40%)	
		2018	130(16.07%)	
		2019	18(2.22%)	

注:括号内数值表示比例。

　　笔者还进一步收集了拿地企业的工商注册信息,以比较分析集体与国有工业用地企业信息。表 10 - 2 给出 2013—2019 年德清集体与国有工业用地基本信息和企业情况。可见,与国有工业用地相比,集体工业用地的地价明显较低,地块面积和土地使用年限也较少,然而两者的区位(离市中心距离、离高速公路出口距离)差异却并不显著。从拿地企业来看,集体工业用地企业的平均注册资本要低得多,企业规模和年龄也较小。总体而言,当前集体工业用地价格和利用效益明显要比国有工业用地低,而这并不是主要由地块的区位差异所造成的。

表 10 - 2 集体与国有工业用地信息和企业情况比较

变量	国有工业用地	集体工业用地	差异
土地交易均价(元/平方米)	419.27	325.05	−94.22***
土地面积(公顷)	2.42	1.68	−0.74*
土地年限/年	50	48.98	−1.02***

（续表）

变量	国有工业用地	集体工业用地	差异
离市中心距离(米)	16 778.22	17 453.54	675.32
离高速公路出口距离(米)	16 826.78	17 503.76	676.981 9
拿地企业注册资本(万元)	17 430.75	11 368.54	−6 062.21*
拿地企业人数(人)	259	190	−70***
拿地企业年龄(年)	5.24	6.23	1.09**

注：* $p<0.1$，** $p<0.05$，*** $p<0.01$。

10.4　集体建设用地入市影响的实证结果

10.4.1　城乡工业用地特征价格模型分析

表 10-3 显示基于特征价格模型的城乡工业用地价格影响因素估计结果。首先，表 10-3 中第 1～5 列均显示，集体建设用地变量系数显著为负，表明集体建设用地产权的工业用地价格相较国有工业用地明显要低。其次，列 1 采用非对数模型进行估计，集体建设用地变量系数为−67.196，表明集体建设用地价格比国有建设用地价格平均约低 67 元/平方米。表 10-3 中第 2～5 列采用对数模型(log(price))进行估计，从拟合优度看，对数模型估计有更好的拟合优度，故主要采用列 5 的估计结果。列 5 中集体建设用地变量系数估计结果显示，在控制其他相关因素影响基础上，集体建设用地产权的工业用地入市价格比国有工业用地价格平均低 23.4%。上述结果表明，若使集体建设用地与国有建设用地真正同权，前者土地价格将显著上涨。其原因是，相比国有建设用地，现阶段集体建设用地产权的权能相对较弱和不完善，在流转、抵押等方面存在限制，由此导致其在价格上比国有工业用地要低。

表 10-3　城乡工业用地特征价格模型回归结果

变量	Price		Log(Price)		
	(1)	(2)	(3)	(4)	(5)
集体建设用地	−67.196***	−0.231***	−0.214***	−0.220***	−0.234***
	(10.551)	(0.032)	(0.030)	(0.030)	(0.034)
Log(面积)			0.010	0.009	0.010
			(0.011)	(0.011)	(0.012)

（续表）

变量	Price		Log(Price)		
	(1)	(2)	(3)	(4)	(5)
土地年限			0.051***	0.052***	0.067***
			(0.004)	(0.004)	(0.004)
Log(距市中心距离)				1.150	−0.197
				(1.166)	(2.280)
Log(距高速公路出口距离)				−1.181	0.202
				(1.175)	(2.343)
Log(乡镇人口密度)					0.501***
					(0.175)
Log(乡镇工业总产值)					−0.574**
					(0.236)
土地交易方式	No	No	Yes	Yes	Yes
控制经纬度	No	No	No	Yes	Yes
乡镇固定效应	Yes	Yes	Yes	Yes	Yes
年份固定效应	Yes	Yes	Yes	Yes	Yes
N	809	809	770	770	586
R 平方	0.332	0.335	0.492	0.507	0.508

注：* $p<0.1$，** $p<0.05$，*** $p<0.01$。括号内数值为标准误。

10.4.2 集体工业用地入市对国有工业用地价格的影响效应

当前对集体建设用地入市的一个担忧和争论焦点是，集体建设用地入市是否会冲击国有建设用地市场。本研究基于城乡工业用地交易数据，就集体工业用地入市对国有工业用地价格的影响效应进行初步检验，其结果如表 10-4 所示。表 10-4 中第 1～4 列估计结果显示，集体建设用地入市变量系数均显著为正，尽管随着控制变量的不断增多，系数显著性稍有下降，但系数值变化不大。列 4 的估计结果表明，若周边 3 公里范围内之前有集体工业用地入市，则国有工业用地价格将增加 3% 左右，表明集体建设用地入市非但不会抑制国有建设用地价格，反而会促进国有建设用地价格上涨。其原因主要是集体工业用地入市，将提升当地产业活力和经济发展潜力，并通过空间溢出效应推动周边国有工业用地价格上涨。

表 10‑4　集体工业用地入市对国有工业用地价格影响的回归结果

变量	(1)	(2)	(3)	(4)
集体建设用地入市	0.148***	0.155***	0.157***	0.095**
	(0.038)	(0.038)	(0.039)	(0.043)
Log(面积)		0.009	0.009	0.017***
		(0.006)	(0.006)	(0.006)
Log(距市中心距离)			−0.264	−0.329
			(0.588)	(1.049)
Log(距高速公路出口距离)			0.271	0.373
			(0.593)	(1.079)
Log(乡镇人口密度)				0.212**
				(0.096)
Log(乡镇工业总产值)				−0.415***
				(0.128)
乡镇固定效应	Yes	Yes	Yes	Yes
年份固定效应	Yes	Yes	Yes	Yes
N	403	403	403	314
R 平方	0.709	0.711	0.711	0.743

注：* $p < 0.1$，** $p < 0.05$，*** $p < 0.01$。括号内数值为标准误。

10.4.3　进一步分析

10.4.3.1　作用渠道

本研究进一步将集体建设用地与试点改革、时间趋势和工业园区等变量交叉相乘,分析集体建设用地入市对城乡建设用地价格的异质性影响和作用渠道,具体结果见表 10‑5。

表 10‑5　集体工业用地入市对城乡工业用地价格影响的回归结果

变量	(1)	(2)	(3)
集体建设用地×试点改革	−0.372***		
	(0.080)		
集体建设用地×时间趋势		−0.144***	
		(0.023)	
集体建设用地×工业园区			0.149**
			(0.064)
试点改革	0.678***		
	(0.100)		

（续表）

变量	(1)	(2)	(3)
时间趋势		0.146***	
		(0.020)	
工业园区			0.032
			(0.056)
集体建设用地	0.056	0.329***	−0.252***
	(0.071)	(0.095)	(0.035)
Log(面积)	0.009	0.007	0.007
	(0.012)	(0.012)	(0.011)
土地利用年限	0.066***	0.067***	0.051***
	(0.004)	(0.004)	(0.004)
Log(距市中心距离)	−0.249	0.044	0.579
	(2.239)	(2.204)	(1.191)
Log(距高速公路出口距离)	0.252	−0.061	−0.578
	(2.302)	(2.266)	(1.201)
Log(乡镇人口密度)	0.478***	0.398**	
	(0.172)	(0.170)	
Log(乡镇工业总产值)	−0.550**	−0.517**	
	(0.232)	(0.228)	
控制经纬度	Yes	Yes	Yes
乡镇固定效应	Yes	Yes	Yes
年份固定效应	Yes	Yes	Yes
N	586	586	770
R 平方	0.526	0.541	0.513

注：* $p<0.1$，** $p<0.05$，*** $p<0.01$。括号内数值为标准误。

　　首先，构造集体建设用地与试点改革（德清 2015 年被列为国家集体建设用地入市改革试点，试点改革变量 2015 年后取值为 1，否则为 0）变量的交叉项，以分析试点改革后集体建设用地产权对城乡建设用地价格的影响是否减弱，表10－5 中列 1 结果显示，交叉项（集体建设用地×试点改革）系数显著为负，表明集体建设用地入市改革使集体建设用地产权的价格影响减弱，由此缩小了城乡建设用地价格差异，有利于促进城乡统一建设用地市场的形成。

　　其次，将集体建设用地变量与时间趋势变量交义相乘，以分析集体建设用地产权的价格影响的时间动态，列 2 中交叉项（集体建设用地×时间趋势）系数显著为负，表明随时间变化，集体建设用地产权的价格影响在减弱。

　　最后，列 3 采用交叉项（集体建设用地×工业园区）以检验入市方式（空间集聚）对城乡集体建设用地价格的影响，其系数显著为正，表示在工业园区出让的集体建设用地，其价格更高，进而表明集体工业用地在工业园区入市、实现土地空间集中配置、发挥集聚效应,将提升工业用地价格。因此,集体建设用地入市需注意入市方式和空间集聚配置,土地是一种空间资源,土地空间配置和空间品质应在集体建设用地入市中予以统筹考虑。

10.4.3.2　稳健性分析:考虑空间效应

最后,由于考虑到不同地块的土地价格可能存在空间相关性,从而可能影响估计结果,本研究进一步采用空间滞后、空间误差和空间 Durbin 模型进行估计。表 10-6 给出具体估计结果,可见,考虑空间相关性后,集体工业用地入市对城乡工业用地价格的影响效应依然存在,进一步支持了上述研究结果。这也再次表明,集体建设用地产权将影响工业用地价格,集体建设用地入市改革若能增强集体建设用地产权权能,将缩小城乡工业用地价格差距和促进统一市场形成。

表 10-6　集体工业用地入市对城乡工业用地价格影响的空间计量结果

变量	空间滞后模型	空间误差模型	空间 Durbin 模型
	(1)	(2)	(3)
集体建设用地	-0.509***	-0.496***	-0.475***
	(0.115)	(0.119)	(0.116)
ρ	0.728***		0.620***
	(0.162)		(0.203)
η		0.695***	
		(0.180)	
控制变量	Yes	Yes	Yes
Log likelihood	-119.458	-120.472	-115.160

注:*** $p<0.01$。括号内数值为标准误。控制变量包括 Log(面积)、土地利用年限、Log(距市中心距离)、Log(距高速公路出口距离)、Log(乡镇人口密度)和 Log(乡镇工业总产值)等;ρ 表示空间滞后项系数,η 表示误差项自相关系数,采用逆距离空间权重矩阵。

10.5　结论

本章基于 2013—2019 年德清集体和国有工业用地微观交易数据,实证分析集体建设用地入市对城乡建设用地市场的影响效应。研究结果发现:①与国有工业用地相比,集体工业用地价格和利用效益明显要低;②集体建设用地产权影响土地价格,集体建设用地价格比国有建设用地价格约低 67 元/平方米;③集体建设用地入市,将推动周边国有工业用地价格小幅上涨,涨幅为 9.5%;④集体建设用地入市试点改革及其入市时间和方式影响实际城乡建设用地价格差距,集体建设用地入市试点改革缩小了城乡建设用地价格差距,城乡建设用地价格差距随时间变化在逐渐缩小,在工业园区出让集体工业用地有助于提升其土地价格。

相应政策启示为:①当前集体工业用地与国有工业用地的价格和利用效益差异较大,离真正实现城乡建设用地同权同价入市和统一市场还有较大差距,应进一步提升集体建设用地产权权能、产权价值实现方式及程度;②集体工业用地入市不会对国有工业用地价格造成较大负向冲击,因产业活力和经济发展潜力改善反而有助于小幅提升国有工业用地价格,应继续深入推进集体建设用地入市和协调城乡建设用地市场发展;③集体建设用地入市改革有助于缩小城乡建设用地价格差距,集体建设用地在工业园区入市有利于提升土地价格,应以集体建设用地入市为突破口促进土地空间配置优化和城乡统一建设用地市场形成。

需说明的是,当前集体建设用地入市还未形成充分竞争的市场,集体建设用地入市还正处于探索阶段。本章以德清为例分析集体建设用地入市对城乡建设用地市场的影响,为进一步研究提供基础和方向,后续研究可进一步基于更宽视野、更大范围、更大数据评估分析集体建设用地入市的多重影响。

本章参考文献

Chernina E, Dower P C, Markevich A. Property rights, land liquidity and internal migration [J]. Journal of Development Economics, 2014,110(9): 191-215.

De Janvry A, Marco G N, Kyle E, Elisabeth S. Delinking land rights from land use: Certification and migration in Mexico [J]. American Economic Review, 2015,105(10): 3125-3149.

Deininger K W, Jin S Q, Liu S Y, Xia F. Property rights reform to support China's rural-urban integration: Village-level evidence from the Chengdu experiment [J]. Oxford Bulletin of Economics & Statistics, 2019,81(6): 1214-1251.

Duranton G, Ghani S E, Goswami A G, Kerr W R. Effects of land misallocation on capital allocations in India [EB/OL]. World Bank Policy Research Working Paper, http://documents. worldbank. org/curated/en/212391467999975364/pdf/WPS7451. pdf, 2015.

Huang Z H, Du X J. Farmers' attitudes toward land titling and its potential effects on rural development in China [J]. China Agricultural Economic Review, 2018b, 10(3): 425-442.

Huang Z H, Du X J. Holding the market under the stimulus plan: Local government financing vehicle's land purchasing behavior in China [J]. China Economic Review, 2018a, 50: 85-100.

Jacoby H G, Li G, Rozelle S. Hazards of expropriation: Tenure insecurity and investment in rural China [J]. The American Economic Review, 2002,92(5): 1420-1447.

Otsuka K. Efficiency and equity effects of land markets [A]. In: Evenson R, Pingali, P (Eds.). Handbook of Agricultural Economics [M]. Elsevier Science, Amsterdam, 2007, 3: 2672 - 2703.

北京大学国家发展研究院综合课题组. 还权赋能：奠定长期发展的可靠基础——成都市统筹城乡综合改革实践的调查研究[M]. 北京：北京大学出版社, 2010: 48 - 52.

陈会广, 陈利根, 马秀鹏, 刘沫含. 农村集体建设用地流转模式的多元化创新——基于政府与市场关系的视角[J]. 经济体制改革, 2009, (1): 87 - 92.

程世勇. 北京地区集体建设用地流转模式分析[J]. 北京社会科学, 2010(2): 71 - 75.

揣小伟, 黄贤金, 许益林. 农村集体建设用地基准地价初步研究——以安徽省良玉村为例[J]. 经济地理, 2012, 32(2): 121 - 126.

高欣, 张安录. 农村集体建设用地入市对农户收入的影响——基于广东省佛山市南海区村级层面的实证分析[J]. 中国土地科学, 2018, (4): 45 - 50.

黄贤金, 汤爽爽. "三块地"改革与农村土地权益实现研究[M]. 南京：南京大学出版社, 2016: 199 - 248.

黄忠华, 杜雪君, 虞晓芬. 地权诉求、宅基地流转与农村劳动力转移[J]. 公共管理学报, 2012, 9(3): 51 - 59.

黄忠华, 杜雪君. 农村土地制度安排是否阻碍农民工市民化：托达罗模型拓展和义乌市实证分析[J]. 中国土地科学, 2014, 28(7): 31 - 38.

黄忠华. 土地制度、资源配置与经济发展[M]. 北京：经济科学出版社, 2016: 196 - 199.

黄祖辉, 汪晖. 非公共利益性质的征地行为与土地发展权补偿[J]. 经济研究, 2002, (5): 66 - 71.

刘守英, 熊雪锋. 我国乡村振兴战略的实施与制度供给[J]. 政治经济学评论, 2018, (4): 80 - 96.

刘振伟. 乡村振兴中的农村土地制度改革[J]. 农业经济问题, 2018, (9): 4 - 9.

罗必良. 农地确权、交易含义与农业经营方式转型——科斯定理拓展与案例研究[J]. 中国农村经济, 2016, (11): 2 - 16.

钱忠好, 冀县卿, 刘芳. 外部利润、同意一致性与农村集体非农建设用地使用制度创新——昆山富民合作社制度创新的理论解析[A]. 张曙光编：中国制度变迁的案例研究(土地卷)[M]. 北京：中国财政经济出版社, 2011: 171 - 193.

孙宪忠. 推进农地三权分置经营模式的立法研究[J]. 中国社会科学, 2016, (7): 145 - 163.

谭荣, 曲福田. 市场与政府的边界：土地非农化治理结构的选择[J]. 管理世界, 2009, (12): 39 - 48.

田光明, 曲福田. 中国城乡一体土地市场制度变迁路径研究[J]. 中国土地科学, 2010, (2): 24 - 30.

王克强, 赵露, 刘红梅. 城乡一体化的土地市场运行特征及利益保障制度[J]. 中国土地科学, 2010, 24, (12): 52 - 57.

王小映. 论农村集体经营性建设用地入市流转收益的分配[J]. 农村经济, 2014, (10): 3 - 7.

严金明, 王晨. 基于城乡统筹发展的土地管理制度改革创新模式评析与政策选择——以成都统筹城乡综合配套改革试验区为例[J]. 中国软科学, 2011, (7): 1 - 8.

赵龙. 为乡村振兴战略做好土地制度政策支撑[J]. 行政管理改革, 2018, (4): 11 - 14.

第 11 章
城镇化发展、结构特征与耕地保护

11.1　问题提出：城镇化如何影响耕地保护

　　理解城镇化对耕地保护影响，平衡城镇化发展与耕地保护的关系，是发展中国家普遍面临的重大挑战。全球城市化水平已超过 50%，2030 年将增加到 60%(UN-Habitat，2010)，这对全球环境和粮食安全将产生深远影响。城市仅占总土地面积的 0.3%，而耕地占 3%(Bettencourt 等，2007)。在快速城镇化进程下，耕地大量减少给中国政府敲响了粮食安全的警钟。我国城镇化水平从 1978 年的 17.92% 上升到 2015 年的 52.57%[①]，到 2030 年将上升至 70%(Bai 等，2014)。中国仅用全球 7% 的耕地养活了全球五分之一的人口，但耕地保护和粮食安全仍然是中国政府面临的重要挑战。2006 年，中国政府制定 18 亿亩耕地保护目标，以确保长期粮食安全。2014 年，中国中央政府发布《国家新型城镇化规划(2014—2020)》，旨在纠正快速城镇化进程下耕地减少与环境保护等重要问题(Bai 等，2011)。

　　随着城镇化进程加快，耕地保护问题日益突出。大多数研究采用案例研究方法来分析城镇化发展对耕地面积影响及快速城镇化发展下耕地变化驱动因素(Huang 等，2005；Jiang 等，2012；Xi 等，2012)。在发展中国家层面，分析城镇化对耕地保护的长期影响和影响机制的研究较少。

　　我们基于中国地级市面板数据，采用计量经济学模型实证检验城镇化发展

----

① 根据中国统计年鉴(1979—2015)计算。

模式、结构特征对耕地面积的影响效应,并探讨城镇化发展对耕地的影响机制。

我们研究的主要贡献体现在三方面:首先,我们的研究为中国城市化和耕地保护研究提供新证据。其次,我们对城镇化扩张下耕地保护政策的有效性进行评估,此类现有文献较为少见。第三,我们研究城镇化发展对耕地的影响机制。中国作为世界上最大的发展中国家,其快速城镇化发展下耕地保护的问题与经验,可为其他发展中国家提供重要借鉴。

11.2　城镇化与耕地保护相关研究

11.2.1　相关理论

我们采用两种理论框架来分析有关城镇化与耕地保护关系的研究:城市土地竞租模型(Alonso,1964;Deng 等,2008)和地方政府土地供给行为(Lichtenberg 和 Ding,2008;Wang 和 Scott,2008;Huang 和 Du,2017b)。

城市土地竞租模型,主要分析城市土地利用的一般规律,通过采用离市中心距离来分析土地利用模式。随着离市中心越来越远,居民面临更低的土地租金与更高的交通成本之间的权衡。土地利用将随着离市中心距离的变化而变化。

之后学者将收入、交通和自然资源等因素考虑进来,拓展了城市土地竞租模型(White,1988)。基于城市土地竞租模型框架,学者们分析了城市土地利用模式、城镇化发展对土地利用和耕地的影响(Seto 和 Kaufmann,2003;Jiang 等,2012;Deng 等,2015)。Brueckner 和 Fansler(1983)发现,收入、交通成本和农地地租是影响城市扩张的重要因素。Deng 等(2008)发现收入和工业化显著推动城市土地扩张,支持城市土地竞租模式。然而,由于他们的研究集中于城市扩张的决定因素,关于城镇化对耕地变化影响的探讨较少。

城市土地竞租模型可部分解释非市场因素对城镇化进程中耕地的影响。然而由于中国土地配置受政府主导,市场化假设条件下的城市土地竞租理论的应用受到影响。学者们也认识到地方政府行为对城市土地扩张具有重要影响(Tian,2015;Huang 和 Du,2017a;Huang 和 Du,2018c)。

地方政府土地供给行为理论认为,城镇化发展下耕地向城市土地转化是地方政府供地行为和决策的结果,这种行为也被称为地方政府寻租行为(Wang 和 Scott,2008)。寻租和激励塑造了地方政府土地供给行为(Lichtenberg 和 Ding,2008;Wang 和 Scott,2008;Chen 和 Kung,2016)。我国地方政府存在低价出让土地来招商引资、获得大量土地出让收入（土地财政）来平衡财政赤字的激励（Tao 等，2010；Huang 和 Du，2017b）。地方政府土地供给行为显著影响快速城镇化发展下的耕地面积变化（Ding 和 Lichtenberg，2011）。然而，关于中国城镇化和耕地关系的深入实证研究还很较少，尤其是全国层面的研究。

11.2.2 实证研究证据

当前关于城镇化与耕地关系的研究还未达成一致结论。城镇化虽然通过集聚效应带来正外部性，但也可能产生负外部性，如环境退化和耕地流失等问题（Bai 等，2014）。城镇化对发展中国家的主要负面影响之一是耕地急剧减少（Tan 等，2005；Deng 等，2015）。关于城镇化对耕地的影响，学者提出了各种不同的观点。一种来自城市经济学家的观点认为，城市化可促进土地集约利用，从而有利于耕地保护（Glaeser，2012；Huang 等，2015）。由于城市人均土地消耗量低于农村地区，因此城镇化可能有利于耕地保护。城市增长也可能提高耕地扩张的经济回报，从而可能增加耕地面积（Chamberlin 等，2014）。相反，另一种观点认为，城市化，特别是城市土地快速扩张和城市蔓延，会造成大量耕地减少（Liu 等，2014；Deng 等，2009；Cheng 等，2015）。

城镇化对耕地的影响可能取决于不同城镇化模式及其驱动力。从城镇化模式来看，大城市可能具有集聚效应，人均土地消耗较少（Glaeser，2012）。中小城市的官员认为，城市开发建设比乡村能带来更大收益，因此将大量耕地转为城市发展用地。此外，农村居民点用地也占用大量耕地，导致耕地减少（Long 等，2009；Tan 等，2011）。

在城镇化驱动力方面，政府主导的城镇化发展模式，可能导致耕地减少，如政府低价征收耕地并将其转为非农建设用地来推进城镇化。低成本的城镇扩张模式导致我国过去几十年耕地大量减少（Wang 等，2010）。此外，快速城镇化发展也占用城市周边大量优质耕地（Cheng 等，2015）。还有学者认为，城镇化发展而来的基础设施建设扩张也占用大量耕地（Islam 和 Hassn，2013）。

11.3 城镇化发展下的耕地保护背景分析

11.3.1 城镇化发展与农地非农化

1994 年分税制改革引发了地方政府的土地财政行为，并对农地非农化和耕地减少产生重要影响。中国地方政府主导土地供给,通过低价征用农村土地(大部分来自耕地),以土地财政模式来进行城市建设和推动城镇化发展(Zhu,2005;Huang 和 Du,2018a;Huang 和 Du,2018b)。分税制改革后,地方政府预算收入显著下降,而支出责任没有相应减少(Xu,2011;Huang 和 Du,2017a;Huang 和 Du,2017b)。此后,地方政府只能通过土地出让获得大量预算外收入,用于城市建设和平衡财政支出(Cao 等,2008)。然而,大部分出让土地来源于耕地转用(Tao 等,2010;Cheng 等,2015)。尽管中央政府为保护耕地和粮食安全,限制地方政府建设占用耕地的数量,但地方政府仍有一定自主权来决定出让多少土地及如何出让土地。

自 20 世纪 90 年代以来,随着城镇化的快速发展,耕地非农化和建设占用耕地现象日益严重。城镇发展建设对土地的需求迅速增加。而地方政府主导土地供给模式,通过低价征收耕地并将其转为高价商住用地,以获得大量土地出让收入,却导致耕地减少(Wang 等,2012)。

土地财政动机导致地方政府提供更多土地用于城市开发建设。1996—2014 年,中国城市建成区面积从 205 万平方公里增加到 498 万平方公里[①],增长一倍多。城市扩张用地很大一部分来自耕地占用,部分占用城市边缘的优质耕地。城镇化发展占用大量耕地,威胁耕地保护和粮食安全,而新增耕地往往质量和生产力较低,影响粮食安全(Cheng 等,2015)。

11.3.2 城镇化发展下的耕地保护问题与政策应对

城镇快速扩张导致耕地非农化和生态用地减少(Wang 等,2018)。快速城镇化导致大量耕地转为住宅、工业、商业和基础设施建设等城市用地(Li 等,2018)。城市建设已成为耕地减少除灾害损毁、退耕还林、农业结构调整外的重要原因(Zhang 等,2014)。与开发城市存量土地的成本相比,占用耕地进行开发建设的成本要低得多,因为耕地补偿款较低,而且不需要拆迁安置。因此,建设占用耕地已成为给城镇开发建设提供土地的重要手段(Feng 等,2015)。

在城镇化快速扩张的同时,伴随而来的耕地减少问题引起中央政府的高度关注。中央政府非常重视耕地保护与粮食安全问题(Anderson 和 Strutt,2014)。地方政府土地财政行为也引起各界关注,地方政府存在低价征地、高价出让土地来获取土地出让收入的激励,引起大量耕地被转化用于城市开发和

---

① 根据中国城市统计年鉴(2001—2015)计算。

建设。

意识到快速城镇化发展引起的耕地急剧减少问题,中央政府实施最为严格的耕地保护制度,限制耕地转为非农用地。1999 年 1 月,中央政府修订《1998 年土地管理法》,旨在保护快速城镇化和经济发展情况下的耕地,加强以耕地总量动态平衡为核心的耕地保护政策。这一动态平衡政策于 1994 年首次出台。它要求地方政府新增耕地以抵消建设占用耕地,须通过土地复垦、整理和修复等方式,补充同等数量的耕地(Ding,2003)。这种动态平衡政策一直是中央政府约束地方政府进行耕地保护的主要工具。然而在实践中,一些地方政府将优质农田转为非农用地,并通过省内异地开垦低质农田来弥补建设占用耕地,引起耕地质量下降(Cheng 等,2015)。

中国耕地保护政策是通过自上而下的层级制度来实施。中央政府监督省级政府履行耕地保护责任。同时,省级政府将责任和耕地保护指标分解给地级市。同样的耕地保护任务分解逻辑也适用于县政府和乡镇政府。低层级政府进行耕地非农转用必须遵守土地利用总体规划(包括耕地保护和耕地转用指标)和年度土地利用计划(Wang 等,2010)。此外,下级政府耕地转用必须得到上级政府批准。

11.4 实证模型与数据

11.4.1 计量检验设定

首先,我们设定基本计量检验方程。实证分析旨在检验城镇化对耕地面积的影响。基于 11.1 小节城市土地竞租模型和地方政府土地供给行为的理论分析框架,耕地变化受城镇化、产业发展、人口等因素驱动。根据相关文献(Jiang 等,2012;Huang 等,2005;Deng 等,2015),我们控制相关影响因素,并设定以下检验方程:

$$Farmland_{it} = \alpha + \beta_1 Urbanization_{it} + \gamma X_{it} + u_i + v_t + \varepsilon_{it} \quad (11-1)$$

式(11-1)中 $Farmland_{it}$ 为因变量,表示耕地面积。$urbanization_{it}$(城镇化)是我们感兴趣的变量,用城镇人口占比或城市建成区面积占比表示。X_{it} 是一系列控制变量,包括人均 GDP、第二产业比、第三产业比、人口密度和地理因素。温度和降水等地理因素可通过供给侧影响耕地面积(Deng 等,2015)。例如,高温和降水地区可提供更多耕地。u_i 和 v_t 分别表示城市和时间固定效应。

我们还使用不同城镇化变量来分析结果的稳健性。我们采用 1992—2013 年 DMSP/OLS 夜间灯光数据来衡量中国地级市城镇化水平。与统计数据相比,夜间灯光数据具有成本低、时效性强、操作简单等优点,已被成功应用于城镇化测度(Small 等,2005;Small 等,2011;Liu 等,2012;Gibson 等,2015)。我们采用夜间灯光亮度最大值的 75% 和 50%(DN=63)作为阈值,与 Liu 等(2012)一致,计算每个地级市城镇化像素占比,并生成两个城镇化变量(Urban light 75 表示 75%光度阈值,Urban light 50 表示 50%光度阈值)。

其次,我们进一步评估耕地保护政策对耕地面积影响,并利用地方政府实施耕地动态平衡保护政策的时间来评估其影响。我们采用双重差分方法(Angrist 和 Pischke,2008),并设定计量检验方程为:

$$Y_{it} = \alpha + \beta Policy_t \times Treat_i + \gamma X_{it} + u_i + v_t + \varepsilon_{it} \qquad (11-2)$$

其中 Y_{it} 为结果变量:耕地面积。变量 X_{it} 是一组控制变量。$Policy_t$ 是耕地动态平衡保护政策虚拟变量,在 1998 年(国家 1998 年实施土地管理法和动态平衡政策实施)后为 1,在其他情况下为 0。$Treat_i$ 是一个城市实施耕地动态平衡政策后的虚拟变量。我们采用双重差分模型主要估计 $Policy \times Treat$ 系数。

最后,我们进一步分析城镇化对耕地的影响机制。考虑到地方政府在推进城镇化发展和耕地非农转化中发挥的作用,我们提出两个假说。第一个假说:土地财政假说。地方政府高度依赖土地出让收入为城市建设融资,导致大量耕地减少(Lichtenberg 和 Ding,2008;Tao 等,2012;Huang 和 Du,2017a)。因此,越依赖土地财政的地区,其城镇化发展对耕地面积影响越大,由此提出第一个假说。

假说 1:城镇化对耕地面积影响与地方政府土地财政依赖度负相关。

第二个假说与城市蔓延(低效城镇化发展模式)有关。城镇化快速扩张导致城市土地扩张速度超过人口扩张速度,引起城市蔓延(Ye 和 Wu,2014)。低效的城镇扩张或城市蔓延导致耕地面积减少(Lichtenberg 和 Ding,2008;Xi 等,2012;Huang 和 Du,2017b)。因此,城市化对耕地面积的影响在城市蔓延较大的城市更为显著,由此提出第二个假说。

假说 2:城市蔓延对城镇化耕地面积影响具有负向调节作用。

为检验以上两个假说,我们将计量方程设定如下:

$$Farmland_{it} = Urbanization_{it} + Urbanization_{it} \times Land\ revenue\ dependence_{it}$$
$$+ \beta X_{it} + u_i + v_t + \varepsilon_{it}$$

$$(11 - 3)$$

$$Farmland_{it} = Urbanization_{it} + Urbanization_{it} \times Urban\ sprawl_{it}$$
$$+ \beta X_{it} + u_i + v_t + \varepsilon_{it}$$

$$(11 - 4)$$

其中，$Farmland_{it}$ 和 $Urbanization_{it}$ 定义同上，$Land\ revenue\ dependence_{it}$ 是土地出让收入占地方财政收入比(土地财政依赖度)。$Urban\ sprawl$ 为城市蔓延虚拟变量，用城市建成区扩张速度是否快于人口扩张速度来衡量。X_{it} 是一组控制变量，定义同上。

11.4.2 数据描述

我们采用中国地级市 1990—2013 年的面板数据，数据主要来源于《中国城市统计年鉴》和《中国国土资源年鉴》。变量的定义和描述性分析见表 11 - 1。我们还使用 DMSP/OLS 夜间灯光数据，数据来自美国地理服务(USGS)，以作为城镇化的替代测量。

表 11 - 1　主要变量定义与描述统计

变量	定义	时期	观测值	均值	标准差
耕地	耕地面积(以公顷为单位)	1995—2013	6 453	294.73	272.09
城镇人口比	城镇人口占总人口比值	1990—2008	4 751	0.31	0.15
建成区面积比	建成区面积占城市土地总面积比值	1990—2013	6 284	0.012	0.025
社会经济因素					
人均国内生产总值	人均 GDP(万元)	1995—2013	6 274	7 405.74	10 200.0
第二产业份额	第二产业产值占国内生产总值的比值(%)	1995—2013	5 120	47.12	11.60
第三产业比重	第三产业产值占国内生产总值的比值(%)	1995—2013	5 120	35.14	7.96
人口密度	人口与城市土地面积比值(人/平方公里)	1995—2013	6 297	425.83	334.61
土地收入依赖度	土地收入在预算收入中比例	2003—2013	3 007	0.61	0.43

（续表）

变量	定义	时期	观测值	均值	标准差
人均 FDI	人均国外直接投资（元/人）	2003—2013	2 960	328.21	655.05
地理因素					
温度	平均气温（℃）		7 075	14.02	5.62
降水	平均降水量（米）		7 075	0.90	0.48
坡度	平均坡度（度）		6 925	18.49	9.89
DEM	海拔（1 000 米）		6 875	0.53	0.66
省会距离	距离省会距离（1 000 公里）		6 950	0.22	0.19
港口距离	距离最近的大港口的距离（1 000 公里）		6 950	0.66	0.42
土地适宜性指数	对城市发展安全的土地比例,低于 15 度的坡度		6 700	0.54	0.26
其他					
Urban light 75	以夜间灯光最大亮度值的 75% 作为识别城镇化地区的阈值,高于此阈值的像素占比	1992—2013	6 116	0.02	0.07
Urban light 50	以夜间灯光最大亮度值的 50% 作为识别城镇化地区的阈值,高于此阈值的像素占比	1992—2013	6 116	0.04	0.10
耕保政策	虚拟变量,1＝1998 年后,否则为 0	1990—2013	7 075	0.64	0.48
Policy	虚拟变量,1＝城市实施耕地动态平衡政策后,否则为 0	1990—2013	6 792	0.56	0.50
城市扩张	虚拟变量,1＝城市建成区扩张大于人口扩张,否则为 0	1990—2008	4 491	0.48	0.50

11.4.3　描述性分析

图 11-1 显示 1990—2013 年土地城镇化（城市建成区面积占城市土地总面积比）与耕地的关系。可见,土地城镇化与耕地之间存在显著负相关关系,即城镇土地扩张将减少耕地数量。

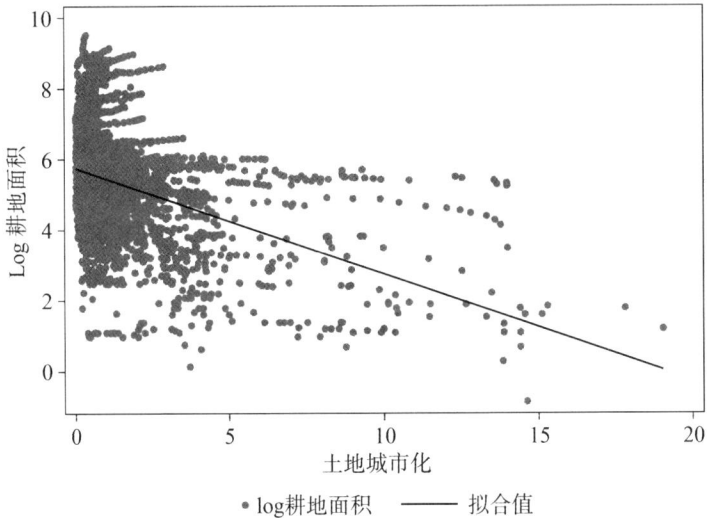

● log耕地面积　　——— 拟合值

图 11 - 1　城市土地扩张与耕地面积(1990—2013 年)

从空间分布分析,沿海地区、长江中下游地区和黄河流域地区是城市扩张最快的地区,耕地减少严重。

11.5　城镇化对耕地保护影响的实证结果

11.5.1　基准回归结果

表 11 - 2 给出城镇化与耕地面积关系的基准估计结果。前 3 列显示控制城市和年份固定效应的基准估计结果。第 4 列在回归中进一步加入社会经济因素控制变量,包括人均 GDP、工业比率、服务业比率和人口密度等。加入社会经济因素控制变量后,城镇化对耕地影响的估计系数变小,但在统计和数量上仍高度显著。第 5 列回归进一步加入地理因素,城镇人口比系数与第四列接近。第 4 列和第 5 列的结果表明,城镇化水平每增加 1%,耕地将减少 3%。

无论是否添加更多控制变量,城镇人口比估计系数是稳健的。第 1~5 列回归证实,城镇化与耕地之间存在负相关关系,表明城镇化导致耕地大量减少。与城镇人口占比系数相比,建成区面积占比对耕地的负向影响较大,表明土地城镇化造成的耕地减少远多于人口城镇化。这是因为中国城镇化发展依赖大规模的城市土地扩张和耕地占用,与 Wang 和 Scott(2008)和 Jiang 等(2012)的研究结果基本一致。

社会经济因素影响方面,对数人均 GDP 系数为负,表明经济增长对耕地有负向影响。经济每增长 1%,耕地将减少 0.4%。这就表明当前粗放的城镇化发展方式消耗大量土地,导致耕地面积大量减少。在产业结构效应方面,第二产业和第三产业份额对耕地面积均有负向影响,这与城市经济学家预测集聚经济将通过集约利用土地而减少用地不相符。这也表明,现阶段中国经济粗放发展模式导致耕地面积减少,集聚经济效应不明显。人口密度系数为负且显著,表明人口密度增加将导致耕地面积减少。这一结果表明,以土地为基础的城镇化粗放扩张模式导致城镇建设用地占用大量耕地,引起耕地面积减少。

为检验变量间可能存在的共线性关系,我们采用 VIF(variance inflation factor)检验,发现变量间的 VIF 小于 5,表明不存在严重的多重共线性问题。

表 11-2　城镇化与耕地面积的基准回归估计结果

变量	(1)	(2)	(3)	(4)	(5)
城镇人口比	−6.54***		−5.19***	−2.61***	−2.76***
	(0.26)		(0.36)	(0.38)	(0.34)
建成区面积比		−16.31***	−10.03***	−4.13***	−5.52***
		(6.09)	(2.12)	(1.43)	(1.63)
对数人均国内生产总值				−0.40***	−0.35***
				(0.08)	(0.07)
第二产业份额				−0.01*	−0.00
				(0.00)	(0.00)
第三产业比重				−0.02***	−0.02***
				(0.00)	(0.00)
对数人口密度				−0.92***	−0.69***
				(0.16)	(0.11)
温度					−0.03**
					(0.02)
降水					−0.31*
					(0.16)
坡度					−0.03***
					(0.01)
DEM					−0.55***
					(0.20)
省会距离					−0.08
					(0.31)
港口距离					−0.50**
					(0.25)

（续表）

变量	(1)	(2)	(3)	(4)	(5)
常数项	7.78***	5.83***	7.43***	16.39***	16.45***
	(0.09)	(0.09)	(0.11)	(0.94)	(0.81)
年份固定效果	Yes	Yes	Yes	Yes	No
城市固定效果	Yes	Yes	Yes	Yes	No
N	4 462	5 926	4 449	3 471	3 393
R 平方	0.735	0.455	0.762	0.735	0.734

注：$^{*}p<0.1$，$^{**}p<0.05$，$^{***}p<0.01$。括号内数值为标准误，在地级市层面聚类。

我们进一步探讨城镇化对耕地的异质性影响。我们主要关注城镇化和耕地面积的关系，分城市规模、时间和地区进行回归，回归中不添加所有控制变量。表 11-3 给出了分城市、地区和时期的估计结果。首先，第 8 列和第 9 列显示，城镇化对耕地的负向影响在中西部地区比东部地区要大。这是因为中西部地区近年来经历快速城镇化扩张和耕地大量减少。此外，灾害和退耕还林政策也可能诱发中西部地区大量耕地减少。其次，第 1～5 列显示，中等规模城市（100—500 万人口）比大城市城镇化发展消耗更多耕地，这一结果与 Deng 等（2015）的研究一致，他们发现小城镇城镇化发展加速对耕地减少的影响更大。在人口超过 1000 万的特大城市中，城市化与耕地面积间不存在显著关系。其原因是大城市具有较高的集聚经济效应，从而在城镇化发展中消耗较少耕地。最后，在 2000 年前，城镇化发展对耕地的影响更大，其原因是这一期间城镇化加速发展和耕地保护监管不足导致大量耕地减少。

11.5.2 稳健性分析和附加证据

11.5.2.1 内生性问题

城镇化变量可能存在内生性问题，原因有二。首先，一些遗漏变量，如未被控制的、随时间变化的城市特征，可能与城镇化发展有关，导致城镇化变量与误差项相关。二是城镇化与耕地可能存在相互影响。一方面，耕地可能通过为城镇化发展提供场所而影响城镇化；另一方面，城镇化发展可能通过诱导耕地非农化发展而影响耕地。

为解决这类问题，我们采用工具变量（IV，Instrument Variable）法。我们采用与城镇化发展相关但与耕地面积不直接相关的变量来作为 IV。首先，在 Saiz（2009）、Chen 和 Kung（2016）的研究基础上，我们基于中国 30 米分辨率数

表 11-3　分城市、阶段、区域耕地面积影响因素估计结果

变量	分城市（百万人口）					分阶段		分区域	
	>10	5~10	1~5	0.5~1	<0.5	1990—1999	2000—2013	东	中西部
	(1)	(2)	(3)	(4)	(5)	(6)	(7)	(8)	(9)
城镇人口比	-0.55	-0.72	-2.19***	-1.31	-0.22	-4.87***	-0.41*	-1.78**	-5.30***
	(0.39)	(0.53)	(0.43)	(0.91)	(0.42)	(0.66)	(0.24)	(0.79)	(0.59)
常数项	-16.42**	-2.44	-6.03	-14.24*	-10.47***	-10.78***	-2.88	-4.88	-10.48***
	(5.48)	(1.78)	(4.01)	(8.18)	(2.95)	(2.84)	(3.07)	(3.46)	(3.02)
年份固定效果	Yes	Yes	Yes	Yes	Yes	Yes	Yes	Yes	Yes
城市固定效果	Yes	Yes	Yes	Yes	Yes	Yes	Yes	Yes	Yes
N	63	1140	2742	273	231	2155	2412	1684	2711
R 平方	0.695	0.151	0.258	0.236	0.551	0.777	0.102	0.327	0.801

注：* $p<0.1$，** $p<0.05$，*** $p<0.01$。括号内数值为标准误，在地级市层面聚类。

字高程模型数据,构建类似土地适宜性指数(坡度15度以下土地面积比)来衡量适合城市发展的土地比例[①]。第二,我们采用外商直接投资(FDI)变量(以人均FDI为代表)。这一变量主要通过影响城镇化发展模式来影响耕地(Deng 等,2015)。我们采用人均FDI作为IV,因为它最有可能通过城镇化对耕地面积产生影响,但与耕地面积不直接相关。第三,我们采用一个滞后10期城镇化变量作为城镇化变量的IV,滞后10期变量影响当前的城市化发展,但不太可能直接影响耕地面积。

表11-4给出基于IV的耕地回归结果。F统计量在第1、3、5列均显著,表明不存在弱工具变量问题,且满足相关性要求。此外,我们的工具变量是恰好被识别,不存在过度识别问题。第1、3、5列结果表明,工具变量与城镇化(城镇人口比)显著相关。第2、4、6列报告第二阶段的结果,表明城镇人口比系数为负,且在统计上显著。IV估计系数为局部平均处理效果,在不同的回归估计有所不同,但与表11-2固定效应估计接近并保持一致。这些结果进一步证实我们的估计是稳健的。

表11-4 工具变量法耕地估计结果

变量	第一阶段 城市化	第二阶段 对数耕地	第一阶段 城市化	第二阶段 对数耕地	第一阶段 城市化	第二阶段 对数耕地
	(1)	(2)	(3)	(4)	(5)	(6)
城镇人口比		-2.101***		-2.025***		-1.345***
		(0.462)		(0.225)		(0.206)
土地适用性指数	-0.407***					
	(0.033)					
对数人均FDI			0.051***			
			(0.002)			
滞后10年城镇人口比					0.457***	
					(0.016)	
其他控制变量	Yes	Yes	Yes	Yes	Yes	Yes
N	3 319	3 319	1 472	1 472	2 011	2 011
F统计	146.13***		125.60***		202.40***	
R平方	0.284	0.436	0.436	0.488	0.477	0.458

注:*$p<0.1$,**$p<0.05$,***$p<0.01$。其他控制因素包括第二产业份额、对数人口密度、温度、降水、坡度、DEM、省会城市距离和港口距离。

[①] 坡度低于15度的土地进一步减去水体面积,以此衡量适合城市开发的土地面积。

11.5.2.2 使用 DMSP/OLS 数据

我们进一步采用夜间灯光数据衡量的城镇化率来作为城镇化的替代变量，分别将夜间灯光亮度超过 75%、50% 阈值的像素作为城镇化地区。表 11-5 给出采用 DMSP/OLS 数据的估计结果。Urban light 75 和 Urban light 50 的系数均统计显著且为负，证实城镇化对耕地面积有负向影响。城镇化对耕地的影响估计值接近 1，与表 11-2 第 4 列和第 5 列结果相似。

表 11-5 使用 DMSP/OLS 数据的估计结果

变量	对数耕地	对数耕地
	(1)	(2)
Urban light 75	-0.87**	
	(0.43)	
Urban light 50		-1.11***
		(0.32)
对数耕地		
对数人均 GDP	-1.09***	-1.08***
	(0.13)	(0.13)
常数项	16.06***	16.02***
	(1.23)	(1.22)
年份固定效应	Yes	Yes
城市固定效应	Yes	Yes
控制变量	Yes	Yes
N	5 595	5 595
R 平方	0.456	0.459

注：$^*p<0.1$，$^{**}p<0.05$，$^{***}p<0.01$。括号内数值为标准误，在地级市层面聚类。

11.5.2.3 耕地保护政策对耕地的影响

我们进一步评估耕地保护政策对耕地面积的影响效果。1998 年修订的《土地管理法》（提出耕地总量动态平衡保护政策）于 1999 年 1 月 1 日公布。不同地区实施这一动态平衡耕地保护政策的时间有所差异，我们用各地实施耕地保护政策的时间差异来识别耕地保护政策的影响。我们预期，随着耕地动态平衡保护政策实施，耕地面积将进一步增加。为考虑不同城镇化发展对耕地保护政策效果的调节作用，我们进一步将耕地保护政策变量与城镇化变量进行交互相乘，估计方程如式(11-4)所示。

表 11-6 给出耕地动态平衡保护政策对耕地面积影响的估计结果。第 1 列

结果表明,动态平衡耕地保护政策对耕地有显著正向影响,耕地动态平衡保护政策实施后耕地面积增加 4%。第二列结果表明,在快速城镇化地区,耕地动态平衡保护政策对耕地面积的影响更大。这些结果表明,耕地动态平衡保护政策对耕地面积有积极影响,尤其是在快速城镇化地区。我们的研究虽表明,耕地动态平衡保护政策的实施将抑制耕地面积减少,但可能存在耕地质量下降的风险。一些学者发现,补充耕地的质量要低于原有耕地,这可能威胁粮食安全(Cheng等,2015)。

表 11 - 6　耕地保护政策对耕地面积影响的结果

变量	对数耕地	对数耕地
	(1)	(2)
城镇人口比	−4.91***	−2.91***
	(0.36)	(0.47)
建成区面积比	−11.46***	−5.82***
	(2.16)	(1.96)
耕保政策	0.33***	0.18***
	(0.02)	(0.02)
耕保政策×城镇化	0.33***	0.16***
	(0.02)	(0.02)
其他控制变量	No	Yes
城市固定效应	Yes	Yes
N	4 688	3 471
R 平方	0.725	0.665

注：* $p<0.1$，** $p<0.05$，*** $p<0.01$。括号内数值为标准误,在地级市层面聚类。其他控制包括人均 GDP、第二产业份额、第三产业份额、对数人口密度。

11.5.2.4　城镇化与耕地变化的机制

表 11 - 7 给出式(10 - 3)～(10 - 4)的估计结果。第 1 列显示,交互项"土地财政依赖度×城镇化"系数显著为负。这一结果表明,土地财政依赖度较高的城市,其城镇化对耕地负向影响更大,这与假说 1 一致。第 2 列结果显示,"城市蔓延×城镇化"交互项显著为负。这表明在城市蔓延程度更大的地区,城镇化对耕地影响更大,这与假说 2 一致。总体而言,以上两个假说都得到了证实。比较交互项系数,假说 1 更为重要。这是因为地方政府土地财政依赖度对耕地面积的负向影响要比城市蔓延更大。地方政府为获得土地财政收入和促进城市发展,倾向于将大量耕地转化为城市用地,导致耕地大量减少。

表 11 - 7　城市化和耕地面积影响机制估计结果

变量	对数耕地 (1)	对数耕地 (2)
城镇化	0.63*	−0.27
	(0.325)	(0.555)
土地财政依赖度	−0.01	
	(0.013)	
城镇化×土地财政依赖度	−0.47**	
	(0.230)	
城市蔓延		0.01
		(0.011)
城镇化×城市蔓延		−0.41**
		(0.192)
其他控制变量	Yes	Yes
年份固定效应	Yes	Yes
城市固定效应	Yes	Yes
观测值	2 845	3 439
R 平方	0.154	0.666

注：* $p<0.1$，** $p<0.05$，*** $p<0.01$。采用超夜间灯光最大值 75% 的像元占比来衡量城市化。括号内数值为标准误，在地级市层面聚类。其他控制包括人均 GDP、第二产业份额、第三产业份额、对数人口密度。

11.6　结论

在过去几十年里，中国快速城镇化发展下的耕地锐减问题已成为一个重要问题。我们基于中国地级市面板数据研究不同城镇化发展模式、结构特征对耕地面积的影响。为避免内生性问题，我们采用土地财政依赖度、土地适宜性指数和 FDI 作为工具变量来识别城镇化对耕地面积的影响。研究发现，城镇化对耕地面积有显著负向影响，城镇人口比每增加 1%，耕地面积将减少 3%。

研究还发现，城镇化对耕地面存在异质性影响。土地城镇化对耕地面积的影响要大于人口城镇化。在东部发达地区自 2000 年以后，城镇化发展对耕地面积有更大负向影响。此外，不同城镇化发展模式下城镇化对耕地面积影响不同。与大城市（城市人口超过 100 万）的影响相比，中小城市城镇化发展引起的耕地减少要更多。研究结果表明，应制定促进城镇化合理发展的政策，并对中小城市耕地非农化进行严格调控，减少耕地损失。

　　中国实施世界上最严格的耕地保护政策，然而现有研究较少关注其政策效果。我们的实证结果发现，1999 年实施的耕地保护政策对耕地面积产生显著正向影响。为保护我国快速城镇化发展下的耕地面积，政府应坚持现行耕地保护政策，平衡城镇化发展与耕地保护的关系。由于土地城镇化引起的耕地损失要大于人口城镇化，因此需调控土地城镇化和推进集约高效的城镇化发展模式来保护耕地。此外，应规范地方政府行为，将地方政府激励从以土地收入为中心向以生态保护为中心转变，保护土地的生态功能和生态服务，更好保护快速城镇化发展下的耕地面积。政府应提高中小城市城镇化发展效率，促进农村建设用地和城镇商业用地的高效利用，减少快速城镇化发展对耕地的占用和消耗。

　　由于数据限制，我们仅评估了城镇化发展对耕地面积影响的净效应。由于城镇化的影响渠道有多种，包括集聚和扩张渠道，本研究未能分解耕地损失的具体来源。未来研究需以更系统精准的数据和方法来评估不同渠道对耕地面积的影响。此外，我们还应进一步探索不同国家、不同城镇化发展阶段下城镇化与耕地变化的背后过程和机制。

本章参考文献

Alonso W. Location and Land Use [M]. Harvard University Press，1964.

Anderson K，Strutt A. Food security policy options for China：Lessons from other countries [J]. Food Policy，2014,49(1)：50 - 58.

Angrist J D，Pischke J S. Mostly Harmless Econometrics：An Empiricist's Companion [M]. Princeton University Press，2008：169 - 182.

Bai X，Chen J，Shi P. Landscape urbanization and economic growth in China：positive feedbacks and sustainability dilemmas [J]. Environmental Science & Technology，2011,46：132 - 139.

Bai X，Shi P，Liu Y. Realizing China's urban dream [J]. Nature，2014：509(8)：158 - 160.

Bettencourt L M A，Lobo J，Helbing D，Kühnert C，West G B. Growth, innovation, scaling, and the pace of life in cities [J]. Proceedings of the National Academy of Sciences of the United States of America，2007,104(17)：7301 - 7306.

Brueckner J K，Fansler D A. The economics of urban sprawl：Theory and evidence on the spatial sizes of cities [J]. The Review of Economics and Statistics，1983,65(3)：479 - 482.

Cao G Z，Feng C C，Tao R. Local "Land Finance" in China's urban expansion：Challenges and solutions [J]. China & World Economy，2008,16：19 - 30.

Chamberlin J，Jayne T，Headey D. Scarcity amidst abundance? Reassessing the potential for cropland expansion in Africa [J]. Food Policy，2014,48(1)：51 - 65.

Chen T，Kung J K S. Do land revenue windfalls create a political resource curse? Evidence from China [J]. Journal of Development Economics, 2016,123: 86 - 106

Cheng L, Jiang P H, Chen W, Li M C, Wang L Y, Gong Y, Pian Y Z, Xia N, Duan Y W, Huang Q H. Farmland protection policies and rapid urbanization in China: A case study for Changzhou City [J]. Land Use Policy, 2015,48: 552 - 566.

Deng J S, Wang K, Hong Y, Qi J G. Spatio-temporal dynamics and evolution of land use change and landscape pattern in response to rapid urbanization [J]. Landscape and Urban Planning, 2009,92: 187 - 198.

Deng X Z, Huang J K, Rozelle S, Zhang J P, Li Z H. Impact of urbanization on cultivated land changes in China [J]. Land Use Policy, 2015,45: 1 - 7.

Deng X, Huang J, Rozelle S, Uchida E. Growth, population and industrialization, and urban land expansion of China [J]. Journal of Urban Economics, 2008,63(1): 96 - 115.

Du X J, Huang Z H. Ecological and Environmental Effects of Land Use Change in Rapid Urbanization: The Case of Hangzhou, China [J]. Ecological Indicators, 2017, 81: 243 - 251.

Feng J, Lichtenberg E, Ding C R. Balancing act: Economic incentives, administrative restrictions, and urban land expansion in China [J]. China Economic Review, 2015, 36: 184 - 197.

Gibson J, Boe-Gibson G, Stichbury G. Urban land expansion in India 1992 - 2012 [J]. Food Policy, 2015,56: 100 - 113.

Glaeser E L. Triumph of the city: How our greatest invention makes us richer, smarter, greener, healthier, and happier [M]. Penguin Books, 2012.

Huang J, Zhu L, Deng X, Rozelle S. Cultivated land changes in China: the impacts of urbanization and industrialization [C]. Proceeding of SPIE 5884, Remote Sensing and Modeling of Ecosystems for Sustainability II, 588401,2005.

Huang Z H, Du X J. Farmers' Attitudes toward Land Titling and Its Potential Effects on Rural Development in China [J]. China Agricultural Economic Review, 2018b, 10(3): 425 - 442.

Huang Z H, Du X J. Government Intervention and Land Misallocation: Evidence from China [J]. Cities, 2017a, 60: 323 - 332.

Huang Z H, Du X J. Holding the market under the stimulus plan: Local government financing vehicles' land purchasing behavior in China [J]. China Economic Review, 2018b, 50: 85 - 100.

Huang Z H, Du X J. Strategic Interaction in Local Governments' Industrial Land Supply: Evidence from China [J]. Urban Studies, 2017b, 54(6): 1328 - 1346.

Huang Z H, Du X J. Urban land expansion and air pollution: Evidence from China [J]. Journal of Urban Planning and Development, 2018c, 144(4): 1 - 10.

Islam M R, Hassn M Z. Losses of agricultural land due to infrastructural development: A study on Rajshahi District [J]. International Journal of Scientific & Engineering Research, 2013,4(11): 391 - 396.

Jiang L, Deng X Z, Seto K C. Multi-level modeling of urban expansion and cultivated land conversion for urban hotspot counties in China [J]. Landscape and Urban Planning, 2012,

108(2 - 4): 131 - 139.

Li Y F, Zhan J Y, Liu Y, Zhang F, Zhang M L. Response of ecosystem services to land use and cover change: A case study in Chengdu City [J]. Resources, Conservation and Recycling, 2018,132: 291 - 300.

Lichtenberg E, Ding C R. Assessing farmland protection policy in China [J]. Land Use Policy, 2008,25(1): 59 - 68.

Liu Y, Fang F, Li Y. Key issues of land use in China and implications for policy making [J]. Land Use Policy, 2014,40: 6 - 12.

Liu Z, He C, Zhang Q, Huang Q, Yang Y. Extracting the dynamics of urban expansion in China using DMSP-OLS nighttime light data from 1992 to 2008 [J]. Landscape and Urban Planning, 2012,106: 62 - 72.

Long H, Liu Y, Wu X, Dong G. Spatio-temporal dynamic patterns of farmland and rural settlements in Su-Xi-Chang region: Implications for building a new countryside in coastal China [J]. Land Use Policy, 2009,26: 322 - 333.

Saiz A. The geographic determinants of housing supply [J]. The Quarterly Journal of Economics, 2010,125(3): 1253 - 1296.

Seto K C, Kaufmann R K. Modeling the drivers of urban land use change in the Pearl River Delta, China: Integrating remote sensing with socioeconomic data [J]. Land Economics, 2003,79(1): 106 - 121.

Small C, Elvidge C, Balk D, Montgomery M. Spatial scaling of stable night lights [J]. Remote Sensing of Environment, 2011,115(2): 269 - 280.

Small C, Pozzi F, Elvidge C. Spatial analysis of global urban extent from DMSP-OLS night lights [J]. Remote Sensing of Environment, 2005,96(3): 277 - 291.

Tan M, Guy M R, Li X. Urban spatial development and land use in Beijing: implications from London's experiences [J]. Journal of Geographical Sciences, 2011,21(1): 49 - 64.

Tan M, Li X, Xie H, Lu C. Urban land expansion and arable land loss in China—A case study of Beijing-Tianjin-Hebei region [J]. Land Use Policy, 2005,22,187 - 196.

Tao R, Su F B, Liu M X, Cao G Z. Land leasing and local public finance in China's regional development: Evidence from prefecture-level cities [J]. Urban Studies, 2010, 47 (10): 2217 - 2236.

Tian L. Land use dynamics driven by rural industrialization and land finance in the peri-urban areas of China: "The examples of Jiangyin and Shunde" [J]. Land Use Policy, 2015,45: 117 - 127.

UN-Habitat. World urbanization prospects, The 2009 revision [M]. New York, 2011.

Wang H, Tao R, Wang L L, Su F B. Farmland preservation and land development rights trading in Zhejiang, China [J]. Habitat international, 2010,34(4): 454 - 463.

Wang H, Wang L L, Su F B, Tao R. Rural residential land use in China: Patterns, efficiency and prospects for reform [J]. Habitat International, 2012,36(2): 201 - 209.

Wang Y T, Li X, Sun M X, Yu H J. Managing urban ecological land as properties: Conceptual model, public perceptions, and willingness to pay [J]. Resources, Conservation and Recycling，2018，133：21 – 29.

Wang Y，Scott S. Illegal farmland conversion in China's urban periphery：Local regime and national transitions [J]. Urban Geography，2008，29(4)：327 – 347.

White M J. Location choice and commuting behavior in cities with decentralized employment [J]. Journal of Urban Economics，1988，24(2)：129 – 152.

Xi F，He H S，Clarke K C，Hu Y，Wu X，Liu M，Shi T，Geng Y，Gao C. The potential impacts of sprawl on farmland in Northeast China-evaluating a new strategy for rural development [J]. Landscape and Urban Planning，2012，104：34 – 46.

Xu C G. The fundamental institutions of China's reforms and development [J]. Journal of Economic Literature，2011，49(4)：1076 – 1151.

Ye L，Wu A M. Urbanization，land development and land financing：Evidence from Chinese Cities [J]. Journal of Urban Affairs，2014，36，S1：354 – 368.

Zhang W W，Wang W，Li X W，Ye F Z. Economic development and farmland protection：An assessment of rewarded land conversion quotas trading in Zhejiang，China [J]. Land Use Policy，2014，38，467 – 476.

Zhu J. Transitional institutions for the emerging land market in China [J]. Urban Studies，2005，42：1369 – 1390.

第四篇
土地制度改革、结构转型与发展：
地方实践与改革探索

第12章
经济转型发展视角下产业用地制度改革：
理论与经验

12.1 中国产业用地政策相关研究

土地是企业重要的生产要素，也是地方政府拉动投资和经济增长的重要工具（Huang 和 Du，2017；Huang 和 Du，2018）。产业用地的有效配置对产业和经济结构转型发展具有重要意义（杜雪君和黄忠华，2018）。我们在梳理产业用地政策相关研究基础上，归纳产业用地制度改革相关实践与经验。

12.1.1 产业政策与产业用地政策

1. 产业政策

产业政策是指政府为促进产业发展提供的一系列政策和措施，对产业发展起重要作用（Rodrik，2010；Stiglitz 和 Lin，2013；袁永，2017）。近年来，对产业政策的讨论越来越热（Stiglitz 等，2012）。产业政策通过鼓励或限制一些特定产业发展来影响总体产业发展，被许多发达和发展中国家广为采用。

产业政策按其范围可分为产业类政策和特定行业产业政策，按其性质又可分为产业结构、组织、布局和技术政策（郭克莎，2019）。表 12 - 1 梳理不同学派学者对产业政策的概念和内涵定义。在综合相关定义基础上，本研究认为，产业政策是政府为弥补市场失灵，促进产业发展而主动采取的一系列引导、扶持、优化产业发展的政策。"标准地"改革其实就是在供给侧结构性改革背景下政府为优化产业用地供给，引导产业发展和营商环境优化而做出的一项产业供地制度创新。

表 12-1 显示,不同学者对产业政策概念的定义虽不尽相同,但都有一个相同关键词——"政府"。产业政策不是对市场机制的排斥,产业政策更需注重发挥政府引导和市场机制的作用,需要结合本地区资源禀赋和比较优势。欧、美、日等发达国家的产业政策更注重市场的选择与引导(王亚丽等,2019),我国等发展中国家的产业发展中政府干预的程度较深。贾根良等(2019)对美国制造业网络型产业政策进行研究发现,美国政府的作用并非修正市场失灵,而是在于创造市场,所以政府角色定位非常关键。当前,我国产业政策需关注政府与市场关系,促进产业供给侧改革和转型升级(郭克莎,2019)。"标准地"改革注重创新产业用地供给方式,优化营商环境,打造服务型政府,充分发挥政府引导和市场的选择和淘汰机制。

表 12-1 产业政策概念内涵梳理

作者(时间)	内涵与关键词
中科院(1982)	政府、产业保护、扶持、干预市场机制
Warwick(2013)	政府、客服市场不足、主动、通用性政策、选择性政策
Norman 等(2008)	弥补市场、政府、促进经济发展
世界银行(1994)	政府、主动干预、保护、引导、扶持
林毅夫(2017)	中央政府、克服外部性、使用资源、促进产业升级
张维迎(2017)	政府、私人物品、选择性干预、歧视

资料来源:根据相关文献整理。

关于产业政策的效果,国内外相关学者也进行了大量研究。①大多数学者认为,产业政策对产业和区域发展具有正向影响(Chiara 等,2019)。产业政策通过影响企业投资决策(王克敏等,2017)、企业融资决策(张新民等,2017)、企业创新行为(王晓珍,2018)等方面影响企业绩效。张婷婷等(2018)基于上市企业,实验研究发现地方政府产业政策显著提高地区内企业的创新效率,地区内大学数量越多,其影响越显著。同时,产业政策更加关注对企业融资的支持,创新资金投入的增加有助于企业创新效率提升。林毅夫等(2018)认为,政府能通过产业政策纠正市场失灵,这是纠正负外部性的良方。人力资本、土地等要素配置和产业补贴是世界各国产业政策关注重点。学者们也认为,产业政策的稳定性、连续性比起创新性更重要(盛亚等,2019)。我国新常态时期,产能过剩、制造业转型升级、新兴产业发展、服务业结构优化等问题都需要产业政策来引导(郭凯明等,

2017）。② 也有部分学者认为产业政策效果不显著,甚至可能阻碍产业发展,导致资源错配(Restuccia 和 Rogerson,2017；Liu 等,2019)。江飞涛等(2010)发现政府主导的企业兼并重组并不会导致产业效率提升和产业结构转型升级。Aghion 等学者认为,产业政策只有在不破坏市场竞争的条件下才能发挥正向作用(Aghion 等,2014)。③ 不同产业政策的效果不同。产业政策主要可分为进入补贴、生产补贴和投资补贴。对中国造船产业的研究发现,进入补贴吸引中小企业和低效企业进入,导致其无效；而生产补贴和投资补贴支持大企业和高效率企业,有利于促进规模经济,其中生产补贴由于以产出为导向因而更有效率,而投资补贴有利于减少资源错配(Barwick 等,2019)。

2. 产业用地政策

产业用地供给是政府推动实体经济发展的重要抓手(杜雪君和黄忠华,2015；杜一鸣,2019)。产业用地已经进入存量时代,但是存在产出偏低、市场化程度偏低(王丽,2018)、提升容积率难度较大等一系列问题。在产业结构转型升级的关键时期,为进一步提高产业竞争力和创新能力,政府需要设计更加有效的产业用地政策(席强敏和梅林,2019)。

学者们对产业用地政策展开了研究,比较有代表性的如：李嘉瑜等(2018)认为针对新兴产业,应实施差别化供地模式、拓展供地渠道、挖掘存量资源、建立产业用地退出机制。Zhang 等(2019)对上海工业用地减量与减排政策进行研究后认为,减少工业用地供给可减少污染源,改善生态环境,但应平衡地方发展经济与保护环境的需要。

产业用地政策体现产业导向性作用,是以土地供给和利用促进产业转型升级和经济高质量发展的重大举措。积极落实产业用地政策对稳定经济增长、促进供给侧结构改革、调整经济产业结构、增加就业机会具有重要意义。

当前各地积极探索的"标准地"改革本质上属于产业用地政策,也属于产业政策范畴。"标准地"改革不仅是一项产业用地政策创新,也是土地供给侧改革创新。"标准地"改革优化土地要素供给,有助于优化营商环境和产业结构、提高产业发展效率。"标准地"改革还将促进土地集约、节约利用,对于城市产业升级和结构转型具有重要意义。

12.1.2　产业用地利用评价

国外学者结合土地集约利用、土地配置优化等理论对工业用地效率进行研究和评价。经济学家 Ricardo 在地租理论中首次提出土地集约利用概念——单位土地面积上不断增加资本 K 和劳动 L 要素投入,总产出开始将增加,但由于边际报酬递减规律,在资本和劳动投入达到峰值后土地产出将下降。优化土地资源配置是提高土地利用效率的重要手段。除了经济效益,工业用地效率评价维度有待扩展,指标体系应从环境效益、社会效益、创新效益等维度延伸(罗遥等,2018)。

国内学者也对工业用地效率进行了评价。张勇等(2016)增加用地税收及税收占比等指标,丰富评价指标体系。张莉等(2017)发现政府产业政策将显著增加城市工业用地出让规模,优化产业用地结构和促进产业升级转型。瞿忠琼等(2018)用目标值法、AHP 层次分析法、熵值法、综合评价法研究低效工业用地评价问题。吴振华等(2018)基于信息熵、Topsis 基本理论,建立工业用地评价动态指标体系和评价模型,得到各指标时间序列趋势。

"标准地"改革有利于促进企业节约集约利用土地,有关工业用地利用相关评价的研究成果也为开展"标准地"改革效果评价提供了参考和依据。过去,地方政府为招商引资,不惜竞相降低工业用地价格和放低工业企业投资项目进入门槛,大量兴建工业园区,导致工业用地效率低下。由于历史原因,各类开发区泛滥,低端产业产能严重过剩,土地大量闲置、低效利用(Huang 和 Du,2017a;李华等,2018;徐保根等,2018)。

12.1.3 营商环境及其评价

营商环境是企业运行和产业发展的重要基础和保障,也是地区品质和竞争力的核心内容(Stern,2002;World Bank,2004;World Bank,2019;杨开忠,2019)。营商环境影响企业家投资决策和满意度,并进而影响企业活力与经营绩效(Arrunada,2007;郑尚植等,2017;孟宪春等,2018)。

营商环境不仅包括法律和制度保障,也包括城市的空间品质,比如人力资本和集聚经济。相同企业在不同的营商环境下,其生产力表现和绩效不同(Soppelsa 等,2019)。Harrison 等(2014)使用世界银行企业调查数据证明,提高非洲企业绩效的关键因素是营商环境、基础设施和融资。Reyes 等(2021)认为,衡量营商环境的因素包括税收、劳动法规、进出口条件及集聚环境,他们在研究中控制国家固定效应从而更好控制国家的异质性。

营商环境分为三类:①基本因素,包括基本保护(腐败、基本财产权保护和基本人身安全)、基础设施(电源和电信)、人力资本和融资渠道;②经济因素,包括税收、进出口、劳动法规等；③集聚环境，包括公司是否位于大城市中，企业在多大程度上被"有能力的企业"所包围等，集聚因素也影响公司绩效（Clarke，2017）。"标准地"改革以产业集聚为导向，注重产业规划和引导，例如上海 2019年 9 月首批"标准地"，明确规定具体产业。因此，"标准地"改革有助于优化地方营商环境、促进产业集聚。

营商境况评价，有利于向市场传递正确的评价信息，引导资源要素合理流动（李志军等，2019）。世界银行 2001 年成立 Doing Business 小组，构建全球营商环境评价指标体系。从 2003 年开始，世界银行每年定期发布营商环境报告，内容包含企业从开办、建设、投产到破产整个生命周期 10 个维度。最新版世界银行营商环境评价指标体系（2020 版），将指标扩展到 12 个领域，其中，增加雇佣工人、与政府签约两个指标。2019 年 10 月，世界银行发布《2020 年营商环境报告》，我国名列 31 位，比去年提升 15 位。我国政府对施工许可证、供水、供电等8 项营商环境指标进行改革，取得积极进步。作为发展中国家，我国正在积极追赶发达经济体，但是差距依然较大。得分较高的经济体在广泛使用线上信息平台和合法合规方面处于领先水平，而在解决企业破产问题上较欠缺。由于世界各国在政治、经济、文化、社会制度上的差异性，世界银行评价指标对不同国家和地区并不完全适用。部分学者对世界银行营商环境报告的评价体系提出了完善改进意见（Corcoran 和 Gillanders，2012；Bruhn 和 McKenzie，2014；娄成武和张国勇，2018）。总体而言，世界银行营商环境评价指标侧重于企业获得感，缺少法治化、国际化指标。

我国营商环境试评价指标体系主要包括 23 个人类指标，具体包括市场开发度、企业信息、开办企业、办理施工许可、获得用水、获得用气、获得网络、获得电力、申请专利、注册商标、获得信贷、登记财产、跨境贸易、缴纳税费、政府采购、信用环境、交通环境、社会服务、保护中小投资者执行合同、注销企业、办理破产、劳动力市场监管等 23 个一级指标。世界银行和中国营商环境评价指标，都为"标准地"改革提供方向和指导，也为"标准地"用地项目全过程管理提供依据。

2018 年 11 月，习近平总书记就加强供给侧结构性改革、营造更加优良的营商环境、扩大对外开放、支持民营企业发展、促进产业高质量发展作出重要指示。为进一步优化产业供地管理和营商环境，2019 年 5 月，自然资源部出台《产业用地政策实施工作指引（2019 年版）》，对优化产业发展环境、规范产业用地供给、引导地方政府招商引资提出要求。发端于浙江的产业用地"标准地"制度是提升营商环境的重要抓手(周华富,2019)。2018 年 10 月,杭州市发展和改革委员会出台《关于深化"最多跑一次"改革建设一流营商环境的实施意见》,要求建设稳定、公平、透明的营商环境。

12.2　各地产业用地政策与"标准地"改革实践

12.2.1　典型城市产业用地政策演变

随着城市发展进入城市更新阶段,城市管理需要从过去增量用地管理向存量资源挖掘转变,优化产业用地配置、提高产业用地效率是产业用地政策的着力点。上海、深圳、北京等典型城市产业用地政策演变梳理如下。

1. 上海产业用地政策

一方面,上海在城市化和基础设施建设等方面仍存在较大的用地需求(马梅等,2019),土地资源供需矛盾突出;另一方面,上海工业用地进入"减量"时期,产业发展转向新兴要素投入和利用(吴超,2019)。表 12 - 2 从用地标准、规划布局、产业用地供应、项目建设和批后管理环节方面归纳整理相关文件,对相关内容进行梳理。上海产业用地明确产业导向,适当提高产业用地配套设施建设比例,明确单位土地投入、产出、节能、环保、就业等指标,实现全过程管理,对于杭州市"标准地"改革既是强化,也是有效补充。

表 12 - 2　上海产业用地政策

业务环节	文件名称	内　　容
用地标准	《关于增设研发总部类用地相关工作的试点意见》,2013	在用地类型、配套建设、供地方式、出让价格、规划管理等方面做出具体操作细则
规划布局	《市政府印发关于进一步提高土地节约集约利用水平的若干意见》,2014	划定"104 区块"(高端制造、战略性新兴产业与生产性服务业)、"195 区域"(现代服务业)和"198 区域"(生态修复、整理复垦)并实行差别化管理
产业用地供应	《关于加强本市工业用地出让管理的若干规定》,2016	带规划设计方案、带功能运行要求、带基础设施条件出让;工业用地带产业项目挂牌方式出让;招拍挂方式出让工业用地标准厂房、研发总部类

（续表）

业务环节	文件名称	内　容
项目建设	《关于增设研发总部类用地相关工作的试点意见》,2013	提高研发总部类用地配套设施配建比例。各类人才公寓和公共服务设施用地不大于10%
批后管理	《关于加强本市工业用地出让管理的若干规定(试行)》,2014	明确单位土地投入、产出、节能、环保、就业等指标,项目与用地全过程管理

资料来源：根据相关文件政策整理。

2. 深圳产业用地政策

深圳注重产业用地效率,实现工业用地高效配置和利用。深圳规定在符合程序的前提下,可在原产业用地选址范围内申请建设新型产业用房、配套商业、配套公寓等多种物业形态。对深圳这样一个产业更迭迅速,用地需求集中的创新型城市而言,M_0 地政策扩展了深圳开展城市更新、土地更新的空间,并通过存量地块的用途多样化,在不改变用地规模的条件下,激活了市场主体对原产业项目的升级改造动力。把用地主导权灵活地下放给产业主体,让产业主体在政策框架范围内,根据自己的需求,以改变容积率为主要方式,去差别化地申请用地空间扩展,从而满足全市产业用地扩容增效及用地主体的实际用地需求。深圳从用地主体的实际需求出发,把权限下放,实现政策的差别化、针对性。如：深圳市龙岗区在深圳市出台扶持实体经济发展规定后,对全区30多家主要企业展开了调研,从企业主体诉求、实际用地困难等方面进行了解,出台本区产业用地指引的细则。深圳各区在差别化地制定产业用地政策指引时,须更关注自身的产业发展特点及具体的企业用地需求,把由于政策灵活度高而可能导致的违法用地等问题提前考虑全面。深圳产业用地政策详细归纳请见表12-3。

表12-3　深圳产业用地政策

业务环节	文件名称	重点内容
用地标准	《深圳市城市规划标准与准则》,2014	规范普通工业用地和新型产业用地(M_0),新型产用地包括融合研发、创意、设计、中试、无污染生产等相关用地
规划布局	《中共深圳市委深圳市人民政府关于支持企业提升竞争力的若干措施》,2016	总面积不少于270平方公里,占城市建设用地比不少于30%。严格控制产业用地用途变更

（续表）

业务环节	文件名称	重点内容
产业用地储备	《深圳市人民政府关于优化空间资源配置促进产业转型升级的意见》，2013	强化市、区联动，建立新增建设用地增减挂钩机制。"房地并举"，大力加强产业用房储备和保障
产业用地供应	《深圳市创新型产业用房管理办法》，2016	规范新型产业用房管理、筹建、运营和监督
项目建设	《关于加强和改进城市更新实施工作的暂行措施》，2016	新型产业用地配套比例不大于30%，允许配套建设一定比例保障房，鼓励社会资本参与
批后管理	《深圳市人民政府关于优化空间资源配置促进产业转型升级的意见》，2013	适当放开工业楼宇分割转让

资料来源：根据相关文件政策整理。

3. 北京产业用地政策

北京市为优化营商环境，降低企业用地成本，积极实施和灵活运用产业用地政策，具体见表12-4。首先，北京通过产业用地政策实行减量化发展，追求产业用地规模精简、功能减负、空间紧缩，减量倒逼经济转型，2018年全年，北京实现人口、建设用地、建设面积同时减量。其次，北京将信息技术、集成电路、医药健康、人工智能、软件和信息服务业等10个产业定义为重点高精尖产业，同时从人才、资金、土地三方面形成配套制度。10大产业具有"两低两高"特征，即能耗低、排放低、产出高、投入高，这与"标准地"改革产业导向一致。最后，北京降低企业用地综合成本，加快推进长期租赁、先租后让、弹性租期改革，以租赁代替出让，进一步降低企业初次进入的用地成本。

表 12-4　北京产业用地政策

业务环节	文件名称	内容
用地标准	《北京市关于进一步加强产业项目管理的通知》，2017	严格按用途建设使用，杜绝炒地、炒房
规划布局	《关于加快科技创新构建高精尖经济结构用地政策的意见》，2018	规划新一代信息技术等"十大"精尖产业
产业用地供应	《关于加快科技创新构建高精尖经济结构用地政策的意见》，2018	"弹性年期土地出让"，项目承诺制；动态监管和考核，全生命周期管理
项目建设	《北京市关于进一步加强产业项目管理的通知》，2017	明确产业发展定位，促进职住平衡

（续表）

业务环节	文件名称	内容
批后管理	《北京市关于进一步加强产业项目管理的通知》，2017	从产业内容、产值、税收、就业、环保等方面对项目进行评估，企业违约与信用挂钩

资料来源：根据相关文件政策整理。

4. 各地产业用地政策比较

北京进入减量时代，上海、深圳土地资源紧张，主要面向工业用地进行存量更新，多数一线和二线城市工业用地数量接近天花板（王梅等，2019）。深圳市政府政策灵活度高，鼓励市场参与。上海、北京注重政府主导为主，实行严进严出。

通过比较三地产业用地政策，我们发现各地产业用地政策各具特色，给全国产业用地改革带来五点启示：第一，明确城市产业导向，对城市产业用地的产业有明确规划，重点发展新兴产业、创新型产业，逐步淘汰传统低端产业；第二，对税收、投入、能耗、环保、就业、创新等指标进行全周期考核，提升产业用地效率；第三，重视产业用地配套建设，鼓励社会资本积极参与，适度提高公寓、运动场等公共配套与服务用地比例，解决企业员工居住生活等问题；第四，项目全周期管理，建立企业信用系统，严格准入和退出机制；第五，适度缩短产业用地年限，建立弹性租期模式，降低企业用地综合成本。

12.2.2　高质量发展导向下的产业用地改革：上海、北京、深圳实践与经验

高质量发展是产业用地改革的重要方向，产业用地"标准化"管理为营造公平、公正和便捷的营商环境奠定基础。表 12 - 5 对上海、北京、深圳产业用地改革最新实践和经验进行梳理和总结。

表 12 - 5　上海、北京、深圳最新产业用地改革经验

地点	时间	文件	经验
上海	2019.09、2018.12	《上海产业用地指南（2019 版）》、《上海产市产业地图（2018 年）》	明确具体产业导向，出台产业地图，部分产业用地出让年限 20 年，限定亩均税收、亩均产值、能耗、排放等标准
北京	2019.01	《北京市人民政府关于加快科技创新构建高精尖经济结构用地政策的意见》	弹性年期出让和年租制，出让年限最长 20 年，降低企业用地成本

（续表）

地点	时间	文件	经　验
深圳	2019.01	《深圳市扶持实体经济发展促进产业用地节约集约利用的管理规定》	明确拆除建筑物年限和比例,贡献标准以新增建筑物面积的 15% 为基准,缩减审批程序

2019 年 9 月,上海在浙江经验基础上首次推出 9 块"标准地",如表 12 - 6 所示。上海根据产业空间布局、产业地图,明确土地出让相关绩效要求指标(包括亩均税收、亩均产值、单位产值能耗、环保等要求),推动高标准产业准入和高质量发展。其中,闵行区颛桥镇 288 号地块明确要求产业导向为"计算机、通信和其他电子设备制造业",亩均税收≥150 万元/亩,亩均产值≥2 878 万元/亩,单位产值能耗≤0.022 吨标准煤/万元。相关标准指标显著高于杭州市水平。

2019 年 1 月,北京市出台《北京市人民政府关于加快科技创新构建高精尖经济结构用地政策的意见》,对产业园区用地实施"弹性年期出让和年租制",规定产业用地出让年限最长 20 年。土地年租制大幅降低高精尖企业入驻成本,推动北京产业结构转型,促进经济高质量发展。

2019 年 1 月,深圳市规划和国土资源委员会出台《深圳市扶持实体经济发展促进产业用地节约集约利用的管理规定》,规定明确拆除建筑物年限、比例,明确贡献标准以新增建筑物面积 15% 为基准,对于新增面积严格限制产权转让。同时,将产业用地容积率调整审批程序从三级审批精简至管理局一级审批,节省企业时间,提高审批效率。

综上,在城市用地由"增量化"进入"存量化"的时代,各大城市对土地利用效率和城市用地高质量发展提出更高要求。政府的行政调控加速土地、产业资源的流转,防止产业用地十地商业化,进一步发展新兴产业。

12.2.3 "标准地"改革:浙江经验

为推动经济和产业高质量发展,浙江省政府在深化"最多跑一次"改革基础上,创新"标准地"改革,这是当前浙江省产业和土地政策领域的一项重大制度创新和改革举措,也是深化土地要素市场化改革、保障企业投资项目"最多跑一次"改革落实升级的重大举措。2017 年 8 月,时任浙江省省长袁家军在省政府第十次全体会议上提出要建立"标准地"制度,并要求 2018 年在全省推广。2017 年 9月在德清首先试验"标准地"改革,浙江启聚实业有限公司拍下全国第一块"标准

表12-6　上海工业用地"标准地"出让地块案例

地块名称	所属园区或产业区	出让年限（年）	产业导向	出让面积（平方米）	容积率	出让最低价标准（万元）	亩均税收（万元/亩）	亩均产值（万元/亩）	单位产值能耗（吨标准煤/万元）
浦东新区上海国际医学园区31-09号地块	上海国际医学园区	50	生命健康	10460	1.5~3.0	1083	250	/	/
闵行区莘庄工业区工-280号地块	莘庄工业区西区	20	电气机械和器材制造业	14540.5	1.2~2.0	2399	130	1816	0.034
闵行区颛桥镇工-288号地块	颛桥镇向阳园区	20	计算机、通信和其他电子设备制造	9288.8	1.2~2.0	1463	150	2878	0.022
金山区亭林镇CB_201402002号地块	亭林工业园区	20	通用设备制造业	4081.3	1.2~2.0	310	133.13	5065.36	0.003
奉贤区市工业综合开发区01-06-A号地块	上海奉贤区经济开发区	20	美丽健康（医药制造业）	23381.3	1.2~2.0	3160	100	570	0.117
崇明区长兴镇G9CM-0601单元A5-01A号地块	上海长兴海洋装备产业基地	20	专用设备制造业	15873.9	0.8~2.0	1668	41	533	0.03
崇明区长兴镇G9CM-0601单元F8-03号地块	上海长兴海洋装备产业基地	20	汽车制造业	20030	0.8~1.5	2404	49	800	0.03
松江区松江工业区IV-166号地块	松江工业区东区	20	新材料产业	9813.5	0.9~2.0	885	475	2000	0.002
松江区松江工业区V-46-1号地块	松江工业区西区	20	生物医药产业	25333.1	0.8~1.6	2280	102	1125	0.0071

地"。2018年,全省共出让工业项目"标准地"909宗,占省级以上平台出让工业用地总宗数的79.4%。2019年9月,浙江省"标准地"数字地图上线,让企业在找地和拿地等过程中获得更多实惠和便捷(冯娟,2019)。

"标准地"改革是推进土地要素市场化配置和项目全生命周期管理的关键措施(刘畅,2019)。土地要素的有效供给和配置对产业高质量发展具有重要意义(黄忠华和杜雪君,2014;杜雪君和黄忠华,2018)。"标准地"改革实施后,政府提前将工业用地设立标准打包出售,大大减少过去企业繁杂的拿地手续,降低企业的时间和手续成本,倒逼企业优胜劣汰,减少"寻租"行为,从而提高企业经营绩效和创新水平(夏后学等,2019)。

当前浙江各地对"标准地"评价指标体系已有实践探索,具体见表12-7。《浙江省企业投资工业项目"标准地"工作指引》提出了浙江省新增工业项目"标准地"指导性指标,包括固定资产投资强度、容积率、亩均税收、单位能耗、单位排放、R&D经费支出与主营业务收入比等指标,据此设定企业用地最低标准。各地经济基础和资源禀赋的差异性,可对固定资产投资强度、亩均税收等指标进行系数修正。

表12-7　浙江省各地"标准地"指标标准

地区	标　　准
德清	固定资产投资强度≥340万元/亩,土地产出≥600万元/亩,土地税收≥21万元/亩,单位工业增加值能耗≤0.5吨标准煤/万元
桐庐	固定资产投资强度≥410万元/亩,亩均税收≥14万元
台州	为AAA类(浙江省标准1.8倍)、AA类(1.5倍)、A类(1.3倍)和普通类(1.3倍以下);包括全员劳动生产率、能耗标准、环境标准、R&D经费支出占比和规划条件等
绍兴	固定资产投资强度≥400万元/亩,亩均税收≥30万元,亩均产值≥500万元,容积率≥1.2,能耗≤0.45吨标准煤,研究与试验发展经费支出比≥1.5%

目前,浙江"标准地"改革进入深化阶段,各地积极探索实践,取得一些经验,具体见表12-8。义乌市出台《义乌市农业"标准地"控制性指标和管理操作流程(试行)》,率先开展农业"标准地"改革,包括投入产出、设施设备、安全环保、面积年限、带动效益等5项指标。农业"标准地"改革为乡村振兴打下坚实基础,是"标准地"改革的积极延伸。此外,湖北省宜昌市受浙江省"标准地"改革启发,积极开展工业用地"标准地"改革,首例商服类"标准地"被宜昌市沙龙宴餐饮有限

责任公司拍得，其中亩均固定投资强度大于 800 万元，亩产税收高于 30 万元。

表 12‒8　"标准地"改革浙江各地经验

地区	经　验
德清	区域评价制度,控制性指标体系,部门联审机制,明确履约责任,加强事中事后管理
金华	服务、流程、管理标准化,政府中介代办,企业"零次跑",企业省心、省时、省钱
湖州	区域评价,"345"标准(亩均税收≥30 万元、亩均投资强度≥400 万元、亩均产值≥500 万元),承诺制,一窗代办,信用监管
嘉善	建立土地出让指标、企业承诺、部门监管清单;企业项目准入评分制;数字化审批平台建设;代办员制
台州	优化全流程审批,推行"妈妈式服务",大数据监管
绍兴	整合减少工业园区数量,有效区域评价;联合踏勘、审查、管理和验收、多评合一与施工图联审制度

资料来源：根据各地发展和改革委员会资料及相关文献自行整理。

　　当前"标准地"改革缺少对企业绿色发展的指引和绿色发展奖惩制度。"标准地"改革缩减了审批步骤，减少了流程，但可能降低项目监管的强度。标准的落实取决于承诺制企业家的环保法律意识、社会责任以及专业技术水平，一旦失信，治理污染的成本极高，所以务必从制度和法制上让企业充分认识到违约失信的成本。

本章参考文献

Aghion P，Cai J，Dewatripont M，Du L，Harrison A，Legros P. Industrial policy and competition [J]. American Economic Journal：Macroeconomics，2015,7(4)：1‒32.

Arrunada B. Pitfalls to avoid when measuring institutions：Is doing business damaging business? [J] Journal of Comparative Economics，2007,35(4)：729‒747.

Barwick P J，Kalouptsidi M，Zahur N B. China's industrial policy：An empirical evaluation [EB/OL]. NBER Working Paper，https：//www. nber. org/papers/w26075. pdf，2019.

Bruhn M，McKenzie D. Entry regulation and formalization of microenterprises in developing countries [J]. World Bank Research Observer，2014,29(2)：186‒201.

Chiara C，Martin R，Overman H G，Reenen J V. Some causal effects of an industrial policy [J]. American Economic Review，2019,109(1)：48‒85.

Clarke G，Li Y，Xu C L X. Business environment, economic agglomeration, and job creation around the World [J]. Applied Economics，2017,48(33)：3088‒3103.

Corcoran A，Gillanders R. Foreign direct investment and the ease of doing business [J]. Review of World Economics，2012,151(1)：103‒126.

Harrison A E，Lin J Y F，Xu C L X. Explaining Africa's（Dis）advantage［J］. World Development，2014,63：59 - 77.

Huang Z H，Du X J. Government intervention and land misallocation：Evidence from China ［J］. Cities，2017,60：323 - 332.

Huang Z H，Du X J. Holding the market under the stimulus plan：Local government financing vehicles' land purchasing behavior in China［J］. China Economic Review，2018,50：85 - 100.

Liu E. Industrial policies in production networks［J］. Quarterly Journal of Economics，2019，134(4),1883 - 1948.

Norman G，Pepall L，Richards D J. Entrepreneurial first movers，brand-name fast seconds，and the evolution of market structure［J］. The B. E. Journal of Economic Analysis and Policy，2008,8(1)：1949 - 1949.

Restuccia D，Rogerson R. The causes and costs of misallocation［J］. Journal of Economic Perspectives，2017,31(3),151 - 174.

Reyes J D，Roberts M，Xu C L. The heterogeneous growth effects of the business environment：firm-level evidence for a global sample of cities［J］. China Economic Quarterly International，2021,1(1)：15 - 28.

Rodrik D. The return of industrial policy［EB/OL］. Project Syndicate，http://www. project-syndicate. org/commentary/rodrik42,2010.

Soppelsa M E，Lozano-Gracia N，Xu C L. The effects of pollution and business environment on firm productivity in Africa［EB/OL］. World Bank Policy Research Working Paper，https:// openknowledge. worldbank. org/handle/10986/31599,2019.

Stern N. A strategy for development［M］. Washington，DC：The World Bank，2002.

Stiglitz J E，Lin J Y F，Monga C. The rejuvenation of industrial policy［EB/OL］. The World Bank Policy Research Working Paper，http://www-wds. worldbank. org/external/default/ WDSContentServer/WDSP/IB/2013/09/30/000158349 _ 20130930141813/Rendered/PDF/ WPS6628. pdf，2013.

Stiglitz J E，Lin J Y F. The Industrial Policy Revolution I：The role of government beyond ideology［M］. Palgrave Macmillan，2013.

Warwick K. Beyond industrial policy：Emerging issues and new trends［R］. Oecd Science Technology & Industry Policy Papers，2013.

World Bank. World Development Report 2005：A Better investment climate for everyone［M］. World Bank，2004.

World Bank. Doing business 2020［M］. Washington，DC：World Bank，2019.

Zhang Z F，Liu J，Gu X K. Reduction of industrial land beyond Urban Development Boundary in Shanghai：Differences in policy responses and impact on towns and villages［J］. Land Use Policy，2019,82：620 - 630.

杜雪君,黄忠华.城镇化进程中的地利共享机制——两岸城市土地更新模式解析[J].中国土地,2018,(10)：26 - 28.

杜雪君,黄忠华.以地谋发展：土地出让与经济增长的实证研究[J].中国土地科学,2015,29

(7)：40－47.

杜一鸣.探索产业用地供给创新　增强实体经济质量优势[J].上海农村经济,2019,(8)：35－37.

冯娟."标准地"改革：杭州企业有哪些新期待[J].浙江经济,2019,(19)：20－21.

郭凯明,杭静,颜色.中国改革开放以来产业结构转型的影响因素[J].经济研究,2017,(3)：32－46.

郭克莎.中国产业结构调整升级趋势与"十四五"时期政策思路[J].中国工业经济,2019,(7)：24－41.

黄忠华,杜雪君.土地资源错配研究综述[J].中国土地科学,2014,28(8)：80－87.

贾根良,楚珊珊.产业政策视角的美国先进制造业计划[J].财经问题研究,2019,(7)：38－48.

江飞涛,李晓萍.直接干预市场与限制竞争：中国产业政策的取向与根本缺陷[J].中国工业经济,2010,(9)：26－36.

李华,于晓舟,王宏玉.新时期工业用地集约利用思考[J].中国土地,2018,(8)：19－20.

李嘉瑜,刘芳,魏小武.产业用地供给政策的创新——以广东省深圳市的实践与探索为例[J].中国土地,2018,(12)：28－31.

李志军,张世国,李逸飞,单珊.中国城市营商环境评价及有关建议[J].江苏社会科学,2019,(2)：30－44.

林毅夫.产业政策：总结、反思与展望[M].北京：北京大学出版社,2018.

林毅夫.产业政策与中国经济的发展：新结构经济学的视角[J].复旦学报(社会科学版),2017,59(2)：148－153.

刘畅."技术＋制度"双轮驱动纵深推进企业投资项目"最多跑一次"改革[J].浙江经济,2019,(4)：32－33.

娄成武,张国勇.基于市场主体主观感知的营商环境评估框架构建[J].当代经济管理,2018,(6)：60－68.

罗遥,吴群.城市低效工业用地研究进展——基于供给侧结构性改革的思考[J].资源科学,2018,40(6)：1119－1129.

马梅,张亚兰,陈力.加快上海制造业重大项目落地的主要瓶颈及对策[J].科学发展,2019,(7)：20－26.

孟宪春,张屹山,李天宇.有效调控房地产市场的最优宏观审慎政策与经济"脱虚向实"[J].中国工业经济,2018,(6)：81－97.

瞿忠琼,王晨哲,高路.基于节地原则的城镇低效工业用地宗地评价——以江苏省泰州市海陵区为例[J].中国土地科学,2018,32(11)：50－56.

盛亚,戴建新."互联网＋制造"模式下产业政策比较研究——以中国、德国、美国为例[J].科技进步与决策,2019,(17)：114－121.

王克敏,刘静,李晓溪.产业政策、政府支持与公司投资效率研究[J].管理世界,2017,(3)：113－124.

王丽.基于新增产业用地视角的京津冀地区经济特征分析[J].国土资源情报,2018,(2)：41－45.

王梅,邹涛.大城市工业用地集聚引导策略初探——以武汉市为例[J].中国土地,2019,(8)：42－43.

王晓珍,邹鸿辉,高伟.产业政策有效性分析——来自风电企业产权性质及区域创新环境异质性的考量[J].科学学研究,2018,(2):228-238.

王亚丽,张丽丽.产业政策有效发挥作用的路径探究——基于美国、德国鲁尔区的经验借鉴[J].中国市场,2019,(20):52-53.

吴超.提高上海土地利用效率问题研究[J].科学发展,2019,(7):69-78.

吴振华,黎响,王亚蓓.动态视角下的工业用地集约利用评价研究——基于改进熵权 Topsis 法[J].生态经济,2018,34(7):125-130,136.

席强敏,梅林.工业用地价格、选择效应与工业效率[J].经济研究,2019,54(2):102-118.

夏后学,谭清美,白俊红.营商环境、企业寻租与市场创新——来自中国企业营商环境调查的经验证据[J].经济研究,2019,(4):84-98.

徐保根,胡倩,祝锦霞,邱乐丰.基于扎根理论的企业节地行为影响因素研究[J].中国土地科学,2018,32(8):81-87.

杨开忠.京津冀协同发展的新逻辑:地方品质驱动型发展[J].经济与管理,2019,33(1):1-3.

袁永,郑秋生,李炳超.基于政策文本视角的广东"十二五"科技政策研究[J].科技管理研究,2017,(11):44-48.

张莉,朱光顺,李夏洋,王贤彬.重点产业政策与地方政府的资源配置[J].中国工业经济,2017,(8):63-80.

张婷婷,张新民,陈德球.产业政策、人才密度与企业创新效率——基于地区产业政策的视角[J].中山大学学报(社会科学版),2019,(4):173-183.

张维迎.产业政策争论背后的经济学问题[J].学术界,2017,(2):28-32.

张新民,张婷婷,陈德球.产业政策、融资约束与企业投资效率[J].会计研究,2017,(4):12-18.

张勇,朱伟亚,刘炳良,刘凤荣,郑燕凤.开发区土地利用评价指标体系演替及优化建议[J].山东农业大学学报(社会科学版),2016,(4):17-21.

郑尚植,王怡颖.去杠杆背景下实体经济及虚拟经济的协调发展研究——基于 2003~2005 年东北地区 34 个地级市面板数据的实证分析[J].当代经济管理,2017,39(11):65-70.

周华富."标准地":浙江优化营商环境的"先手棋"[J].浙江经济,2019,(19):15-17.

第13章
产业用地制度改革与高质量发展：
杭州"标准地"改革实践及成效

13.1 杭州"标准地"改革实施现状

"标准地"改革是为推动高质量发展,深化"最多跑一次"改革而做出的产业用地制度创新,也是深化土地要素市场化改革,推动企业投资项目审批"最多90天"和项目全生命周期管理的关键措施(刘畅,2019;浙江省发展和改革委员会投资处,2019)。产业用地制度改革对产业转型升级和经济高质量发展具有重要影响(杜雪君和黄忠华,2018)。"标准地"是在区域评估基础上,通过设定固定资产投资强度、亩均税收、单位能耗、单位排放和容积率等指标的国有建设用地。"标准地"改革通过政府提前给工业用地设立标准并压缩基础审批手续,降低企业拿地和投资审批办理的时间和成本,引导企业和行业转型升级,并提升土地要素配置效率(夏后学等,2019)。

浙江省是全国"标准地"改革的发源地。2018年7月,《浙江省人民政府办公厅关于加快推进"标准地"改革的实施意见》出台,标志着"标准地"改革在全省正式拉开序幕。杭州"标准地"改革始于2018年9月,以《杭州市企业投资工业项目"标准地"工作指引》文件出台为标志。2019年后杭州工业用地100%以"标准地"形式出让。

"标准地"改革有利于深化"最多跑一次"改革(高翔,2019),促进营商环境优化和土地资源配置效率提升,助推产业转型升级和经济高质量发展,其意义体现在:①"标准地"改革将促进行政效率变革,降低企业拿地和投资的制度与交易成本。②"标准地"改革以源头治理方式推动企业、产业和区域绿色发展,促进产业转型升级和高质量发展。③"标准地"改革有利于完善与优化政商关系,推进治理现代化。

13.1.1 "标准地"出让特征

1. "标准地"出让宗数

2018 年 9 月,杭州市开始实施"标准地"出让,截至 2020 年 7 月,杭州市共出让"标准地"559 宗,具体如表 13-1 所示。其中 2018 年出让"标准地"62 宗,2019 年出让"标准地"356 宗,2020 年 1~7 月(截止 7 月 9 日)出让"标准地"141 宗。2020 年受新冠疫情影响,"标准地"出让规模略有下降。区域层面,富阳、临安、建德、中心城区、余杭等区县出让工业"标准地"宗数居前列。

表 13-1 2018—2020 年杭州"标准地"出让宗数区域分布

区域	宗数	占比	2018 年宗数	2019 年宗数	2020 年 1~7 月宗数
中心城区	72	13%	7	50	15
余杭	71	13%	10	44	17
萧山	52	9%	5	34	13
桐庐	56	10%	2	39	15
临安	96	17%	7	64	25
建德	88	16%	13	48	27
富阳	111	20%	15	72	24
淳安	13	2%	3	5	5
合计	559	100%	62	356	141

表 13-2 根据行业二位代码(13-46)归纳 2018—2020 年杭州市"标准地"出让宗数分行业分布情况。从宗数来看:①计算机、通信和其他电子设备制造业用地出让宗数最多,数量为 67 宗,这与信息技术产业为杭州主导产业有关,杭州信息技术产业在全国也处领先水平;②通用设备制造业用地出让宗数居第 2 位,出让 64 宗地;③专用设备制造业出让土地 47 宗,居第 3 位。从供地结构可见,杭州新增产业主要以信息技术产业为主。通用设备制造业、专用设备制造业等优势产业有序发展。

表 13-2　2018—2020 年杭州"标准地"出让宗数行业分布

代码	名称	宗 数								
		杭州	城区	余杭	萧山	桐庐	临安	建德	富阳	淳安
13	农副食品加工业	9				2	5	2		
14	食品制造业	7	2	3			1		1	
15	酒、饮料和精制茶制造业	8	1				2	3	1	1
17	纺织业	21		4	9		5	3		
18	纺织服装、服饰业	5		2				3		
19	皮革、毛皮、羽毛及其制品和制鞋业	6				1		2	3	
20	木材加工和木、竹、藤、棕、草制品业	2							2	
21	家具制造业	9	2	1			2	3		1
22	造纸和纸制品业	10					7	1	2	
23	印刷和记录媒介复制业	5			1		2		2	
24	文教、工美、体育和娱乐用品制造业	4							4	
25	石油、煤炭其他燃料加工业	0								
26	化学原料和化学制品制造业	21	1			2	6	10	1	1
27	医药制造业	17	5	3	3	1	2		3	
28	化学纤维制造业	0								
29	橡胶和塑料制品业	20	1			1	4	9	5	
30	非金属矿物制品业	39	1		2	1	12	20	2	1
31	黑色金属冶炼和压延加工业	0								
32	有色金属冶炼和压延加工业	6					2	4		
33	金属制品业	25	1	2			4	11	7	
34	通用设备制造业	64	4	6	8	7	9	6	21	3
35	专用设备制造业	51	5	8	4	6	9		19	
36	汽车制造业	22	3	2	8	2		2	5	
37	铁路、船舶、航空航天和其他运输设备制造业	7		1	2		1	1	2	
38	电气机械和器材制造业	42	5	10	2	1	8	1	12	3
39	计算机、通信和其他电子设备制造业	67	17	14	9	2	12	1	11	1
40	仪器仪表制造业	5		1				2	2	
41	其他制造业	38		8		26	1	3		
42	废弃资源综合利用业	10				1	2		5	2
43	金属制品、机械和设备修理业	0								
44	电力、热力生产和供应业	1				1				
46	水的生产和供应业	0								

注：空白处为 0。

2018 年 12 月,杭州市发改委和国土资源局印发了《杭州市企业投资创新型产业用地"标准地"指标》的通知,指出创新型产业包括文化创意、信息软件、现代物流等,这些产业能耗和污染少。截至 2020 年 7 月 9 日,杭州市出让创新型产业用地 32 宗,表明创新型产业发展较快。图 13 - 1 显示,创新型产业主要分布在杭州市中心城区。

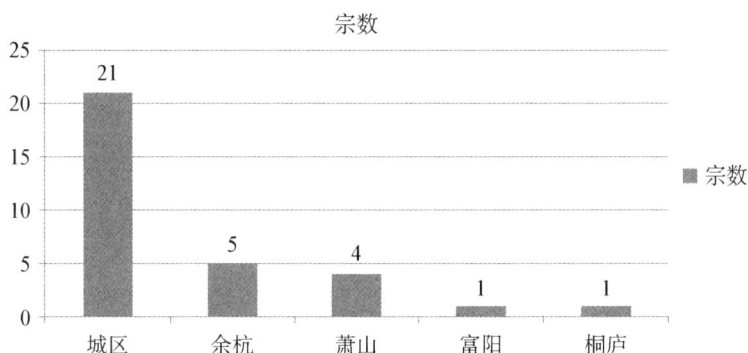

图 13 - 1　2018—2020 年杭州市创新型产业"标准地"出让分布
注:图中未显示区表示为 0。

2. "标准地"出让面积

截至 2020 年 7 月 10 日,杭州市共出让"标准地"总面积 20 753.7 亩,共 559 宗,"标准地"平均每宗面积 37.13 亩。其中万向集团公司以 1 139.28 亩获得单宗面积最大土地。表 13 - 3 给出杭州"标准地"出让面积区域分布情况。中心城区、萧山区、余杭区位列出让总面积前三位。淳安、桐庐出让"标准地"面积比例较小。杭州中心城区出让"标准地"土地面积远高于其他地区。整体上看,杭州中心城区出让土地宗数少,但面积大,郊区出让"标准地"宗数多,但面积小,中心城区对于吸引大型企业投资比郊区更有优势。

表 13 - 3　2018—2020 年杭州"标准地"出让面积区域分布

区域	总面积(亩)	占比	平均面积(亩/宗)
中心城区	4 823.17	23.24%	66.99
余杭	3 451.13	16.63%	48.61
萧山	3 564.41	17.17%	68.55
桐庐	1 189.98	5.73%	21.25
临安	2 290.56	11.04%	23.86
建德	2 382.81	11.48%	27.08

（续表）

区域	总面积（亩）	占比	平均面积（亩/宗）
富阳	2 742.67	13.22%	24.71
淳安	308.97	1.49%	23.77
杭州	20 753.7	100%	37.13

表13-4根据行业二位代码（13-46）归纳2018—2020年杭州市"标准地"出让面积分行业区域分布情况，可见：①汽车制造业出让面积最大，达3 076.05亩，其中万向集团拿地数量较大；②计算机、通信和其他电子设备制造业出让面积位列第二，达3 057.25亩，表明该行业在杭州具有较大占比；③通用设备制造业、专用设备制造业位列第三、四位。

从出让土地宗均面积看：①汽车制造业宗均土地面积远大于其他行业，因为汽车制造业对用地规模要求高；②计算机、通信和其他电子设备制造业、家具制造业、通用设备制造业、专用设备制造业对土地规模需求较大；③其余行业对土地规模要求较小。因此，在配置产业用地时，应根据不同行业土地规模需求合理配置土地面积。

表13-4 2018—2020年杭州"标准地"出让面积行业分布

代码	名称	总面积（亩）	平均面积（亩/宗）
13	农副食品加工业	99.34	11.04
14	食品制造业	174.79	24.97
15	酒、饮料和精制茶制造业	160.75	20.09
17	纺织业	210.42	10.02
18	纺织服装、服饰业	125.52	25.10
19	皮革、毛皮、羽毛及其制品和制鞋业	53.46	8.91
20	木材加工和木、竹、藤、棕、草制品业	12.78	6.39
21	家具制造业	398.46	44.27
22	造纸和纸制品业	252.51	25.25
23	印刷和记录媒介复制业	79.72	15.94
24	文教、工美、体育和娱乐用品制造业	19.96	4.99
26	化学原料和化学制品制造业	352.78	16.80
27	医药制造业	503.39	29.61
29	橡胶和塑料制品业	631.25	31.56
30	非金属矿物制品业	1 119.60	28.71
32	有色金属冶炼和压延加工业	200.10	33.35

（续表）

代码	名称	总面积（亩）	平均面积（亩/宗）
33	金属制品业	667.83	26.71
34	通用设备制造业	2 649.06	41.39
35	专用设备制造业	2 025.42	39.71
36	汽车制造业	3 076.05	139.82
37	铁路、船舶、航空航天和其他运输设备制造业	261.81	37.40
38	电气机械和器材制造业	1 589.52	37.85
39	计算机、通信和其他电子设备制造业	3 057.25	45.63
40	仪器仪表制造业	48.78	9.76
41	其他制造业	190.48	5.01
42	废弃资源综合利用业	201.33	20.13
44	电力、热力生产和供应业	24.89	24.89

注：出让面积为 0 行业未标出。

3. "标准地"出让价格

杭州市 559 宗"标准地"总出让金达 1 273 299 万元，平均价格为 61.35 万元/亩。表 13-5 所示，余杭区土地平均单价最高，达 119.84 万元/亩；中心城区达79.27 万元/亩，周边区县地价较低。出让总金额余杭区、中心城区高于其他地区，淳安偏低。

表 13-5　2018—2020 年杭州"标准地"价格均值分区域统计分析

区域	总金额（万元）	平均价格（万元/亩）
中心城区	382 333	79.27
余杭	413 589	119.84
萧山	179 197	50.27
桐庐	41 513	34.89
临安	86 624	37.82
建德	48 574	20.39
富阳	114 373	41.70
淳安	7 096	22.97
杭州	1 273 299	61.35

图 13-2 显示杭州分行业"标准地"平均单价，总体而言，工业用地价格的行业差异较为显著。计算机、通信和其他电子设备制造业土地单价最高，达到 77

万元/亩,其余行业土地单价较低。计算机、通信和其他电子设备制造业代表企业主要位于余杭区、中心城区,整体地价较高。理论上,工业用地价格由区位决定,提升工业用地价格有助于促进土地集约利用(张琳等,2016)。

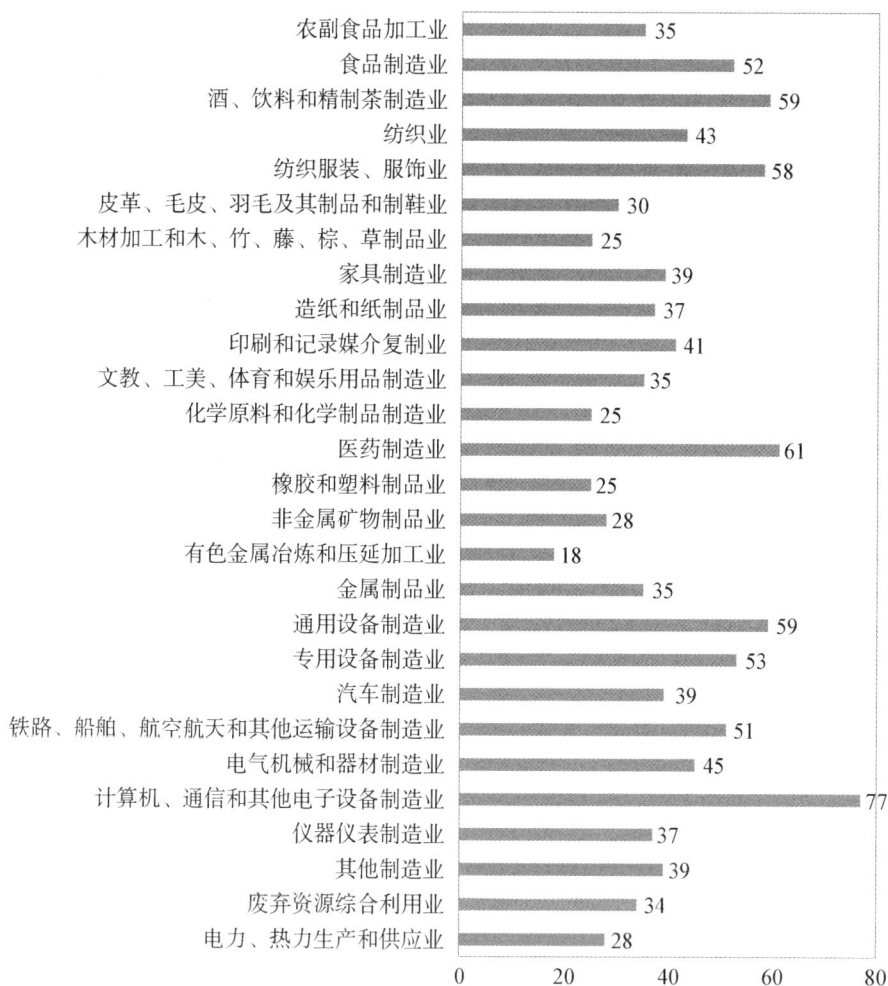

农副食品加工业 35
食品制造业 52
酒、饮料和精制茶制造业 59
纺织业 43
纺织服装、服饰业 58
皮革、毛皮、羽毛及其制品和制鞋业 30
木材加工和木、竹、藤、棕、草制品业 25
家具制造业 39
造纸和纸制品业 37
印刷和记录媒介复制业 41
文教、工美、体育和娱乐用品制造业 35
化学原料和化学制品制造业 25
医药制造业 61
橡胶和塑料制品业 25
非金属矿物制品业 28
有色金属冶炼和压延加工业 18
金属制品业 35
通用设备制造业 59
专用设备制造业 53
汽车制造业 39
铁路、船舶、航空航天和其他运输设备制造业 51
电气机械和器材制造业 45
计算机、通信和其他电子设备制造业 77
仪器仪表制造业 37
其他制造业 39
废弃资源综合利用业 34
电力、热力生产和供应业 28

图 13 - 2　分行业"标准地"平均土地价格(万元/亩)

13.1.2　"标准地"指标统计分析

1. 总体分析

表 13 - 6 从亩均税收、固定资产投资强度、能耗标准、排放标准 4 个指标对 2018—2020 年出让"标准地"进行描述统计分析。指标最大值企业多数位于萧

山区,而指标最小值企业位于桐庐、建德县区,表明不同地区指标差异较大,应差异化设置不同地区的"标准地"指标。

表 13 - 6　2018—2020 年"标准地"各指标统计分析

指标	平均值	最大值	公司名称	区域	最小值	公司名称	区域	样本个数
税收(万元/亩)	45.38	375	杭州华利实业集团有限公司	萧山	10	桐庐福亿建材有限公司	桐庐	556
固定资产投入(万元/亩)	435.23	3 445	杭州萧山环境投资发展有限公司	萧山	94	浙江新安物流有限公司	建德	559
能耗标准(吨标煤/万元)	6.25	49.59	中微(杭州)智能制造科技有限公司	桐庐	0.45	建德市健丰钙业有限公司	建德	558
排放标准(万元吨/万元)	4 813.60	62 650	浙江中吉网络技术有限公司	萧山	6.70	桐庐中新箱包有限公司	桐庐	495

2. "标准地"指标分区域分析

表 13 - 7 分区域显示"标准地"税收、固定资产投入、能耗、排放等指标的均值情况。对于亩均税收和固定资产投入指标,中心城区和萧山区分列第一、二位。能耗标准萧山区位于首位,排放标准萧山区位于首位。表明萧山区和中心城区企业在产出效率、能耗、排放标准上比其他区标准更高。

表 13 - 7　2018—2020 年杭州"标准地"相关指标均值分区域统计分析

区域	税收(万元/亩)	固定资产投入(万元/亩)	能耗标准(万元/吨标煤)	排放标准(万元/吨)
中心城区	77.03	712.47	8.83	5 762.50
余杭	60.15	431.82	8.74	4 530.88
萧山	76.46	699.85	10.67	12 183.60
桐庐	35.05	337.23	6.88	2 716.90
临安	31.71	364.22	3.68	3 302.20
建德	31.00	265.51	3.36	1 809.60
富阳	32.88	397.59	5.16	5 283.80
淳安	21.80	276.85	5.37	6 141.60
杭州	45.38	435.23	6.25	4 813.60

3. "标准地"指标分行业分析

（1）亩均税收。

图 13-3 分行业对亩均税收（万元/亩）指标进行测算。亩均税收代表生产效益，纵观大部分行业，杭州市级标准显著高于浙江省级指标标准。代码 13、17、20、21、22、24、26、30、33、37、41、42 所代表行业市级指标标准显著高于省级指标标准。整体上，省级指标标准**稍低**于市级指标标准。其中**设定指标均值低于市级指标标准的行业有**：农副食品加工业，木材加工和木、竹、藤、棕、草制品业，造纸和纸制品业、文教、工美体育和娱乐用品制造业，橡胶和塑料制品业、其他制造业。

设定均值低于省级指标标准的行业有：仪器仪表制造业。

（2）固定资产投资强度。

固定资产投资强度可用来衡量土地集约利用水平（张琳和王亚辉，2014；张琳等，2016）。图 13-4 分行业对固定资产投资强度指标进行统计分析。整体上，除印刷和记录媒介复制业，计算机、通信和其他电子设备制造业，医药制造业外，其余行业市级指标标准显著高于省级指标标准。

设定指标均值不低于市级指标标准的行业有：食品制造业，纺织业，家具制造业，印刷和记录媒介复制业，医药制造业，非金属矿物制品业，有色金属冶炼和压延加工业，通用设备制造业，专用设备制造业，汽车制造业，计算机、通信和其他电子设备制造业，电气机械和器材制造业，仪器仪表制造业，电力、热力生产和供应业。

设定指标均值高于省级标准、低于市级标准的行业有：农副食品加工业，酒、饮料和精制茶制造业，纺织、服装和服饰业，皮革、毛皮、羽毛及其制品和制鞋业，木材加工和木、竹、藤棕、草制品业，造纸和纸制品业，文教、工美、体育和娱乐用品制造业，化学原料和化学制品制造业，橡胶和塑料制品业，金属制品业，其他制造业，废弃综合资源利用业。

（3）单位能耗增加值。

表 13-8 对单位能耗增加值进行分行业统计。所有行业，省级指标标准与市级指标一致。设定指标均值低于省、市标准的行业有：纺织服装、服饰业，印刷和记录媒介复制业，仪器仪表制造业，其他制造业。

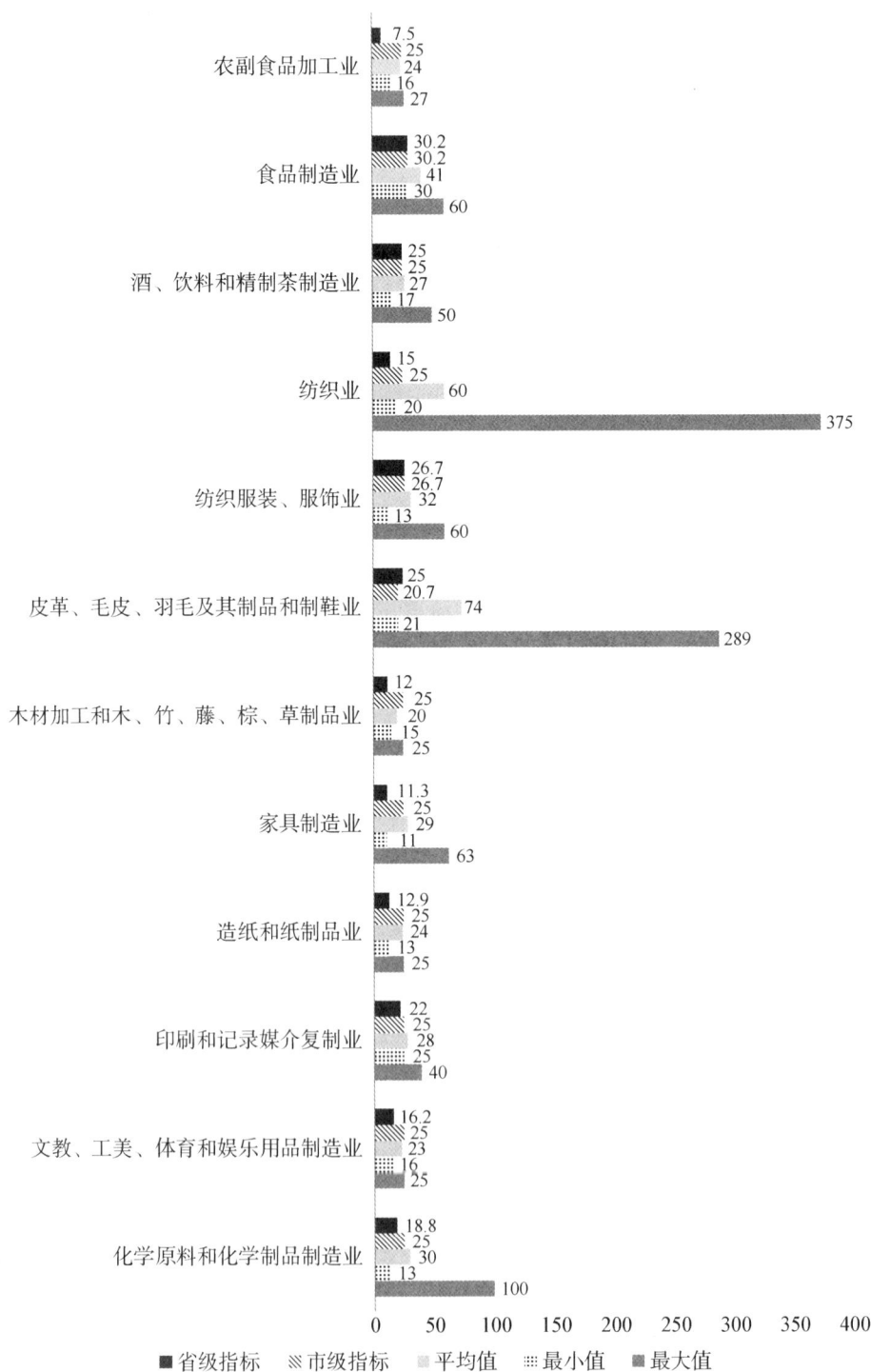

图 13-3　亩均税收(万元/亩)指标比较(一)

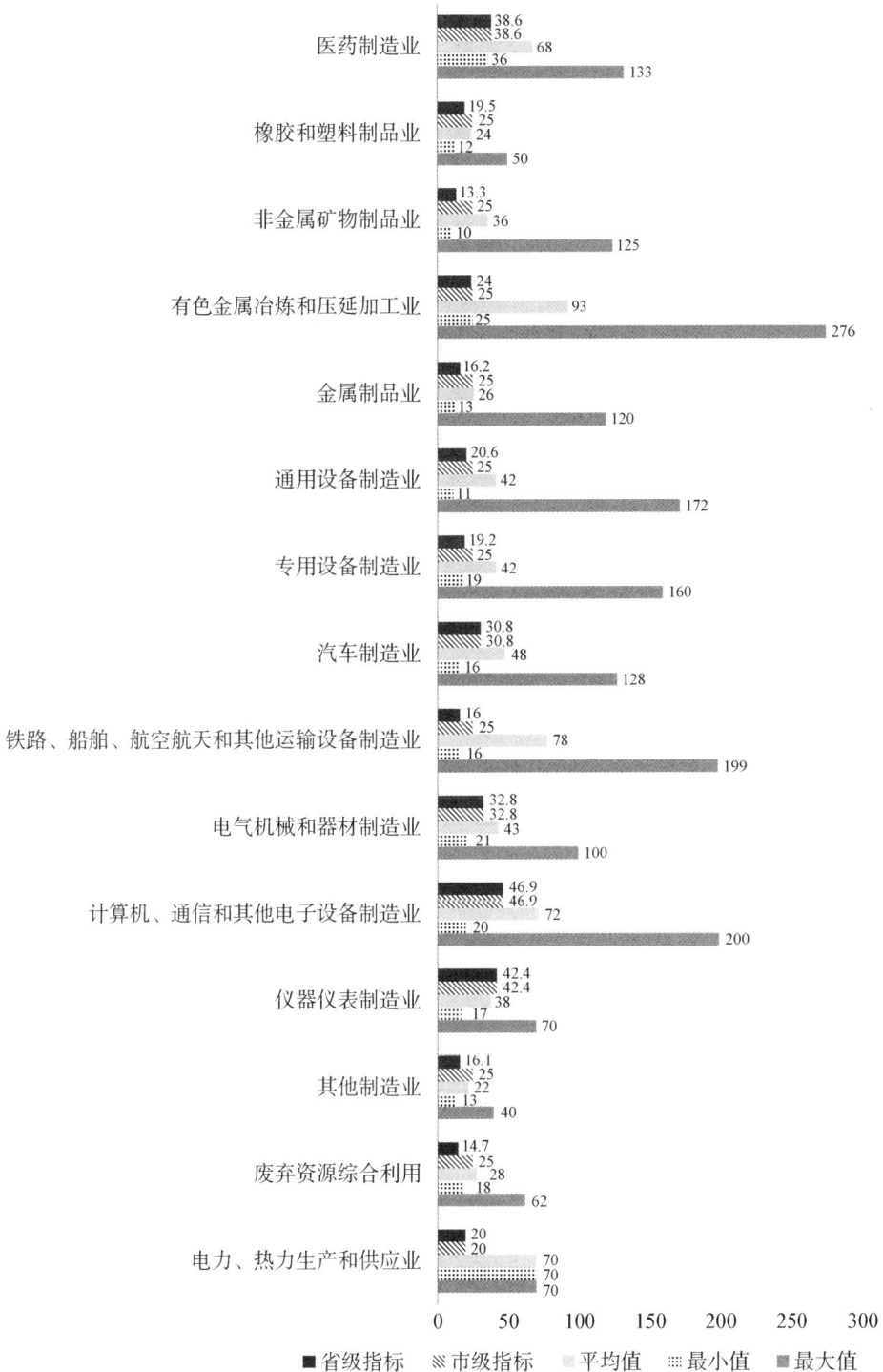

医药制造业: 38.6 / 38.6 / 68 / 36 / 133

橡胶和塑料制品业: 19.5 / 25 / 24 / 12 / 50

非金属矿物制品业: 13.3 / 25 / 36 / 10 / 125

有色金属冶炼和压延加工业: 24 / 25 / 93 / 25 / 276

金属制品业: 16.2 / 25 / 26 / 13 / 120

通用设备制造业: 20.6 / 25 / 42 / 11 / 172

专用设备制造业: 19.2 / 25 / 42 / 19 / 160

汽车制造业: 30.8 / 30.8 / 48 / 16 / 128

铁路、船舶、航空航天和其他运输设备制造业: 16 / 25 / 78 / 16 / 199

电气机械和器材制造业: 32.8 / 32.8 / 43 / 21 / 100

计算机、通信和其他电子设备制造业: 46.9 / 46.9 / 72 / 20 / 200

仪器仪表制造业: 42.4 / 42.4 / 38 / 17 / 70

其他制造业: 16.1 / 25 / 22 / 13 / 40

废弃资源综合利用: 14.7 / 25 / 28 / 18 / 62

电力、热力生产和供应业: 20 / 20 / 70 / 70 / 70

■ 省级指标　　▨ 市级指标　　▦ 平均值　　▧ 最小值　　■ 最大值

图 13 - 3　亩均税收（万元/亩）指标比较（续）

251

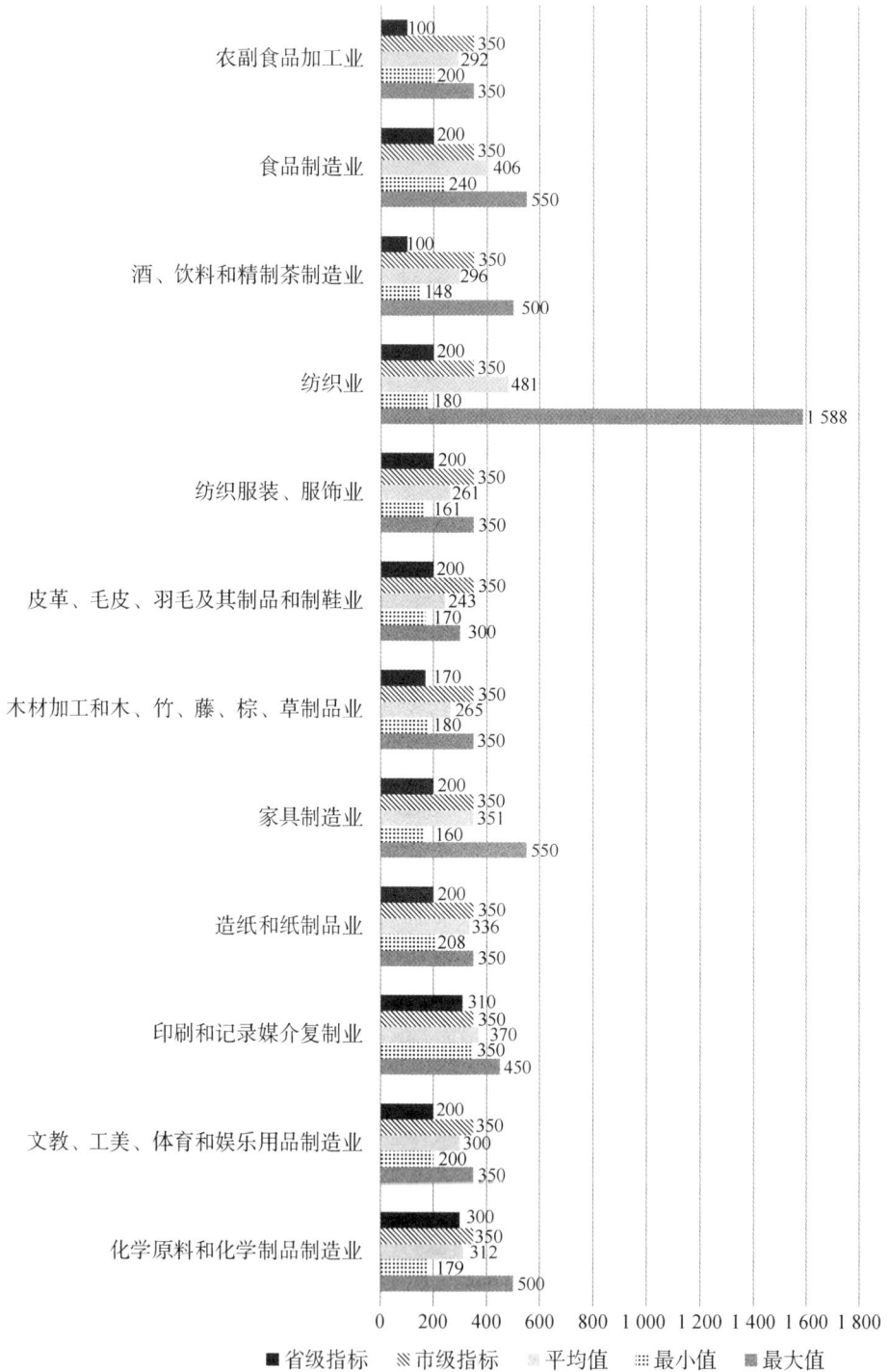

图13-4　固定资产投资强度(万元/亩)指标比较

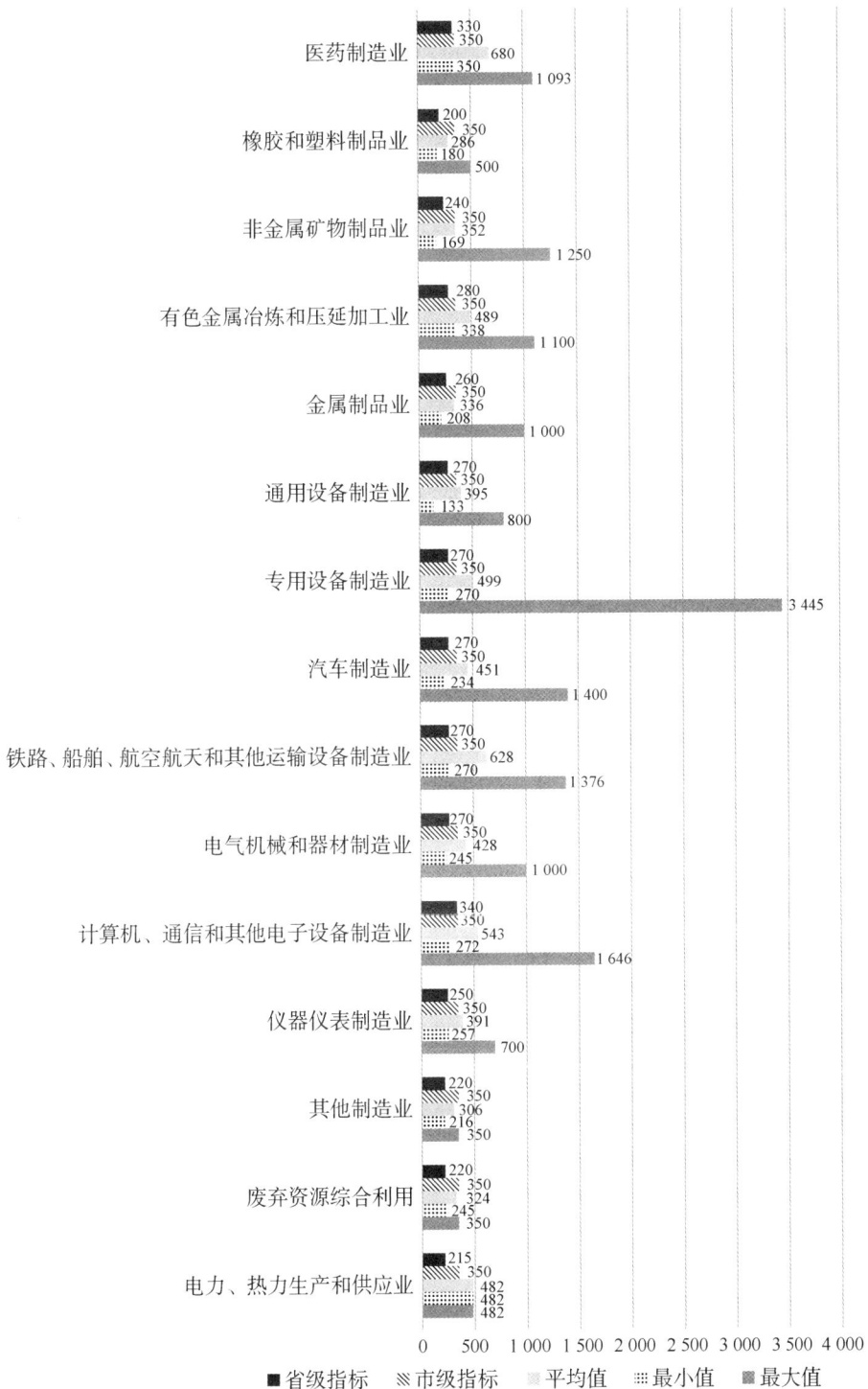

图 13-4 固定资产投资强度（万元/亩）指标比较（续）

表 13-8　单位能耗增加值(万元/吨标煤)指标分行业统计

代码	行业名称	指标均值	最大值	最小值	市级指标	省级指标	样本数
13	农副食品加工业	4.9	22	3	2.5	2.5	9
14	食品制造业	3.7	6	0	3.5	3.5	7
15	酒、饮料和精制茶制造业	2.5	3	1	酒、饮料3.1 茶 2.5	酒、饮料3.1 茶 2.5	8
17	纺织业	2.0	21	1	1.1	1.1	21
18	**纺织服装、服饰业**	5.8	9	0	8.8	8.8	5
19	皮革、毛皮、羽毛及其制品和制鞋业	7.1	9	7	6.7	6.7	6
20	木材加工和木、竹、藤、棕、草制品业	3.2	3	3	3.2	3.2	2
21	家具制造业	9.8	10	0	9.8	9.8	9
22	造纸和纸制品业	0.6	0.6	0.6	0.6	0.6	10
23	**印刷和记录媒介复制业**	2.4	3	1	2.8	2.8	5
24	文教、工美、体育和娱乐用品制造业	4.9	4.9	4.9	4.9	4.9	4
26	化学原料和化学制品制造业	1.2	5	1	0.7	0.7	21
27	医药制造业	7.0	39	4	3.9	3.9	17
29	橡胶和塑料制品业	2.2	6	1	2.1	2.1	20
30	非金属矿物制品业	0.7	0.7	0.6	0.6	0.6	39
32	有色金属冶炼和压延加工业	2.0	3	2	1.5	1.5	6
33	金属制品业	4.4	5	1	3.1	3.1	25
34	通用设备制造业	6.2	24	0	5.5	5.5	64
35	专用设备制造业	8.6	50	0	6.7	6.7	51
36	汽车制造业	6.2	20	0	6.0	6.0	22
37	铁路、船舶、航空航天和其他运输设备制造业	7.0	9	7	7	7	7
38	电气机械和器材制造业	6.7	18	0	5.7	5.7	42
39	计算机、通信和其他电子设备制造业	9.9	22	0	7.3	7.3	67
40	**仪器仪表制造业**	5.6	8	0	8.1	8.1	5
41	**其他制造业**	3.2	14	0	4.2	4.2	38
42	废弃资源综合利用	5.3	27	3	2.8	2.8	10
44	电力、热力生产和供应业	14.5	14.5	14.5	火电:0.99; 热点:1.3	火电:0.99; 热点:1.3	1

(4)单位排放增加值。

表 13-9 对单位排放增加值进行分行业统计分析。所有行业,省级指标标准与市级指标标准一致。设定指标均值低于市级标准的行业有:纺织服装、服

饰业，皮革、毛皮、羽毛及其制品和制鞋业，印刷和记录媒介复制业，化学原料和化学制品制造业，有色金属冶炼和压延加工业，金属制品业，专用设备制造业、电气机械和器材制造业，仪器仪表制造业。

表 13‑9　单位排放值增加值(万元/吨)指标分行业统计

代码	行业名称	指标均值	最大值	最小值	市级指标	省级指标	样本数
13	农副食品加工业	353	654	267	267	267	9
14	食品制造业	654	654	654	654	654	7
15	酒、饮料和精制茶制造业	377	645	11	酒、饮料 645 茶 267	酒、饮料 645 茶 267	8
17	纺织业	3 720	47 132	1	202	202	21
18	纺织服装、服饰业	2 651	2 664	2 644	2 664	2 664	5
19	皮革、毛皮、羽毛及其制品和制鞋业	1 655	2 644	7	1 820	1 820	6
20	木材加工和木、竹、藤、棕、草制品业	638	638	638	638	638	2
21	家具制造业	14 456	14 456	14 456	14 456	14 456	9
22	造纸和纸制品业	216	216	216	216	216	10
23	印刷和记录媒介复制业	724	851	216	851	851	5
24	文教、工美、体育和娱乐用品制造业	8 416	8 416	8 416	8 416	8 416	4
26	化学原料和化学制品制造业	232	384	52	274	274	21
27	医药制造业	5 592	19 433	1 060	1 060	1 060	17
29	橡胶和塑料制品业	764	4 700	52	605	605	20
30	非金属矿物制品业	1 244	19 433	52	52	52	39
32	有色金属冶炼和压延加工业	841	931	689	913	913	6
33	金属制品业	669	1 000	52	689	689	25
34	通用设备制造业	5 015	19 433	11	4 700	4 700	64
35	专用设备制造业	8 543	19 433	11	9 391	9 391	51
36	汽车制造业	6 630	19 433	689	5 470	5 470	22
37	铁路、船舶、航空航天和其他运输设备制造业	17 825	47 132	3 138	3 183	3 183	7
38	电气机械和器材制造业	9 411	19 433	56	9 997	9 997	42
39	计算机、通信和其他电子设备制造业	7 542	62 650	384	5 275	5 275	67
40	仪器仪表制造业	11 064	19 433	689	19 433	19 433	5
41	其他制造业	567	8 416	274	384	384	38
42	废弃资源综合利用	683	2 026	384	552	552	10
44	电力、热力生产和供应业	19 433	19 433	19 433	56	56	1

13.2 杭州"标准地"改革实施效果分析

13.2.1 问卷样本

(1) 样本企业区域分布。

2019 年 11 月,我们就标准地改革对企业进行问卷调研。受访企业分布于杭州市 11 个区县,包括西湖区、余杭区、拱墅区等,具体样本分布见表 13 - 10。共发放 150 份问卷,回收有效问卷 144 份,问卷有效率 96%。其中富阳区回收有效问卷最多,占比达 22.22%,其次是余杭区和建德市,分别占 16.67%和 15.97%。

表 13 - 10　企业区域分布情况

区域	西湖区	余杭区	拱墅区	滨江区	萧山区	富阳区	钱塘新区	临安区	桐庐县	淳安县	建德市
数量	1	24	3	4	11	32	13	20	8	5	23
占比(%)	0.69	16.67	2.08	2.78	7.64	22.22	9.03	13.89	5.56	3.47	15.97

(2) 企业基本情况。

杭州 11 个区县共 144 家企业接受调查,样本结构情况如下(见表 13 - 11):

行业分布:本次 144 家受访企业行业分布广泛,共分布于 29 个行业。企业数量最多的行业是专业设备制造业,有 15 家;其次,电气机械和器材制造业与非金属矿物制品业分别有 14 家。

所有制:受访企业以私营企业为主,达到 88.19%;外资企业、国有企业和合资企业占比较小,分别为 4.86%、3.47% 和 2.08%;其他所有制企业占比1.39%;个体工商户为 0%。

企业特征:技术密集型企业将近占受访企业数量的一半,占比达到49.66%。劳动密集型、资本密集型与技术密集型企业分别占比为 3∶2∶5。

年营业收入:近 75% 的受访企业年营业收入在 1 000 万以上。年营业收入1 000 万~5 000 万的企业占比最高,达到 31.43%。年营业收入 5 000 万~1 亿的企业占比 12.14%。年营业收入 1 亿以上的企业占比也高达 30.71%。年营业收入 1 000 万以下企业占 25.72%。其中年营业收入 100 万以下占 17.86%;

年营业收入 100 万～1 000 万占 7.86％。

企业员工数：企业员工数分布均匀,20 人以下、20～50 人、50～100 人、100～200 人、200 人以上的企业均占比 20％左右,员工数在 20～50 人之间的企业占比最高。

企业成立时间：39.58％的受访企业成立时间在 6 年以上;25.69％的企业成立时间为 1～3 年;17.36％的企业成立时间为 3～6 年;有 17.36％的企业成立时间不到一年,其中 2.78％的企业是近半年才刚成立的新生企业。

表 13‐11 企业基本情况汇总表

企业基本信息					
企业所有制 比例	国有企业 3.47％	私营企业 88.19％	合资企业 2.08％	外资企业 4.86％	个体工商户 0.00％	其他 1.39％
企业特征 比例	劳动密集型 28.97％	资本密集型 21.38％	技术密集型 49.66％			
年营业收入 比例	100 万以下 7.86％	100 万～ 1 000 万 17.86％	1 000 万～ 5 000 万 31.43％	5 000 万～ 1 亿 12.14％	1 亿以上 30.71％	
企业员工数 比例	20 人以下 17.36％	20～50 人 23.61％	50～100 人 22.22％	100～200 人 18.06％	200 人以上 18.75％	
企业成立时间 比例	半年内 2.78％	半年～1 年内 14.58％	1～3 年 25.69％	3～6 年 17.36％	6 年以上 39.58％	

问卷样本行业分布情况具体见表 13‐12 所示,专业设备制造业,电气机械和器材制造业,非金属矿物制品业,计算机、通信和其他电子设备制造业,软件和信息技术服务业等行业问卷分布较多,表明这些行业是杭州的主导行业,近年来拿地较多。

表 13‐12 行业分布汇总表

序号	行 业 分 布	数量
1	专业设备制造业	15
2	电气机械和器材制造业	14
3	非金属矿物制品业	14
4	计算机、通信和其他电子设备制造业	12
5	软件和信息技术服务业	10
6	通用设备制造业	9

(续表)

序号	行 业 分 布	数量
7	汽车制造业	8
8	纺织业	6
9	橡胶和塑料制品业	6
10	其他制造业	5
11	商务服务业	5
12	家具制造业	4
13	装卸搬运和仓储业	4
14	金属制品业	3
15	酒、饮料和精制茶制造业	3
16	皮革、毛皮、羽毛及其制品和制鞋业	3
17	铁路、船舶、航空航天和其他运输设备制造业	3
18	仪器仪表制造业	3
19	创新型产业	2
20	化学原料和化学制品制造业	2
21	食品制造业	2
22	塑料制品业	2
23	文教、工美、体育和娱乐用品制造业	2
24	印刷和记录媒介复制业	2
25	废弃资源综合利用业	1
26	农副食品加工业	1
27	医药制造业	1
28	有色金属冶炼和压延加工业	1
29	造纸和纸制品业	1

13.2.2 企业对"标准地"改革的看法与认知

（1）流程便捷度。

总体来看：对于"标准地"全部办理流程的手续，超过半数企业认为十分便捷；38.46％的企业认为"标准地"办理流程一般，存在改进的空间；存在2.1％的企业认为现存办理流程的手续较为复杂；0.7％的企业不清楚办事流程。总体来看，高达97.2％的企业认为"标准地"办理流程的手续不复杂（详见图13-5）。

当问及对"标准地"出让程序、服务满意度时，绝大部分企业表示满意，表示非常满意和满意的企业分别占比49.31％和50.69％；没有企业对此表示不满意或不清楚（详见图13-6）。

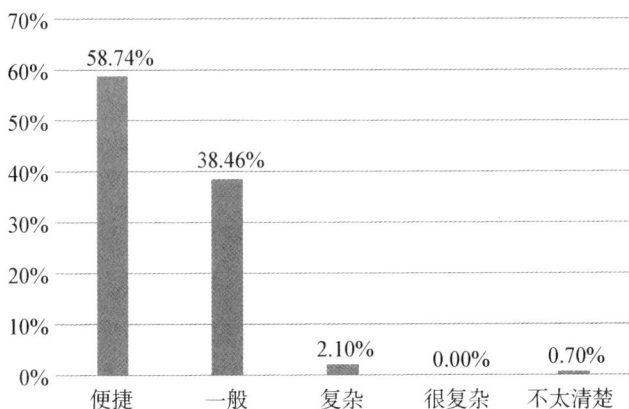

图 13 - 5 流程便捷度看法

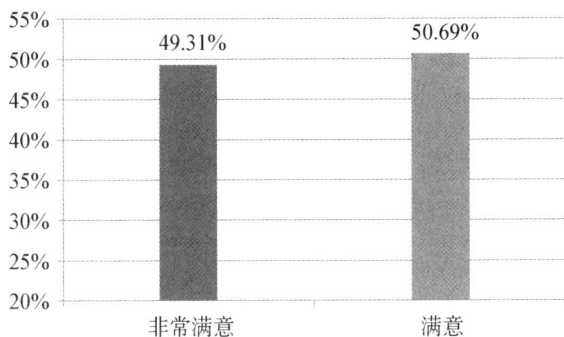

图 13 - 6 出让程序、服务满意度看法

按区域分布看：图 13 - 7 显示，除建德市，杭州中心城区企业对"标准地"流程便捷度的认同和对程序、服务满意度都较非城区企业高；位于建德市的企业对"标准地"整体的认同度高；富阳区企业对"标准地"改革的满意度最低。

（2）土地获取方式对企业生产经营影响。

图 13 - 8 显示，受访企业中 72.92% 表示获得"标准地"的过程对企业自身经营没有障碍影响；8.33% 的企业表示存在一般障碍影响；8.33% 的企业表示存在较大障碍；8.33% 的企业表示存在严重障碍；2.08% 的企业表示并不清楚是否存在障碍影响。影响程度的不同与企业的规模、发展阶段有很大关系，比如：土地获取对于扩张性企业的经营影响较小，对于搬迁、改建企业的经营影响较大。

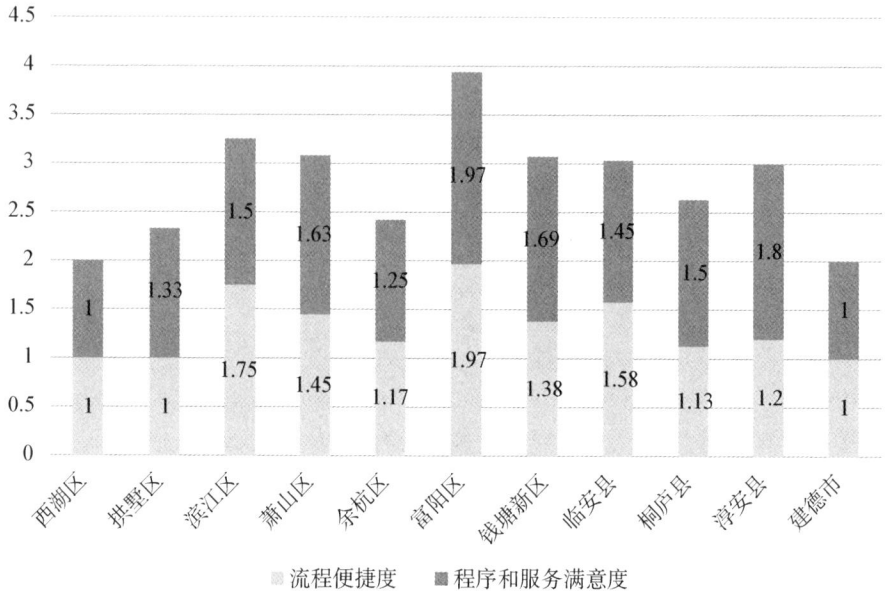

图 13 - 7　区域的流程便捷度、出让程序和服务满意度均值

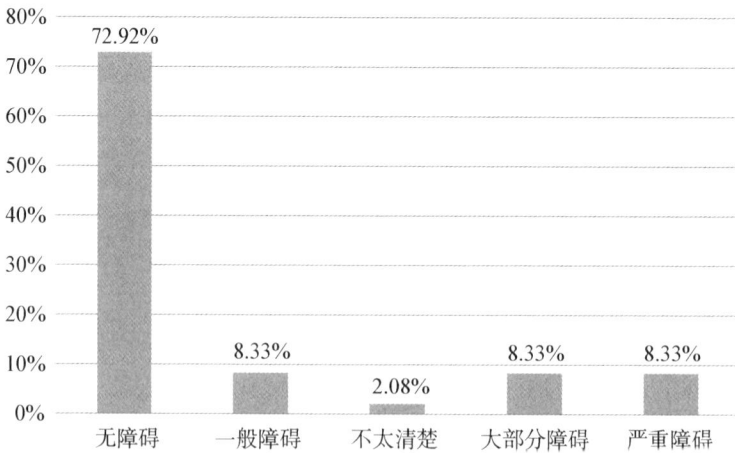

图 13 - 8　获取土地对企业生产经营的影响

（3）获取土地难度。

"标准地"改革改变企业获取土地的流程和方式。图 13 - 9 显示，当问及"标准地"改革增加了企业获得土地的难度吗，大部分企业（57.64%）认为"标准地"改革不会增加企业的拿地难度；31.25% 的企业对"标准地"改革会增加企业拿地难度的观点表示赞同；11.11％的企业表示不清楚。

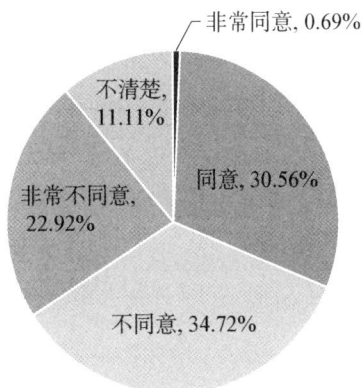

图 13 - 9　"标准地"改革是否增加企业拿地难度看法

此外，在调查土地获取的公平性问题时，涉及问题："企业拿地过程中，您认为是否要走关系或送礼？"。调查结果见图 13 - 10：98.61％的企业认为在土地获取过程中，不应该走关系或者送礼；1.39％的企业表示不清楚。

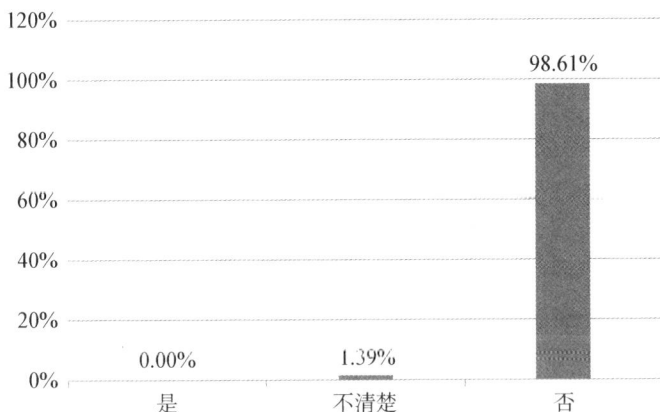

图 13 - 10　获取土地公平性认知

13.2.3　"标准地"指标实施情况

（1）指标达成情况。

144 家企业中仅 10 家企业已投产运营，基本实现"标准地"相关指标。具体指标完成情况见表 13 - 13。杭州市固定资产投资强度标准指标值为 350 万元/

亩,10家已经投产运营的企业中有7家企业达标,3家企业未达标,达标率70%;杭州市亩均税收标准指标值一般为25万元/亩,有8家企业达标,2家企业未达标,达标率80%。

表 13–13 "标准地"相关指标实现情况

	所属行业	固定资产投资强度（万元/亩）	亩均税收（万元/亩）	单位能耗增加值（万元/吨标煤）	单位排放增加值（万元/吨）	科技创新经费支出与主营收入之比（%）
浙江大丰数艺科技有限公司	软件和信息技术服务业	600	100	7.3	5 275	3
圆通速递有限公司	装卸搬运和仓储业	300	20			
杭州华仑印染公司	纺织业	300	15～20			2～5
广汽乘用车（杭州）有限公司	汽车制造业	500	40	6	5 470	
杭州至信汽车配件制造有限公司	汽车制造业	500	50	0.55		
杭州希格尔电气有限公司	电气机械和器材制造业	170	47.11	7.19		
杭州临安鸿迪砂石有限公司	非金属矿物制品业	625	25			5
杭州经天包装有限公司	造纸和纸制品业	350		0.6		
杭州临安龙腾金属材料制品有限公司	有色金属冶炼和压延加工业	350	25			
中通供应链管理有限公司	装卸搬运和仓储业	450	35	0.05		0.94

（2）指标完成难易度评价。

"标准地"改革指标体系由固定资产投资、亩均税收、单位能耗增加值、单位排放增加值、科技创新经费支出与主营收入比等各项指标构成。问卷中对上述五项指标的难易度进行了调查,调查结果见图13–11。在这五项指标中,企业认为最难以达成的指标是固定资产投资,最容易达成的指标是亩均税收和科技创新经费支出与主营收入比。

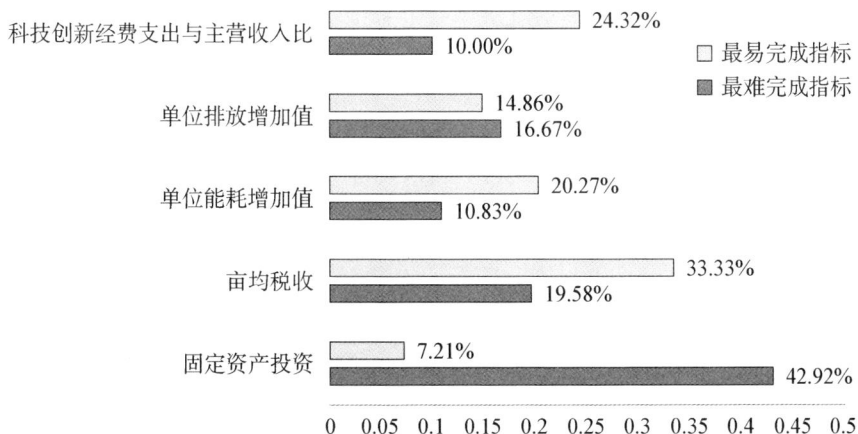

图 13-11 "标准地"指标实现难易度认知

最难达成的指标中，42.92％的企业认为固定资产投资难以完成；其次是亩均税收和单位排放增加值，分别占比 19.58％和 16.67％；认为单位能耗增加值和科技创新经费支出与主营收入比两个指标难以完成的企业均占 10％左右。

最易达成的指标中，分别有 33.33％和 24.32％的企业认为亩均税收和科技创新经费支出与主营收入比容易完成；其次是单位能耗增加值、单位排放增加值与固定资产投资，分别占比 20.27％、14.86％和 7.21％。

关于最难完成指标的原因调查结果（见图 13-12），多数企业认为"标准地"标准过高，难以达到标准；分别有 16.18％ 和 14.22％的原因来自人才短缺和资金短缺；14.71％的企业认为缺少政策支持；技术水平有限也是制约企业达标的原因之一；另外，还有 8.82％的企业表示考核指标的时间过早以及市场环境条件都是导致企业"标准地"考核指标难以达标的原因。

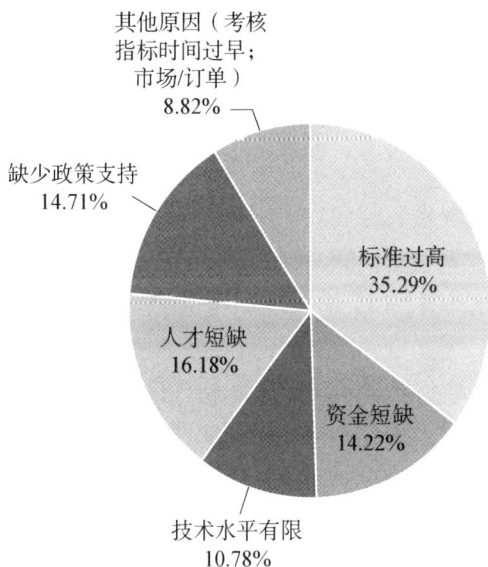

图 13-12 最难指标的原因

分行业对指标实现难易度进行调查发现(见表13-14),13个具有代表性的行业中,多数行业认为最容易达成的指标为固定资产投资,个别行业如橡胶和塑料制品业与装卸搬运和仓储业则认为亩均税收和单位能耗增加值是最容易达成的指标;不同行业对最难达成指标的看法有所不同,但是多数行业表示亩均税收是最难达成的指标,纺织业、非金属矿物制品业、软件和信息技术服务业以及橡胶和塑料制品业认为指标"科技创新经费支出与主营收入比"也难以完成。最难达成指标的原因多为"标准过高"和"缺少政策支持"。

表13-14 行业指标实现难易度看法

行业分类	最易达成指标	最难达成指标	最难达成原因
电气机械和器材制造业	固定资产投资	亩均税收	标准过高
纺织业	固定资产投资	亩均税收、科技创新经费支出与主营收入比	缺少政策支持
非金属矿物制品业	固定资产投资	科技创新经费支出与主营收入比	标准过高
计算机、通信和其他电子设备制造业	固定资产投资	单位能耗增加值	标准过高
家具制造业	固定资产投资	亩均税收	资金短缺、技术水平有限、人才短缺、缺少政策支持
其他制造业	固定资产投资	单位能耗增加值	标准过高资金短缺、缺少政策支持
汽车制造业	固定资产投资	亩均税收	标准过高
软件和信息技术服务业	固定资产投资	亩均税收、单位排放增加值、科技创新经费支出与主营收入比	缺少政策支持
商务服务业	固定资产投资	亩均税收	标准过高、技术水平有限、人才短缺
通用设备制造业	固定资产投资	亩均税收	标准过高
橡胶和塑料制品业	亩均税收	科技创新经费支出与主营收入比	资金短缺
专业设备制造业	固定资产投资	亩均税收	标准过高
装卸搬运和仓储业	单位能耗增加值	亩均税收	标准过高

另外,问卷关于"在现有的指标体系基础上加入新指标标准,例如就业人数、环保等指标"的提议征询了各个企业的看法,图13-13的结果发现:48.55%的企业选择了非常同意或同意;38.41%的企业不同意加入新的指标;12.32%的企业表示不清楚。

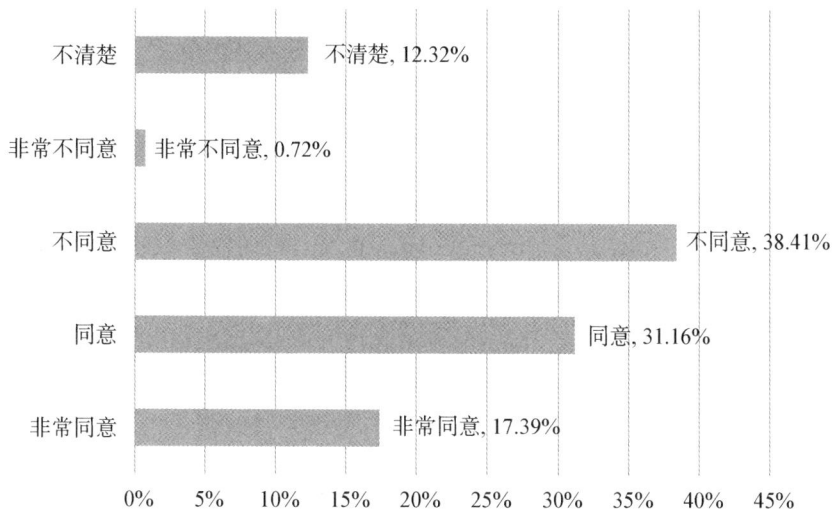

图 13 - 13　对增加新指标的看法

13.2.4　"标准地"改革建议

（1）项目批后监管。

图 13 - 14 结果显示,若政府后续推出企业投资项目批后监管,近半数企业表示非常支持;27.34％的企业表示支持;24.46％的企业表示理解;0.72％的企业认为有无批后监管无所谓;仅 2.16％的企业认为项目批后监管是不必要的。

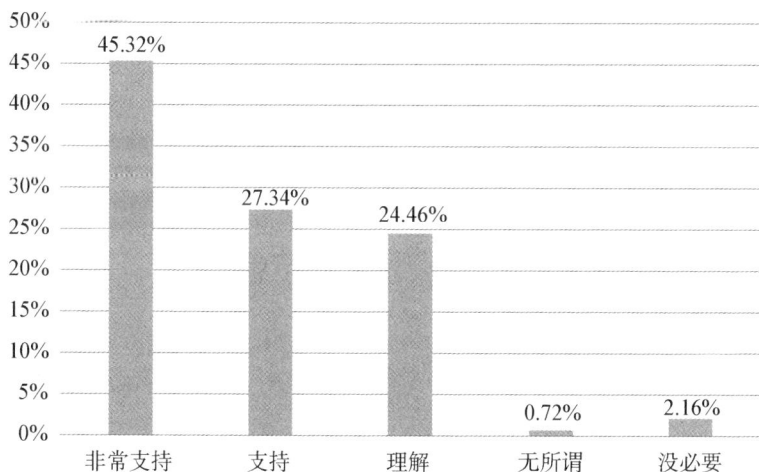

图 13 - 14　项目批后监管支持率

（2）提升政府服务。

问卷对各个企业关于政府服务的提升做了调查。调查发现（见图 13 - 15），企业最希望政府降低"标准地"的标准；其次，企业希望政府部门简化办事流程；另外，分别有 14.43％和 13.93％的企业希望政府部门能够优化信息的发布和推送以及减少标准。

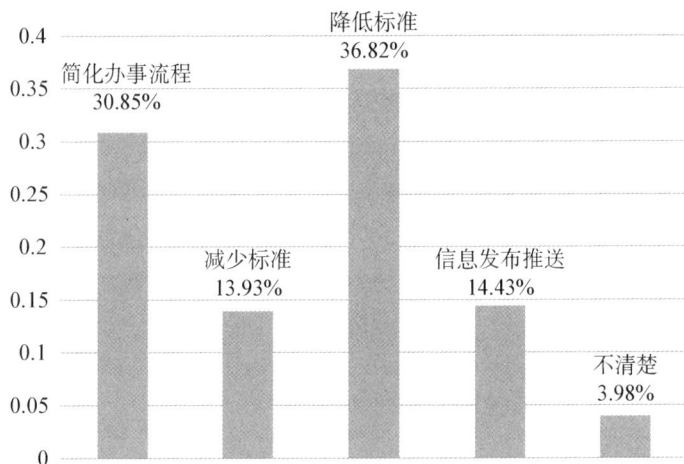

图 13 - 15　政府服务提升

（3）企业意见与建议。

共 17 家企业对政府"标准地"改革提出了宝贵的意见与建议，主要围绕三个方面："标准地"的标准太高、设置不同的行业标准和简化办事流程。有 14 家企业提出杭州市"标准地"标准太高，应考虑不同行业确定不同的标准，较为有代表性的建议是："杭州标准地定的标准太高，尤其是固定资产投资一刀切，所有的行业都一个投资强度标准，明显不合理。应考虑不同行业确定不同标准。"、"1. 按行业区分标准地标准；2 对超额完成标准地指标的企业给予扶持政策奖励。"

13.3　"标准地"改革联动的配套改革制度

"标准地"改革旨在优化营商环境，引导产业用地合理配置，优化投资项目管理，保障公平、透明、可持续发展目标，促进产业转型升级和经济高质量发展。

（1）健全"标准地"考核评价机制。

进一步完善"标准地"考核评价机制，全面推进企业投资、税收、排放、能耗等指标测度、考核评价工作，加强数据监测、检测、统计、报送等工作，保证数据的真实性。"标准地"基本指标包括投资、税收（亩均）、容积率、排放、能耗等 5 项。工业"标准地"评价指标主要包括亩均税收、固定资产投资强度、R&D 经费支出占主营业务收入比重、单位能耗增加值、单位排污增加值等。服务业"标准地"评价主要包括亩均税收、亩均营业收入等指标。应对考核评价结果优秀的企业进行奖励，如对考核结果优秀、良好、合格的企业分档次减免土地使用税等税收。

此外，建立"标准地"企业信用评价系统，并与政府部门、金融机构共享评价信息。对信用良好的企业适当给予投资和融资支持，对于履行"标准地"协议且信用良好的企业，给予新增用地政策优惠；对信用较差的企业，限制其拿地和项目投资、融资支持。

（2）完善"标准地"信息平台建设。

构建"标准地"综合大数据平台，加强信息透明化和服务能力。首先，继续深化和完善"标准地"的"标准"信息，如提供、发布更加透明完善的土地出让条件和信息。现实中，一些企业拿到"标准地"后，发现宗地自身条件和信息并不透明，如地质条件、清淤成本、地上建筑物的产权与违法信息等影响企业综合用地成本和开工进度，不利于塑造公平透明的营商环境。

其次，以"标准地"为核心，推进企业、项目、用地大数据"标准化"平台建设。发改委、第三方机构及时将评价数据录入评价系统，建立企业、宗地、项目一体化电子档案系统，并按规定开放数据，实现政府、企业、社会共同监督。

（3）优化"标准地"改革和营商环境。

建立公平、公正的市场竞争环境，充分发挥市场经济自动调节作用，保障不同企业公平、便捷和透明地获得土地要素，促进企业间良性竞争。建立切实有效、具体、可实施的规章制度，保障"标准地"改革的市场和竞争环境。以便捷化、法制化、国际化的市场竞争环境为目标，优化营商环境，推进"标准地"改革。

（4）完善"标准地"差别化标准。

不同地区、不同行业发展阶段和情况不同，如何设计合理差别化的标准是进一步完善"标准地"改革的重要方向。虽然现行"标准地"指标体系明确了各行业的相关标准，也规定了不同地区标准修正系数，但不同地区、不同行业指标标准的差异化有待进一步完善。对于高耗能、高污染、高排放的行业应进一步提高能耗和排放标准，坚守环保底线，树立"绿水青山就是金山银山"的理念，强化绿色评价指标引入"标准地"评价指标体系。对于能耗较大的新兴产业，如大数据计算中心，对其能耗标准应适当降低。对于郊县和部分传统民生相关产业，也应适当调低亩均效益标准。

（5）健全"标准地"的动态调整机制。

不断完善"标准地"指标动态调整机制，促进"标准地"要素不断向优质高效企业流动和集聚。充分考虑市场的实际情况，制定完善工业企业新增项目的投资强度和产出效益指标，并实施分行业、分区域的"标准地"亩产效益综合评价，鼓励支持发展高效优势产业，适度淘汰低端落后产业。推进资源要素市场化交易。对企业关闭、退出后的"标准地"及时进行"腾笼换鸟"和再配置。对标国内外先进模式和经验，加快"低产田"改造提升，充分激活闲置土地、低效用地等存量土地。以"标准地"改革为契机，全面推进传统制造业和各类工业园区改造升级，明确用地产业导向，推动生产性服务业向价值链高端攀升。

（6）完善"标准地"的标准配套服务。

"标准地"改革的内涵不仅仅限于产业用地供给的高效透明和相关审批程序的一站式便捷办理，也涉及一系列"标准化"的配套服务。当前，房价上涨带来的员工租房难、租金贵等问题突出，进而影响一些企业"招不到人"和"留不住人"，最终影响企业运行和地区经济发展。过去，城中村可廉价解决普通员工的居住问题，随着城中村被大量拆除，员工只能选择通勤时间更长的低租金住房。因此，建议在有条件的产业园区集中配建蓝领公寓和员工宿舍，并提供一定比例的生活配套服务，解决员工"安居乐业"问题，也解决企业用工难、用工贵的问题。

（7）完善相关配套法律制度，协同推进"标准地"改革。

"标准地"出让过程中相关环节配套法规制度尚不完善，制约"标准地"改革效果。如实践中，一些"标准地"出让的土地办理手续基本畅通，但地上遗留建筑物的产权办理常常陷于困境，常常找不到快速合理合规的处理程序，其主要原因是没有相关配套法律制度可以依据。因此，应完善相关配套法律制度，协调推进"标准地"改革。在"标准地"出让前，对非净地进行改造，对于违法建筑及时给予拆除。对于厂房，国土部门协同消防部门进行整改，解决企业后顾之忧。对于清淤、除草、消防整改成本，政府可以适当提高工业用地价格来平衡资金问题。同时，建议土地出让由一次性招拍挂转变为先租后让、弹性年期出让等形式，减轻企业成本，并以适度提高租金等方式激励企业提高生产效率。

本章参考文献

杜雪君,黄忠华.城镇化进程中的地利共享机制——两岸城市土地更新模式解析[J].中国土地,2018,(10):26-28.

高翔."标准地"改革：以政府有为促企业有利、助市场有效[J].浙江经济,2019,(2)：20-21.

刘畅.以"标准地"改革撬动高质量发展[J].浙江经济,2019,(2)：17-19.

夏后学,谭清美,白俊红.营商环境、企业寻租与市场创新——来自中国企业营商环境调查的经验证据[J].经济研究,2019,(4)：84-98

张琳,王亚辉,雨娜,刘冰洁.中国发达地区工业土地集约利用的驱动因素——基于企业微观数据的研究[J].中国土地科学,2016,30(10)：20-28.

张琳,王亚辉.微观企业视角下工业用地产出效率的影响因素研究——基于 2088 家工业企业样本的实证分析[J].华东经济管理,2014,28(9)：43-48.

浙江省发展和改革委员会投资处.以"标准地"制度撬动高质量发展　打造"最多跑一次"改革新名片[J].浙江经济,2018,(14)：42-43.

第五篇
以地谋转型发展：政策建议

第 14 章
完善产业用地出让与供给侧结构性改革的建议

14.1 当前"标准地"改革成效及存在问题

产业在高质量发展转型中,面临土地瓶颈制约、项目落地难、审批周期长、缺乏监管机制、建设投产慢等难题,如何创新供地方式、加速推动产业高质量发展成为亟待解决的问题。2018 年 1 月,时任浙江省省长袁家军在德清县调研"标准地"改革试点工作时,对改革试点工作给予充分肯定,并提出"标准地"改革是推进要素配置市场化改革的重要抓手,最终目的是实现高质量发展。

我们在杭州市发改委投资处的协助下,对"标准地"改革进行重点企业座谈调研、"标准地"拿地企业问卷调研和系统的"标准地"土地、项目、企业数据分析。研究发现,当前"标准地"改革取得积极成效,我们在总结分析"标准地"改革经验与问题的基础上,提出完善产业用地"标准地"出让管理与供给侧结构性改革、促进产业高质量发展的若干建议。

1. 当前"标准地"改革成效

"标准地"改革是推动高质量发展和深化"最多跑一次"改革大局而做出的一项重大制度创新和改革举措,也是深化土地要素市场化改革、保障企业投资项目"最多跑一次"改革落实和升级的重大举措。"标准地"改革实施以来,取得积极成效。

(1) 丰富了工业用地"亩产论英雄"改革的内涵。

2014 年《浙江省制造业行业新增项目投资强度和产出效益规范指南》《杭州市人民政府关于实施"亩产倍增"计划促进土地节约集约利用的若干意见》已对

开展工业用地评价提出要求。但是,调研发现过去亩产税收只是企业内部参考性评价指标,上述文件并未进行深化拓展。"标准地"改革正式将亩均税收指标公开化、前置化,通过土地竞拍前明确指标、"承诺制"手段将"亩产论英雄"改革实化、深化。

（2）推进了"最多跑一次"改革实践。

"标准地"改革通过事前打包出让土地为最多跑一次改革打下坚实基础。政府提前完成土地区域环评、能评等工作,许多过去拍得土地后的后置程序由政府代办前置,极大节省企业交易成本、时间成本。我们实地走访多家企业调研发现,过去企业催政府尽快完成审批手续,尽早开工投产;"标准地"实施后,发改委相关部门催企业尽快开工投产,效益迅速提升,避免了过去企业获得土地后囤地炒地的行为。改革后,政府以"最多跑一次"为改革目标,除了个别"疑难杂症",基本实现"最多跑一次"目标,缩减大量审批手续,缩短全流程周期。

（3）加快了产业用地改革的综合系统集成。

杭州市"标准地"改革以工业用地改革为根基,加大探索创新型产业用地的步伐。充分发挥杭州市数字经济、信息经济等新兴产业优势,同时,逐步优化传统设备制造业、纺织业等产业转型升级。产业用地改革以全周期管理为目标,目前,2018年部分项目已经投产经营。投产后政府对企业相关指标的持续考评、关注是改革的进一步深化。

（4）优化了营商环境、降低企业的制度成本。

杭州市推行"标准地"改革制度后,降低企业制度性交易成本,解决土地供需双方信息不对称问题,通过市场化方式来遴选项目、引进项目,实现政府"带标招商、一次告知"、企业"看图下单、一图打尽",变企业拿地"找市长"为"找市场"。

（5）推动企业社会信用体系建设。

"标准地"改革加承诺制是基于企业信用机制的体系,有助于推动企业社会信用体系建设。"标准地"改革推动建立企业信用机制评价平台,以激励、奖惩为手段,挂钩企业税收、融资、拍地等企业利益行为。企业过去的信用评价主要依靠银行交单评价机制,"标准地"改革则根据企业承诺完成的情况进行综合评估。这推动企业社会信用体系多元化建设。

（6）促进产业转型和高质量发展。

"标准地"对亩均税收、固定投资强度、能耗水平、排放水平等指标进行底线限定,有助于未达产、达标企业发现症痛,创新变革技术,早日达标。对已完成指标企业,通过奖励政策不断激励企业以高产量、低消耗、低排放为企业愿景,实现企业高质量发展。对于低产量、高能耗、高污染产业,过去只能通过行政手段强制实施退出,如今,政府以市场化机制淘汰低端企业。企业投资项目以"标准地"数字地图为参考,逐步进入高产量、低能耗、低污染产业,产业进一步转型,产业结构进一步高端化。

2. 杭州"标准地"改革的全国启示与意义

杭州"标准地"改革是深化土地供给侧改革和"放管服"改革、优化营商环境的生动实践和具体样板,对全国具有重要的启示意义:

(1) 发挥市场在土地要素配置中的基础性作用。"标准地"改革推动产业用地的市场化配置,通过市场和竞争让稀缺的土地资源流向高效率、高产出、低能耗、低排放的用地主体,提升配置效率。

(2) 数字化赋能改革。"标准地"数字地图出台,使"标准地"项目要求、空间区位和周边配套信息得到全方位展示,重新定义了"标准地"招商模式,以"数字赋能"有效保障"市场有效"。

(3) 综合标准引导、助推高质量发展。"标准地"改革通过设定产出、税收、能耗和排放指标,引导产业绿色可持续发展,推动产业转型升级和高质量发展。

(4) 协同改革、整体治理。"标准地"改革实现整体治理和治理能力提升,省发改委等部门出政策出指标,指导敦促地方推进改革和及时总结经验,横向管理部门协同,优化审批流程、精简流程材料,大大提升审批效率。

(5) "放管服"改革优化营商环境和新型政商关系。"标准地"深化"放管服"改革,由"事后提要求"变"事先定标准",通过给企业报批做减法、给政府服务做加法,有效优化和提刊营商环境。

3. 当前"标准地"改革存在问题

(1) "标准地"指标体系有待完善。

"标准地"指标包括投资、税收(亩均)、容积率、排放、能耗等 5 项基本指标,现有指标标准的地区和行业差别化不大。应进一步考虑给不同性质行业、不同规模企业和不同地区设置差别化的指标标准。

(2) "标准地"供地的弹性不足。

不同产业和企业的生命周期不同,大部分企业的生命周期为 5~8 年,而现有工业用地的土地使用年限为 50 年。企业的生命周期与土地使用年限间存在严重的期限错配。应考虑弹性供地制度,并设置供地标准的弹性制度。

(3) "标准地"平台和信息建设有待加强。

"标准地"应要求土地出让前为"净地",未涉及法律纠纷,土地权属清晰,地块位置、基本条件、用途、容积率等规划条件明确的拟出让的土地。然而,实际中一部分企业拿地后才发现"标准地"并不是真正的净地,需自行清理淤泥,增加企业的用地成本和影响企业施工进度。

(4)"标准地"的相关配套服务不完备。

随着城市更新过程城中村被拆除改造,租房价格上涨增加用工成本,导致当前一部分员工宁愿选择在租房成本较低的中西部老家工作。但企业为了留住员工,不得不增加员工工资,从而给企业运行带来压力。另外,部分企业员工通勤成本偏高,企业有需求希望政府协助解决员工住房问题。因此,建议政府适当保障企业员工的住房需求,如在园区集中配建蓝领公寓,或允许大型企业按一定比例自建员工宿舍,多层次多渠道解决员工的住房问题,为企业运行和发展解决后顾之忧。

(5)制度保障有待完善。

"标准地"出让过程中土地大多为非标准的"净地",有些土地地上有产房等建筑。实践中,"标准地"出让的土地办理手续基本畅通,但地上遗留建筑物的产权办理常常陷于困境,常常找不到快速合理合法的处理程序,其主要原因是没有相关配套法规制度可以依据。

14.2 推进完善"标准地"改革的若干建议

(1)完善"标准地"指标体系,有效落地高质量投资项目。

进一步完善"标准地"指标体系,按照"发展什么产业、制定哪些标准、出让哪些土地",精准对接高质量投资项目。"标准地"改革改变原有低地价、低标准的粗放式招商引资模式,转变其为优选项目、优选土地的精细化招商选资模式,对其指标体系、标准和精准性提出了更高要求。应注重结合本地资源禀赋、区位、比较优势和发展目标,制定以高质量发展为核心的包含经济、环境和社会效益等维度的指标体系,如增加就业和配套服务等指标。

进一步调整和完善指标标准。当前"标准地"部分指标未充分考虑行业异质性。如杭州"标准地"固定资产投资强度指标对所有行业统一设定为 350 万元/亩,不尽合理,对于部分资本密集型行业要求偏低,对于部分创新和研发类行业却偏高,因为目前企业研发投入尚不能计入固定资产投资。增加"标准地"指标中的社会内涵,如增加就业指标,根据企业税收和就业贡献来配套员工宿舍和保障房。

（2）完善"标准地"的动态调整机制，提升产业用地配置效率。

建议建立"标准地"动态调整机制，根据行业评价、投入、产出、排放等情况动态调整指标。随着产业技术更新加快，行业整体的产出能力提升，能耗和排放水平降低。按过去的标准衡量企业的产出、投入、能耗、排放指标不利于行业动态发展。应基于企业生命周期，实行弹性使用年限出让土地。

进一步通过"标准地"动态调整机制，促进"标准地"要素不断向优质高效企业集聚。实施分行业、分区域的"标准地"亩产效益综合评价，鼓励支持发展高效优势产业，适度淘汰低端落后产业。推进资源要素市场化交易。对于企业关闭、退出后的"标准地"及时进行"腾笼换鸟"和再配置。对标国内外先进区域，加快"低产田"改造提升，充分激活闲置土地、低效用地等存量土地。以"标准地"改革为契机，全面推进传统制造业和各类工业园区改造升级，明确用地产业导向，推动生产性服务业向专业化和价值链高端攀升。

（3）加强"标准地"的数字化赋能。

已出台的"标准地"数字地图给企业投资工业项目提供更多更好的信息和选择，建议在此基础上进一步数字化赋能，不仅让企业能便捷定位地块招商信息和知晓出让条件，更能让企业通过数字产业图谱便捷了解区域产业集聚情况、上下游关联产业，为企业项目投产后寻找上下游关联产业合作提供便捷和帮助。通过数字化赋能完善工业用地供给端改革。此外，通过数字化手段加强"标准地"改革的宣传，让企业更好地了解、认同和支持"标准地"改革。

（4）进一步精简相关程序，完善配套制度改革，提高改革系统性和协同性。

进一步精简压缩高质量项目拿地、建设、投产审批手续与审批环节周期，打通"标准地"改革相关环节，真正落实"最多跑一次"改革精神。政府把企业环评、能评报批程序工作提前做好，减少原有企业拿地后各自报批手续，帮助企业减少审批时间与环节，降低企业运行的制度成本。围绕企业投资项目拿地、审批、建设、投产四个环节，实现"一站简办、联线通办、专业代办"，不断提升在线审批管理平台的便捷性和效率，深入推广"标准地"改革的"一窗服务""限时完成"改革经验。

（5）完善"标准地"企业信用监督体系，实现数据化和阳光化管理。

建立完善的"标准地"企业信用平台，以"标准地"项目为核心，施行全周期平台化管理，将信用机制挂钩企业的税收、融资、上市等环节。建立信用激励机制，对各项指标完成较好企业进行奖励，除及时返还企业保证金外，对企业税收、融资、上市、增地等环节给予奖励支持。利用区块链技术实现"标准地"项目全周期数据化管理和全阳光管理。

(6) 完善"标准地"配套保障和服务体系。

企业员工住房保障问题是当前高房价背景下企业关注的主要问题。建议在"标准地"集中的产业园区,集中配建员工公寓,解决员工房租贵、租房难问题,并配套建立一定数量的居住生活配套服务设施,解决员工安居乐业问题。具体操作层面,建议挂钩"标准地"指标体系,根据企业亩产税收等指标配备一定比例的蓝领公寓套数。

(7) 优化"标准地"的区位和空间品质,发挥产业集聚效能。

产业发展并不是单个企业的孤立发展,应通过"标准地"改革提升产业的集聚优势和效能。建议以产业园区为载体,提升"标准地"及其产业园区的区位和空间品质,通过合理设定"标准地"指标来引导相关产业进入和集聚。以"标准地"数字地图出台为契机,细化产业分类和产业项目信息,企业通过"标准地"地图可便捷获得产业投资区位及上下游关联产业网络信息。有助于进一步优化营商环境,促进招商引资,提升产业的集聚度和产业关联度,发挥产业集聚效能。

(8) 完善"标准地"考核评价和监管体制。

推进"标准地"考核评价和监管制度,深化产业用地"亩产论英雄"考核评价,提高监管效力和考核效能,推进信息共享,完善多部门协同执法。项目竣工后,由自然资源部门牵头,联合建设(规划)局、县经信委等部门,对"标准地"固定资产强度、容积率、行政办公及生活服务设施比例等指标情况进行考核验收。项目投产后,由经信部门牵头,联合财政、环保等多部门,对亩均税收、能耗、环境指标进行考核验收。对考核结果优秀、良好企业以分档次减免土地使用税等形式进行奖励。建立"标准地"企业信用评价系统,并与公共信用信息服务平台对接,对失信企业实行融资、项目投资和拿地限制,对于履行"标准地"协议且信用良好的企业,给予新增用地政策优惠等。提升事前、事中、事后监管与执法能力,促进产业项目投资高质量发展。

第15章
推进集体建设用地建设租赁住房的改革建议

15.1 当前上海深化集体建设用地建设租赁住房改革的挑战

利用集体建设用地建设租赁住房不仅可以盘活集体建设用地、增加农民土地财产性收入，而且可以低成本解决新市民群体城市住房需求、降低企业用工成本，对开辟"房住不炒、房租不贵"的住房供应和保障的新渠道、助力当前新冠肺炎疫情后企业复工和经济复苏具有重大意义。2017年，国家发布《利用集体建设用地建设租赁住房试点方案》，上海作为13个试点城市之一，开展了一系列实践，也遇到了租赁住房缺口大、保障体系不完备、供地渠道方式待完善、组织平台发育不允分、相关配套政策不完善等一系列瓶颈，亟需深入推进与破解完善。在当前住房与土地制度改革历史机遇期，我们以上海为例，研究深化推进集体建设用地建设租赁住房，我们就瓶颈问题提出有针对性的对策建议。

回顾历史，上海早在2003年就开始在一些农村试点开展利用集体建设用地建设租赁住房，但由于相关政策一直未放开而进展缓慢。2018年，上海首宗租赁集体建设用地入市，由华润置地竞得和开发不低于825套租赁住房，但至今集体租赁住房项目的完成数屈指可数。

总体来看，目前上海利用集体建设用地建设租赁住房仍在改革浅水区探索，虽已积累一些经验但也遇到了租赁住房缺口大、保障体系不完备、供地渠道方式待完善、组织平台发育不充分、相关配套政策不完善等一系列亟待突破的瓶颈，具体来说：

1. 集体租赁住房保障缺口大、目标对象有待明确

上海现有租赁住房供给能力不能有效满足新市民等群体的租房需求,迫切需要通过深化集体租赁住房改革来扩大供给。现有公租房供应总量不到 13 万套、长租公寓约 11 万套[①],与 976 万外来常住人口规模[②]和约 177 万公租房潜在保障需求相比[③],缺口依然较大。大部分外来人口需要通过市场方式租赁住房,平均月租金高达 2 133 元,占收入的 31%[④],住房成本高昂。区域和空间结构错配更是加剧这一问题,如上海外环内旧城改造和房屋拆除后外来服务人员租房难问题凸显。现阶段集体租赁住房的有限资源难以有效满足广大外来人口的租房需求,目标对象需进一步聚焦和明确。

2. 多层次的租房保障体系尚未完备

以往集体租赁住房主要解决工业园区外来务工人员的租房问题,未能与现有住房保障体系充分衔接。虽然上海早在 2003 年就开始在一些农村尝试利用集体建设用地为工业园区外来务工人员建设租赁住房。之后,2011 年,闵行区七宝镇联明雅苑项目投放 404 套房源,但主要面向镇辖区企业租借。但是目前集体租赁住房缺乏整体的联通与架构,内部缺乏统一的管理,外部缺乏与公共租赁住房和整体住房保障体系的联通与衔接,不能充分满足不同职业、不同群体的多层次租房需求。

3. 供地渠道与方式待完善

现有利用集体建设用地建设租赁住房的土地主要在松江区、闵行区等地的工业园区或零散地块。利用存量集体建设用地面临拆迁、改造和补偿等问题,难度较大,项目推进较慢。城区可用土地资源日益减少,而当前改革未能充分释放集体租赁住房的土地来源和潜力,也未能充分激发集体经济组织供地和开发建设的积极性。对利用集体工业用地建设租赁住房的挖潜也不足,如上海低效工业用地"198"区块中约 80% 为集体建设用地。

4. 多元参与不充分,平台管理不统一

目前参与集体租赁住房建设的主体大多为集体经济组织和国有企业,民营企业参与建设运营还不多,专业化租赁住房组织与机构参与还不充分。此外,集

---

① 截止 2018 年。

② 2018 年统计数据。

③ 按持有效上海居住证 221 万人口(截止 2018 年 6 月)及外来常住人口 80% 租房率计算,约 177 万人需纳入租赁住房范围,供需矛盾突出

④ 根据最新 2017 年卫计委上海地区流动人口动态监测数据测算。

体租赁住房还没有统一的管理平台,也尚未纳入上海市住房租赁公共服务平台管理。

5. 相关配套政策不完善

集体租赁住房建设的投资回收期限长,回报相对较低,纯粹依靠市场、集体经济组织、民营企业或社会组织参与建设运营面临融资难、成本高问题,需进一步加大融资、税费支持力度。此外,利用存量集体建设用地建设租赁住房涉及土地用途、性质和规划建设条件变更,目前尚缺少相关配套改革和政策来保障较快审批和办理。

15.2　国内其他试点城市的经验借鉴

上海当前正面临大城市外来人口租房市场供需不平衡、保障不充分、土地筹措难、融资支持不充分等问题。结合前期对其他 12 个试点城市的调研,我们总结提出可借鉴的经验如下。

1. 瞄准特定租房问题与目标对象

其他试点大城市同样面临租房保障缺口大的问题,各地通过精准聚焦问题和目标对象来提高保障效率。如北京瞄准首都大城市外来人口租房难和租金贵问题,在唐家岭等城乡结合部地区建设集体租赁住房。广州瞄准珠三角制造业发展密集区外来务工人员租房保障问题,试点结合城中村、旧村改造来加大集体租赁住房建设。成都结合城乡融合发展与土地整治试点内容,探索建设集体租赁住房以增加租房保障和提高农民土地财产性收入。

2. 科学规划、满足多层次租房需求

如北京规划 2017—2021 年将利用 1 000 公顷集体建设用地来主要保障 50 万套租赁住房建设,并与公租房建设体系有效衔接。设计户型包括成套住宅、公寓、职工宿舍等多种类型,设定租期为 3～10 年,以满足不同年龄段、不同收入群体外来务工人口的租房需求。

3. 多渠道保障用地来源

各地通过土地入市、空间置换、城中村与旧村改造、留用地开发等多种渠道保障集体租赁住房用地。如北京通过土地入市、城乡建设用地增减挂钩下的土地空间置换、集体用地工业园区配套建设等方式建设集体租赁住房。广州通过城中村、旧村改造方式来挖潜建设集体租赁住房。杭州利用村 10% 集体留用地来开发建设租赁住房。

4. 支持多主体参与、统一平台管理

如北京集体土地租赁房项目中,既有集体经济组织,又有首创等国企,还有万科、链家等民营住房租赁企业参与。在北京大兴瀛海镇集体租赁住房项目中,万科与北京汇瀛恒业有限公司(镇集体持股企业)分别入股 49％和 51％的股权共同参与建设,吸引优质房企参与有助于提升住房品质和运营效率。为规范和完善集体租赁住房项目运营管理,南京探索将集体租赁住房纳入政府住房保障平台整体、统一管理。

5. 提供金融配套支持

如北京通过政策性银行(国开行)、国有和股份制商业银行齐发力,对集体经济组织、集体与国企合作联营公司等提供融资支持,贷款期限长达 25～30 年,贷款比例最高可达 80％,贷款利率在基准利率基础上根据贷款对象及项目情况综合评估确定。

15.3　进一步推进上海集体建设用地建设租赁住房改革的建议

1. 明确目标定位、保障新市民租房需求

新时期集体建设用地建设租赁住房改革的主要目标是进一步释放土地与住房改革红利,实现多主体供给、多渠道保障、租购并举的住房体系和房地产发展长效机制,提振经济和促进城乡融合发展。其定位是满足新市民等群体的城市租房需求,缓解国有土地上住房租赁需求和租金高涨压力,同时盘活集体建设用地与实现农民土地财产权益,通过释放改革红利为提振经济注入新动力。进一步精准识别集体租赁住房保障对象的群体范围、需求特征及结构,对重点扶持行业和新兴产业的外来务工人员和新毕业大学生进行重点保障。

2. 统筹项目建设时空平衡、构建城乡协调的多层次租房市场

统筹协调集体租赁住房项目建设在时序和空间上平衡,根据人口流动、产业空间和区域租房市场结构情况,在区位条件好、人口流入量大、就业空间近、租房需求旺盛的区域进行科学选址和合理布局。统筹集体与国有建设用地租赁住房市场发展,构建"空间平衡、差异保障、优势互补"的城乡多层次租房市场。协调集体租赁住房当期与长远发展关系,避免因市场波动和选址不当引起的住房闲置或低效利用。

3. 构建多渠道供地方式,推进集体租赁住房建设

在符合土地利用规划和用途管制前提下,可采用集体建设用地入市、城乡建

设用地增减挂钩下的土地空间置换、留用地开发等多渠道供地方式,拓展集体租赁住房土地的获取来源、范围和途径。通过城乡集聚新社区建设、新农村建设等方式,集中连片盘活农村集体建设用地,在保障原集体经济组织成员生产生活的前提下,利用节余土地建设集体租赁住房,可采用多村集中联建,高层公寓加产业用房综合开发等方式。通过价值置换方式有效配置集体租赁住房,保障农民土地财产权益。

4. 激励多主体协作,完善统一平台管理

坚持与发展政府引导、市场主导、社会协作的多主体开发模式,允许集体经济组织自行开发,鼓励通过联营、入股等方式吸引企业和专业化社会组织来参与建设、运营集体租赁住房。完善多主体协作的收益分配与保障机制,平衡政府、集体、个人与企业等主体收益,保障项目收益可持续性与开发企业合理利润。按不同主体权益和贡献合理分配增值收益,既要避免"租金耗散"和新"食利阶层"出现,又要避免因区位、配套差异造成的获利不公。构建集体租赁住房建设、运营及监测一体化监管平台,将集体租赁住房纳入政府住房保障平台,进行整体和统一管理。

5. 完善金融、税费等相关政策支持

完善对集体租赁住房建设运营主体的政策支持,加大对相关参与主体的金融和税费补贴支持力度,支持政策性、国有与股份制银行等金融机构提供长期低息贷款,吸收社会资本参与集体租赁住房建设。参照公共租赁住房项目税收优惠政策对集体租赁住房项目建设运营给予税费优惠支持。

6. 强化多部门联动,协同推进配套改革

实行统一平台多部门联合审批,精简审批环节和流程,从项目审批、用地规划许可、建设、运营管理等环节建立透明化的制度标准、规范化的操作程序。开展考核评估、构建风险防范机制,明确集体租赁住房不得以租代售,避免引发"小产权房"风险。集体租赁住房要与住建部门的公共租赁住房等保障房建设、农村"三块地"改革和"放管服"改革等要求衔接,协同推进,并切实做到稳步有序、风险可控,及时总结、评估、调整、提高。

第 16 章
深入推进土地要素市场化配置制度改革的建议

16.1 当前土地要素市场化配置存在的问题

党的十九届五中全会提出要构建新发展格局、完善要素市场化配置。十九大明确提出完善要素市场化配置和产权制度是加快完善社会主义市场经济体制的两个改革重点。2020年3月,中共中央、国务院发布《关于构建更加完善的要素市场化配置体制机制的意见》,提出要推进土地、劳动、资本、技术和数据等要素市场改革。其中土地要素被放在首要地位,表明土地要素市场化改革具有十分重要的基础和关键作用。高质量发展要求不断提高土地效率、劳动效率,资本效率、资源效率和环境效率。土地要素能否畅通流动,很大程度上决定了其他要素能否充分释放潜能,市场化配置机制能否充分实现。深化土地要素市场化改革是建设高标准国内市场、畅通内循环、落实新发展格局的内在要求,也对推动资本、劳动力、技术和数据等其他要素市场化改革具有重要意义。

改革开放以来,我国土地要素市场从无到有,从小到大,取得重要进展,但仍面临一些重大问题和挑战,主要包括城乡统一建设用地市场尚未形成、产业用地配置市场化程度较低、存量建设用地缺乏市场化盘活机制、农村土地流转平台和机制不健全、土地要素市场化配置的体制机制不健全等。近年来,各地积极进行土地要素市场化配置改革探索实践,无论是2015年启动的全国33个地区试点农村土地"三块地"改革,亦或是上海、广州、深圳等地以"腾笼换鸟"为导向的存量建设用地盘活探索,还是海宁、嘉兴等地"以亩产论英雄"为导向的产业用地要素市场化配置改革,都对不同类型土地要素市场化配置进行积极探索,并取得一些进展,但改革的重点领域和关键环节如城乡统一土地市场建设还未突破,土地与其他要素市场化改革的系统协同也未深入。虽然劳动力、资本等要素市场化进程相对土地较快,但与土地要素市场化配置不协同会妨碍其生产率和潜能的发挥,亟需通过要素配置融合与市场化改革协同来实现整体效率提高和要素循环畅通,从而落实高质量发展和新发展格局。

由于产权制度及相关配套制度不完善,长期以来我国土地要素市场化配置不平衡、不充分和不顺畅问题十分突出,造成要素供给结构失衡、效率不高、有效需求得不到充分满足。这不仅严重损害要素配置效率与公平,妨碍社会主义市场经济体制和高标准市场体系建设,还导致经济结构失衡和影响新发展格局。因此,迫切需要对要素配置进行系统性的市场化改革,进一步深化土地要素市场化改革及协同推进土地与其他要素市场化改革,从而实现经济结构转型升级与高质量发展。

(1)土地要素市场化配置不充分、不平衡问题十分突出,土地问题成为议论最多、矛盾最大和期待最高的问题。

集中表现在城乡土地要素市场分割,城乡统一用地市场尚未完成。农村土地市场发育程度较低,市场体系和市场秩序混乱现象较为严重,各种征地矛盾和土地问题占社会群体性事件的70%左右,低价征地及相关高房价问题成为社会议论最多的话题。因土地指标配置和用地管制引发的城乡和区域差距问题也十分突出,如我国近年来的东西与南北差距问题本质是土地与其他要素组合方式与效率问题。完善土地要素市场化配置,破解我国当前存在的土地问题,是治理体系与治理能力现代化的必然要求和重要途径。

(2)土地要素过多被当作生财工具,过度干预带来价格扭曲和供给结构失衡,已危害实体经济发展和经济结构平衡。

土地要素长期以来被地方政府当作招商引资和生财的工具。据课题组测算,近年来土地财政占地方财政收入的比例稳居50%以上,部分城市如南京、杭州等甚至高达70%以上。地方政府通过干预土地要素配置来维持土地财政模式,使得土地市场体系混乱、价格扭曲、供给结构失衡,导致农村征地制度改革、集体建设用地入市和城乡统一土地市场建设难以推进。土地要素非市场配置、土地财政、土地要素过度干预等行为严重危害实体经济发展和经济结构平衡。随着土地要素成本增加及经济转型升级发展,以地谋发展导向的土地财政模式已难以为继,迫切需要通过土地要素市场化来纠正经济结构失衡和促进高质量发展。

（3）要素市场化配置发展不平衡不充分和损害效率公平问题，根源是现行相关制度存在缺陷

我国土地要素供给侧无效供给过剩与有效供给不足的结构性矛盾长期存在，要素市场化改革与供给侧结构性改革密切相关。深化要素市场化改革，有助于推进供给侧结构性改革深化和解决结构性问题。新时代下我国社会矛盾已转化为人民日益增长的美好生活需要与不平衡不充分发展之间的矛盾，结构性问题更加突出，而结构性问题的根源是要素非市场配置和扭曲。因此，亟需通过完善要素市场化配置改革，推动生产要素从低效低质部门向高效高质部门流动，推动产业绿色转型和发展，从根本上解决我国长期以来的结构性问题与矛盾。

16.2　深化土地要素市场化改革的建议

中央已经明确了土地要素市场化改革的基本方向，但相关的具体制度改革和政策推进方向还不清晰。我们从以下 8 方面提出深化土地要素市场化改革的对策建议。

1. 完善土地市场化配置相关法律制度

当前法律在构建城乡统一建设用地市场、农村宅基地制度改革、集体建设用地入市、存量建设用地盘活等方面仍存在不足，地方试点改革经验尚未形成系统的法律制度安排，应修改完善相关法律，健全土地市场化配置与流转的相关法律制度，完善相关配套制度。营造良好的土地法治环境，加快土地要素市场化配置与改革的相关立法保障。

2. 健全土地产权制度

清晰、稳定的产权是土地要素市场化配置的前提和基础。应加强土地产权的界定、实施和保护，赋予城乡土地要素平等交换和自由流动的权利，完善农村集体建设用地权能，坚持城乡土地同等入市、同地、同权、同价。深化土地要素市场化改革的核心是构建"归属清晰、安全稳定、自由流动、高效公平"的现代产权制度，充分发挥土地产权在土地要素市场化配置中的稳定器和催化剂作用。

3. 构建城乡统一市场

构建城乡统一土地市场，让土地与其他要素在统一市场中自由流动、充分竞争、高效利用。进一步消除城乡土地二元制度障碍与要素市场分割，促进土地要素城乡双向市场化流动与要素融合配置。结合当地资源禀赋、人地关系与发展需求，积极推进土地要素市场化路径、模式与机制创新。

4. 充分发挥市场机制作用

政府与市场的关系和作用决定了土地要素配置的方式,影响土地要素利用效率。应逐步减少各种非市场配置和政策扭曲,充分发挥市场机制在土地要素配置中的决定性作用。政府主导的土地要素配置有时会损害效率和公平,如土地征收中的政府过度干预和市场机制缺乏,近年来涌现的城乡建设用地增减挂钩、宅基地置换等多种创新模式因政府的过度干预而导致效率下降。充分发挥市场机制的作用,形成由要素价格决定的市场化,逐步缩小政府征地范围,完善土地市场治理体系与治理能力,减少政府对土地市场的过多干预。

5. 加强政府引导机制

应更好发挥政府作用,建立起适应要素市场化配置的宏观调控机制。市场自身有时也会失灵,自发市场若没有政府有效引导难以充分释放市场的优势和活力,如隐形自发的农村集体建设用地流转带来无序混乱问题。市场运行也需政府保障,不仅因为市场依靠自身难以解决外部性问题,更是因为在交易过程中,政府引导与保障有时能降低交易成本,提高交易效率。在土地要素市场化改革过程中应加强政府对市场的规范和管理,为市场有效运行提供有效引导与充分保障。此外,改革政绩考核和官员晋升机制,通过改革绩效考核制度加快政府职能和官员的经济发展理念转变,消除地方政府过多干预土地要素配置的动机,弥补官员任期制带来的对土地要素配置短视和过度干预的缺陷。

6. 优化财税制度

土地要素市场化改革须与财税制度改革相配套,现行地方政府土地财政模式严重阻碍土地市场化进程。地方政府土地财政行为与现行分税制体制有关。土地市场化改革可能导致地方政府土地出让收入减少,冲击现行土地财政模式。未来深化财税制度改革应重点重塑中央和地方财税关系,进一步拓宽地方财政收入稳定的来源与渠道,逐步构建以土地税、房产税为基础的地方主体税体系,减轻地方政府土地财政依赖,为地方政府推进土地要素市场化配置提供正确激励。

7. 发挥金融支撑功能

对土地要素市场化配置提供充分的金融支持。加大金融对土地要素市场化配置与流转的支持,如支持农村土地经营权抵押,以解决土地开发与经营资金缺口。鼓励金融机构开发金融产品,为土地要素市场化相关主体提供融资,减轻土地要素市场化配置中的融资约束与金融错配问题。

8. **构建要素配置统筹协调机制**

土地要素市场化改革中要统筹协调：①土地市场化配置与规划协调,改革供地模式,促进供地与城市短期、长期发展相结合。②推进农村土地市场化改革统筹协调。农村土地征收、集体经营性建设用地入市和宅基地制度改革相互关联,牵一发而动全身,应提高改革的系统性和完整性。③与乡村振兴、城乡融合和高质量发展等多项改革统筹协调推进,促进城乡统筹和要素市场化配置效率提升。

土地要素市场化改革的顺利推进,也依赖于其他要素市场化改革的配合。增强土地、劳动力、资本、技术和数据等要素的赋能,引导土地与其他要素融合,提升生产率和发挥整体效率。以土地—户籍—财税等体制改革联动为突破口,推进创新链、产业链、资金链、政策链、数据链等多链条相互支撑和协作,形成改革的强大合力,推进土地与劳动力、资本等其他要素市场化配置的协同与融合。

结　语

　　土地不仅是经济增长的投入要素,更是经济发展的制度工具。没有对土地功能与作用的深入认识,就难以解密中国经济增长的奇迹之谜;没有对土地制度的系统理解,就难以深入发现中国经济转型与发展的突破路径。本书系统研究了土地制度、结构转型与经济发展的背景、内涵、关系、机理、影响、实践,主要研究结果及结论如下:

　　(1)建构土地制度—结构转型—经济发展整体性理论分析框架,揭示土地制度、结构转型与经济发展的内在联系和逻辑主线,拓展了以往土地制度研究的视野和范式。

　　(2)提出"以地谋发展"和转型理论的假说和行为模型,理论分析和系统实证土地制度对结构转型和经济发展的多种影响效应和具体影响机制,识别和检验"以地谋发展"模式的具体作用机制和影响效应。

　　(3)以地方政府供地行为视角系统研究土地制度、结构转型与经济发展的作用机理。地方政府行为和激励影响土地资源配置,中国财政、官员治理制度影响地方政府土地供给行为,地方政府存在策略性供地行为,并设立地方融资平台来高价购地。

　　(4)土地制度影响城乡结构转型和经济发展。以制度—结构—发展为视角,分析城乡土地制度、结构转型与城乡发展的关系和机理,发现土地确权将影响农户要素配置、农村土地市场发展与劳动力乡城转移,进而影响农村发展。农村集体建设用地入市改革将提高城乡建设用地利用效率,促进城乡建设用地互补发展与统一市场形成。城镇化发展模式与结构特征影响耕地保护,土地城镇化、土地财政发展模式导致耕地面积减少,进而影响城乡结构和经济社会环境可持续发展。

（5）土地制度影响区域结构和经济发展。地方政府土地供给存在区域结构差异，东部地区供地过紧，而中西部地区较为宽松。地方政府土地竞争行为在东部地区表现最为显著，政府在产业用地出让上开展触底竞争，扭曲工业和商住用地价格与配置。土地供给结构及效率将影响区域结构，进而影响经济发展，而中西部或北方地区土地配置效率总体较低。

（6）土地制度影响产业结构转型和经济发展。实施碳排放交易制度有利于促进产业结构转型和绿色发展。环境规制与土地制度影响产业用地供给行为与产业结构。碳排放权交易试点实施显著抑制高耗能产业用地供给，地方政府行为、区域竞争和产业结构加强碳排放交易对高耗能产业用地供给的影响。

（7）土地供给与配置是供给侧结构性改革和高质量发展的基础和关键。土地制度改革、结构转型与经济发展存在密切关系。我们系统梳理了城乡土地制度改革的地方实践与改革探索，发现无论是土地要素市场化配置、产业用地供给市场化改革，还是农村"三块地"改革都将影响城乡土地要素流动和要素配置结构，进而影响经济结构转型升级和高质量发展的路径。

（8）提出促进结构转型和高质量发展的土地制度改革建议，包括产业用地"标准化"出让制度改革、推进集体建设用地入市改革、深化土地要素市场化配置改革等。

本书的研究是我们对土地制度、结构转型与经济发展这一重要问题的阶段性总结，也是一系列新研究的开始。希望这个阶段性总结，能有益于各界更好认识土地在结构转型与经济发展中所起的作用和机理，也希望年轻学者了解我们一篇篇论文背后的广阔研究视野和内在核心逻辑，启发广大学者做出更多更好的研究。

缩略语一览

3SLS Three-stage Least Squares 三阶段最小二乘法

D

DID Difference-in-difference 双重差分

DMSP/OLS Defense Meteorological Sate-llite Program/Operational Linescan System 美国国防气象卫星(Defense Meteorological Satellite Program,DMSP)传感器(Operational Linescan System,OLS)获取的夜间灯光数据

DN Digital Number 遥感像元亮度值

G

GDP Gross domestic product 国内生产总值

GMM Generalized method of moments 广义矩

H

HSR High-speed train 高铁

I

IV Instrument variable 工具变量

L

LGFV Local Government Financing Vehicles 地方政府融资平台

M

MLE Maximum Likelihood Estimate 极大似然估计方法

P

PSM Propensity Score Matching 得分倾向匹配

PSM-DID Propensity Score Matching-Difference in Difference 得分倾向匹配-双重差分

要素生产率

S

V

SOE   State-Owned Enterprises   国有企业

VIF   Variance Inflation Factor   方差膨胀因子

SUR   Seemingly Unrelated Regression   似乎不相关回归

T

TFP   Total factor productivity   全

术语索引